Katharina Seiser

ÖSTERREICH express

Mit Fotografien von Vanessa Maas

Für Horst ♡

zur silbernen KuH

Katharina Seiser

ÖSTERREICH express

Schnelle Klassiker
& Lieblingsrezepte

Brandstätter

Inhalt

Alle Rezepte auf einen Blick

I. Kalte Jause

Aufstriche & Salate

II. Warmer Imbiss

Würstel, Omelett & Toast

III. Gemüse, Erdäpfel & Schwammerl

als Hauptdarstellerinnen

IV. Teigwaren & salzige Mehlspeisen

Nudeln, Nockerl & Knödel

V. Fisch, Fleisch & Wurst

mit besten Haltungsnoten

VI. Warm & süß

Mehlspeisen, süße Haupt- & Nachspeisen

VII. Kalt & Süß

Nachspeisen & Kuchen

Vorräte

Was die Symbole bei den Rezepten bedeuten:

☾ Zutat vom Vortag nötig
✓ besonders einfach/schnell
⊕ mehr Aufwand/Zeit nötig, besser zu zweit machen
🔒 gut zum Mitnehmen
🍃 vegetarisch

Liebe Leserin, lieber Leser,

Essen ist mein Leben, das war schon immer so. Fragen Sie meine Mama. Die erzählt heute noch, dass ich – angeblich – nach dem Hinlegen des Bestecks vom Mittagessen fragte, was es am Abend zum Essen gäbe. Ich war das Kind, das zum Rehlein am Waldesrand „Mmmhhh!" sagte und die Jause für die mehrstündige Autofahrt schon nach zehn Minuten auspacken wollte. Bezugspersonen aus meiner in Oberösterreich verbrachten Kindheit verbinde ich mit Lieblingsspeisen (Tante Herta: Apfelschlangerl, Tante Christl: Rehbeuscherl, Tante Resi: Germknödel, Tante Erna: Kasnudeln, Tante Mini: Wuchteln) – meiner Oma und meiner Mama werden Sie in diesem Buch öfter begegnen.

Es hat aber ein paar Jahrzehnte gedauert, bis ich kapiert habe, dass nicht alle Menschen so viel Zeit mit dem Nachdenken übers Essen, der Suche nach den besten Lebensmitteln und dem Ausprobieren von Rezepten verbringen können, wie ich das seit mehr als drei Jahrzehnten tun darf. Fragen Sie meinen Mann. Der findet mich im Zweifelsfall in meiner Kochbuchbibliothek und bringt mich unterwegs nur mit großer Überredungskunst von Bauernmärkten, Feinkostläden und Keramikmanufakturen wieder weg.

Nach 18 Kochbüchern als Autorin, Co-Autorin und Herausgeberin kenne ich meine Stärken: die Erkenntnisse aus Tausenden Stunden Recherche und die Erfahrungen aus Tausenden gekochten Gerichten und noch viel mehr Geschmackseindrücken so beschreiben, dass Sie, liebe Leserin, lieber Leser, davon profitieren. Anders als das Essen wurde mir das Kochen nämlich nicht in die Wiege gelegt. Meine Uroma (die ich nicht kannte) war Profiköchin in einem Grazer Restaurant. Meine Oma kochte gut, hatte aber keine Freude daran. Meine Mama kann sehr gut schmecken und differenzieren, steht aber nicht so gern in der Küche. Ich habe Kochen in der Schule gelernt, die ersten paar Wochen unwillig über diese (vermeintlich) antiemanzipatorische Tätigkeit schimpfend, bis ich überrascht bemerkte, dass es mir eigentlich liegt. Während meines Studiums hat mich eine Freundin, ohne dass ich sie darum gebeten hatte, an ein kleines Salzburger Restaurant vermittelt, in dem ich dann ein halbes Jahr kochte, zweimal pro Woche abends als Alleinköchin, bis ich zu meinem Mann nach Wien zog. Das hat mich großen Respekt vor der Arbeit in der Gastronomie gelehrt – und die Gewissheit, dass mir dieser Job zu stressig ist.

Aber das Kochen hat mich nicht losgelassen. Ich wollte das, was mir besonders gut schmeckt, unbedingt selbst kochen können, ganz egal, aus welcher Frauen Länder das Gericht stammt. So entstanden Versuchsreihen für Osterpinzen und Thai-Currypasten, Kasnudeln, eingelegten Ingwer und Schneekuchen (Ergebnis S. 261). Und eben eine Menge Kochbücher, die sich vor allem um Gemüseküche (weil vielen dazu die Ideen fehlen), Saison (weil alles Frische nur dann schmeckt) und tradierte Rezepte (weil so viel Kochwissen und Wertschätzung für Vielfalt verloren geht) drehen.

Die Idee (und den Titel) für dieses Buch – mein ganz gewiss persönlichstes – hatten mein Verleger Nikolaus Brandstätter und ich schon vor sieben Jahren. Zu Beginn wehrte ich mich noch gegen das Konzept der schnellen Küche. Ich finde Essen mit all seinen Voraussetzungen (Landwirtschaft, Landschaft, Tierhaltung, Leistbarkeit, Gerechtigkeit …), Freuden (Duft, Geschmack, Texturen, Geselligkeit, Selbstermächtigung, Unabhängigkeit, Wohlbefinden …) und Folgen (Umwelt, Empathie, Gesellschaft, Klima, Gesundheit …) so wichtig, dass ich am liebsten jeden Tag wieder rufen möchte: Nehmt euch Zeit fürs Essen!

Wie schön es ist, bei bekannten Landwirt/inn/en Lebensmittel einzukaufen! Kocht frisch und immer nach Gusto! Aber als selbst mein Mann anfing, nach etwas simpleren, flotteren Mittagsideen zu fragen (die wir gemeinsam kochen), wurde mir klar, dass ich mich nicht mehr vor „Österreich express“ drücken konnte. Und als ich die ersten Ideen dafür gesammelt hatte und mit mir nahestehenden Menschen darüber zu sprechen begann, kamen die Kindheitserinnerungen und Sehnsüchte, die Düfte und Konsistenzen, die Jahrzehnte nicht mehr gegessenen Speisen.

Die Zutatenqualität in der Gastronomie ist nur selten so gut wie bei uns zuhause, und die standhafte Weigerung, endlich transparent und umfassend zu deklarieren, was im Restaurant oder Beisl auf den Teller kommt, hat meine Überzeugung bestärkt: Dann kochen wir doch einfach selbst, was wir so gern oder lieber öfter essen würden. Aus selbst ausgesuchten, frischen Zutaten bester Qualität, in überschaubarer Zeit, mit Werkzeug und Methoden, die in jeder Haushaltsküche funktionieren.

Außerdem ist es höchste Zeit, die Begeisterung und Wertschätzung, die wir der Cucina povera (der Arme-Leute-Küche) aus einfachen Zutaten zuteil werden lassen, sobald wir über den Brenner fahren, auch dem kulinarischen Erbe Österreichs zu schenken. Pflegen wir unseren durch so viele Jahrhunderte und Völker geprägten Schatz an Speisen, die es nur hier so gibt. Geben wir die vermeintlich simplen Rezepte und Zubereitungsarten, Würzungen und Techniken weiter, bevor sie wegen erodierendem Wissen übers Kochen, eigentlich schon über Lebensmittel und deren Herstellung, verloren gehen.

Wie schmeckt ein Land wie Österreich? Für mich nach salzigen und süßen Mehlspeisen, ob Nockerl, Knödel, Schmarrn oder Palatschinken. Nach Gewürzen wie Paprika, Schnittlauch, Kümmel, Dill und Petersilie. Nach Kapern, Sardellen und Zitrone (Geschichte lässt grüßen). Nach Erdäpfeln, Marillen und Topfen, knusprigen Bröseln, würzigem Käse und nicht zu wenig Butter. Nach Schwarzbrot, Salzstangerln und mürben Kipferln. Nach gebratenem Fisch, gerösteter Leber und Schinkenfleckerln. Nach Kraut, Speck und Kren. Nach gebackenen Schwammerln, Schnitzeln und Apfelradeln. Nach Kompott, Röster und Kuchen.

In diesem Buch finden Sie solche Klassiker und Lieblingsrezepte, die voller Erinnerungen stecken. Ich habe sie alle neu durchdacht und vereinfacht, wo es mir sinnvoll erschien, ohne sie ihrer Essenz zu berauben. Alle sind mehrfach ausprobiert. Und ich habe sie so genau beschrieben, dass sie Ihnen verlässlich gelingen werden, egal, ob Sie noch kaum Erfahrung beim Kochen haben – oder schon Jahrzehnte. In den Tipps und Varianten stecken unzählige weitere Ideen und Rezepte, damit Sie Liebgewonnenes Ihrem Geschmack und Ihren Gewohnheiten entsprechend anpassen oder abwandeln können.

Meine nie enden wollende kulinarische Neugier hat einen angenehmen Nebeneffekt: Ich darf das Gelernte mit Ihnen teilen, in meinen Büchern, Artikeln, Kolumnen und im Fernsehen. Deshalb beginnt auch dieses Buch mit einer „Seisernalen Warenkunde“ (die Bezeichnung hat mein Verleger erfunden): Woran erkennt man gute Lebensmittel? Worauf kommt es bei verlässlichem Küchenwerkzeug an? Begleiten Sie mich also ab S. 13 beim Einkauf und ab S. 24 in meine Küche.

Wie „schnell kochen“ wirklich geht, lesen Sie auf S. 30 – besonders im letzten Absatz. Die Rezepte in diesem Buch stehen in etwa einer halben Stunde auf dem Tisch. Einige gehen schneller, manche brauchen 10–15 Minuten länger und/oder vier Hände (sie sind mit einem ⊕ gekennzeichnet). Ich finde, das geht immer noch als „schnell“ durch, weil kein einziges Rezept in diesem Buch längere Warte-, Rast- oder Kühlzeiten hat, nichts stundenlang geschmort wird, aufgehen oder auskühlen muss. Diese Art von Küche ist nebenbei auch energiesparend. Das schont Geldbörsl und Klima.

Wenn Sie die Mengenangaben bei den Rezepten sehen, wird Ihnen rasch auffallen: Die meisten davon sind für zwei Portionen. Das war mir sehr wichtig, denn in knapp zwei Dritteln der österreichischen und drei Vierteln der deutschen Haushalte leben ein oder zwei Personen. Warum sollen Kochbücher also immer noch „für 4 Personen“ sein? Ich wollte ein auch in dieser Hinsicht alltagstaugliches Kochbuch machen. Mengen verdoppeln geht bei Bedarf viel einfacher als beispielsweise Eier halbieren.

Und weil es nicht selbstverständlich ist, erzähle ich Ihnen auch noch, wie dieses Kochbuch entstanden ist: Wir haben ausnahmslos alles, was Sie in diesem Buch sehen, in unserer Wiener Wohnung gekocht und am Abend eines jeden Shootingtages auch gegessen. Mein Mann Horst Lamnek – von Beruf Opernsänger, aber mein wichtigster Sparringspartner in der Küche und hervorragender Koch – hat alle Gerichte für die Fotos mit mir gemeinsam vor- und zubereitet, damit ich erstens wusste, ob sie wirklich funktionieren, und damit ich mich zweitens bei den Foto-Shootings aufs Abschmecken und Anrichten konzentrieren konnte.

Geschirr und Besteck haben fast alle eine (uns bekannte) Geschichte, sind geerbt, geschenkt oder auf Flohmärkten und in Caritas-Läden erstanden. Die Stoffe haben wir von der Schwiegermama und einer traditionsreichen Mühlviertler Leinenweberei geborgt, deren unverwechselbare Muster ich sehr liebe. Ins beste Licht gesetzt, mit liebevoller Sorgfalt und heiter-nostalgischem, dabei ganz heutigem Blick fotografiert hat unsere längst zur Freundin gewordene Hamburger Fotografin Vanessa Maas.

Sie werden je nach Ihrer Lebensgeschichte einige, viele oder alle der Speisen in diesem Buch kennen. Und bei manchen davon eine andere Zubereitung, Würzung oder Machart. Kochen ist eine höchst individuelle, in stetiger Veränderung begriffene und im Falle dieser Sammlung an Lieblingsgerichten auch emotionale Angelegenheit. Notieren Sie Ihre Version dazu, halten Sie, wenn Ihnen beim Lesen ein Gericht einfällt, es auf S. 272 fest, mit dem Hinweis, wen Sie dafür um das Rezept bitten werden.

Pflegen Sie Ihre Erinnerungen und frischen Sie jene Gerichte auf, die Sie vergessen glaubten. Probieren Sie meine Rezepte aus, diskutieren Sie darüber, machen Sie Ihr Ding daraus – Hauptsache, wir sind uns in einer Sache einig: Vertrautes hat einen Wert, es gibt Sicherheit, Stabilität, es verleitet zur Konzentration auf Details und stetige Verbesserung, es geht irgendwann leicht von der Hand, weckt Vorfreude, schafft Erinnerungen für die nächsten Generationen. Und es bildet eine gemeinsame Basis, die wir weiterentwickeln können, so, wie das unsere Vorfahrinnen beim Kochen und Essen immer schon gemacht haben.

Viel Vergnügen beim Kochen, Essen & Erinnern!

Wien, im Herbst 2023

Hier geht’s zu meiner Playlist zum Buch!

Warenkunde

Gute Lebensmittel

Gerade für schnelle Rezepte müssen die Zutaten besonders gut sein: frisch, reif, aromatisch, geschmacklich dicht, handwerklich sauber hergestellt. Denn je weniger Zeit für lange Garprozesse, Würzeskapaden oder Durchziehen ist, umso besser muss das Produkt von Anfang an schmecken.

Zur sensorisch wahrnehmbaren Qualität von Lebensmitteln (Produktqualität) – also vor allem deren Geruch, Geschmack und Konsistenz – kommt eine meist nicht sichtbare Qualität hinzu, die ich für genauso wichtig halte: jene der Herstellung (Prozessqualität). Wenn es für Sie möglich ist, greifen Sie am besten zu in Ihrer Nähe und nach Bio-Richtlinien erzeugten Lebensmitteln.

Das hat mehrere Gründe: Regional, noch besser lokal, bedeutet, dass Sie Ihre Produzent/inn/en besuchen oder zumindest auf einem Markt kennenlernen können, dass die Wertschöpfung für alltägliche Lebensmittel in der Nähe bleibt, und dass Gemüse und Obst reif geerntet werden können – was besser für deren Geschmack ist –, weil lange Transportwege wegfallen.

Regional ist aber zu wenig, denn es sagt nichts über die Qualität aus. Bio garantiert Mindeststandards bei Tierhaltung (mehr Platz, mehr Sozialkontakt zu Artgenossen, weniger schmerzhafte Eingriffe), Nachhaltigkeit (weit weniger erlaubte Dünge- und Spritzmittel, vorgeschriebene Kreislaufwirtschaft zum Erhalt der Bodenfruchtbarkeit) und hochwertigere Verarbeitung (weit weniger Zusatzstoffe).

Wenn ich die berühmte Wahl zwischen einem konventionellen heimischen Apfel und einem neuseeländischen Bio-Apfel habe – dann ist wahrscheinlich einfach nicht die richtige Jahreszeit für Äpfel. Könnte aber sein, dass gerade Erdbeeren, Himbeeren oder Marillen reif sind.

Das heißt zwar immer noch nicht, dass das regional erzeugte Bio-Produkt am besten schmeckt. Aber es ist unser Job als Kundschaft, herauszufinden, wer richtig gute Lebensmittel herstellt, und dort einzukaufen. Wenn wir diese Quellen teilen (ich halte überhaupt nichts von „Geheimtipps"), werden sie möglichst vielen Menschen zugänglich – und können auch als Vorbilder dienen. Ja, diese Lebensmittel sind etwas teurer, vor allem tierische wie Fleisch. Aber davon sollten wir sowieso sehr viel weniger essen. Dann geht sich der höhere Preis auch wieder aus.

Worauf kommt es bei den wichtigsten Zutaten für österreichische Rezepte an? Was sind ihre Eigenheiten? Begleiten Sie mich auf eine kurze Einkaufstour:

Brot & Gebäck

Schwarzbrot hat einen kleineren (Mischbrot) oder höheren Roggenanteil, kann mit Kümmel, Fenchel, Koriander u.a. gewürzt sein oder nicht, aus dem Holz- oder anders befeuerten Ofen kommen, grob oder fein sein, mit Körndln oder ohne. Wichtig: Handwerk, Bio, Natursauerteig, langzeitgeführt, dann ist es auch gut verträglich.

Weißbrot & Gebäck ist, je langsamer geführt, desto besser verdaulich. Handgebäck gehört zum kulinarischen Erbe, z.B. Handsemmerl, Mohnflesserl, Salzstangerl. Toastbrot kaufe ich nie im Plastiksackerl, mir ist das zu weich, fad und süß. Ja, das aus der Handwerksbäckerei wird schneller trocken, aber man kann es frisch in Scheiben geschnitten einfrieren und im Toaster auftauen und dabei auch gleich rösten.

Süßes wie mürbe oder Briochekipferl, -knopf oder Striezel ist auch altbacken super für Pofesen S. 232 und Kipferlschmarrn S. 234 geeignet. Sobald viele Eier drin sind, ist Bio besonders wichtig.

Semmelbrösel S. 271 mache ich lieber selbst, weil mir die gekauften meist zu fein gemahlen und zu wenig frisch sind.

Knödelbrot (Semmelwürfel) schmeckt besser von einer Handwerksbäckerei als vom Industriebäcker, kann aber auch selbst hergestellt werden: aus altbackenen, aber noch nicht ganz harten Semmeln oder Weißbrot, unbedingt mit Rinde in 1 cm große Würfel geschnitten, im Ofen trocken gebäht. Wichtig ist, vor der Verwendung daran zu riechen. Ranziges Knödelbrot (bzw. überhaupt ranzig Riechendes, egal welcher Art) muss in den Biomüll.

Getreide & Teigwaren

Beim **Mehl** bedeutet glatt besonders fein vermahlen, universal ein Mittelding und griffig besonders grob. Universal geht im Prinzip für alles, ich empfehle aber für Palatschinken, feines Backwerk, zum Binden von Saucen bzw. Einmach/Einbrenn unbedingt glattes Mehl. Griffiges Mehl braucht Zeit zum Quellen, deshalb kommt es in diesem Buch wenn, dann nur als Alternative zu Universalmehl vor.

Grieß ist üblicherweise weiß und sehr fein vermahlen, das finde ich von Geschmack und Konsistenz langweilig. Meine Oma hat immer sehr groben Holzhackergrieß (aus Weizen) verwendet, der aber kaum mehr zu bekommen ist. Heute üblicher Weizenvollgrieß ist feiner, wird daher dichter (z.B. im Grießschmarrn S. 223), aber schmeckt in den meist sehr einfachen Zubereitungen trotzdem viel aromatischer als weißer Grieß.

Die Zubereitung von **Polenta** ist in Italien eine halbreligiöse Tätigkeit, die mit großer Ernsthaftigkeit und ebensolchem Zeitbudget erfolgt. Wir sind nördlich der Alpen pragmatischer. Außerdem liebe ich Polenta, deshalb gibt es sie häufig, s. S. 112 (Tipps).

Teigwaren sind in Österreich üblicherweise mit Ei (dann unbedingt Bio), ob Fleckerl, Hörnchen, Spiralen oder Bandnudeln. Es gibt viele Formen, auch aus reinem Hartweizengrieß.

Alle diese Produkte sind auch im Supermarkt in Bio-Qualität erhältlich.

Gemüse & Salat

Dieses Buch mit seinem Fokus auf traditionellen österreichischen Rezepten mag es nicht vermuten lassen, aber in unserem Haushalt ist Gemüse die Basis der Ernährung. Wir haben seit über einem Jahrzehnt einen wöchentlichen Ernteanteil von einem Bio-Betrieb und daher immer saisonales Bio-Gemüse im Haus.

Das beste (Bio-)**Gemüse** kommt aus der Nähe und am besten direkt ab Hof, ob vom Wochenmarkt, vom Hofladen, per Gemüsekiste oder eben Ernteanteil. Ganz egal, ob Fruchtgemüse wie Paradeiser, Gurken oder Paprika, Kraut und andere Kohlgewächse wie Kohlrabi, Kohlsprossen oder Chinakohl, Wurzeln und Knollen wie Karotten und Sellerie, Blattgemüse wie Spinat oder saisonaler Spargel.

Erdäpfel, Zwiebel und seltener Knoblauch gibt's in gleichbleibender Bio-Qualität in jedem Supermarkt.

Bei **Erdäpfeln** sind Saison und Kocheigenschaften entscheidend. Für Püree und Teige verwende ich mehlige, für Salz-, Kümmel-, Petersil- und Braterdäpfel speckige. Wir kochen immer mehr Erdäpfel als gerade benötigt, weil sie eine tolle Basis für viele weitere Gerichte (s. Register S. 276) sind. Erdäpfel möglichst nicht in eiskaltem Wasser zustellen (das braucht zu lang zum Kochen), aber auch nicht in kochendem (dann garen die Erdäpfel nicht gleichmäßig), und immer salzen (es geht auch Salz durch die Schale). Bei schräg aufgelegtem Deckel garen, bis eine schmale Küchenmesserspitze leicht hineingleitet. Abgießen und wenn (hoffentlich) Zeit ist, mit 1–2 Blättern Küchenpapier unterm Deckel zumindest ein paar Minuten ausdampfen lassen. Erdäpfel, die am nächsten Tag Raumtemperatur haben sollen (für Erdäpfelkas S. 40, Erdäpfelsalat S. 186 oder Erdäpfelteig S. 162), einfach am Abend während einer TV-Serie zustellen und mit dem Papier unterm Deckel bis zur Verwendung am nächsten Tag stehen lassen.

Gelbe **Zwiebeln** sind die üblichen Küchenzwiebeln, rote oft etwas süßlicher und besser für die rohe Verwendung geeignet. Am besten schmecken frische Zwiebeln, besonders weiße, im Sommer. Zwiebeln schälen und längs halbieren. Für Ringe (Halbringe) dann quer dazu schneiden (die zerfallen beim Kochen), für Streifen längs mit der Struktur, so halten sie die Form besser und bleiben knackiger.

Da ich den schwefelig-stinkigen Geschmack von rohen Zwiebeln, wenn sie nicht ganz frisch und eher scharf sind, nicht mag, entschärfe ich die geschnittenen Zwiebeln (egal ob Ringe, Streifen oder Würferl) für rohe Gerichte gern auf eine der folgenden Arten: in ein Schüsserl mit eiskaltem Wasser geben und einige Minuten ziehen lassen, in einem Sieb kalt abspülen und gut abtropfen lassen. Oder mit Essig oder Zitrussaft und einer Prise Salz einige Minuten marinieren.

Knoblauch soll immer fest sein. Ich verwende ihn sparsam, weil er intensiv würzt. Bei Lagerware entferne ich bei roher Verwendung nach dem Schälen und Halbieren der Zehe immer den Keim, weil ich dessen Geschmack nicht mag.

Sauerkraut schmeckt besser, wenn es nicht pasteurisiert wurde, wird aber mit längerer Lagerdauer immer saurer. Ich wasche es trotzdem nie, das kommt mir wie Betrug vor – ich liebe saures, knackiges Kraut.

Gute **Salate** findet man nach wie vor meist nicht im Supermarkt, sondern auf Wochenmärkten. Es gibt so viele süße und bittere, hellgrüne bis dunkelrote, klein- bis großblättrige, mürbe bis extraknackige, milde bis scharfe Sorten, ein oder zwei davon müssen bei uns das ganze Jahr im Kühlschrank und allzeit bereit sein. Mehr dazu auf S. 59

Kräuter finden Sie auf S. 20 unter „Würzen".

Obst – frisch, getrocknet & im Glas

Frisches Bio-**Obst** ist in der Stadt noch immer die am schwierigsten zu beschaffende Ware. Bauen Sie sich Ihr Netzwerk auf Bauernmärkten oder umliegenden Höfen auf, bilden Sie Einkaufsgemeinschaften mit Freund/inn/en und kochen Sie zur Saison Früchte als Kompott und Röster (eine der am meisten unterschätzten Kochdisziplinen und Speisekategorien überhaupt) oder Marmelade ein bzw. frieren Sie sie ein. Bei Marillen, Zwetschken und Beeren (vor allem Himbeeren, Ribisel, Josta, Brombeeren) funktioniert das super. Frischer Marillenröster S. 269 oder -kuchen S. 257 geht damit das ganze Jahr über.

Am einfachsten sind noch gute Bio-**Äpfel** zu bekommen, aber selbst da geht der Trend zu faden, ewig lagerfähigen Sorten. Ich kaufe Äpfel ca. von September bis April, danach lässt die Qualität der Lagerware rapide nach.

Wer einen Garten hat oder in artenreicher Umgebung wohnt, kann auch Wildfrüchte wie Dirndln oder Holler ernten (Hollerblütenessig s. S. 268).

Zitrusfrüchte haben von Herbst bis Frühjahr Saison, kaufen Sie sie ausnahmslos Bio (weil die Schale mindestens so wertvoll ist wie der Saft) und von so nahe wie möglich (Italien, Spanien, Griechenland). Zitrussaft aus der Flasche schmeckt nicht.

Ungeschwefelte Bio-**Trockenfrüchte** sind zwar weniger hübsch als ihre leuchtend hell konservierten Nachbarinnen, aber ich finde, Zusatzstoffe gehören vermieden, wenn es leicht geht. Rosinen sind immer zuhause.

Bei **Eingekochtem** wie Preiselbeeren, ohne die vor allem im Westen Österreichs gar nichts geht, vertraue ich auf gute eingelegte Bio-Preiselbeeren mit

hohem Fruchtanteil von mind. 60 %. Ob „Preiselbeeren“, „Wild-Preiselbeeren“, „Preiselbeerkompott“ oder „Preiselbeer-Fruchtaufstrich“ draufsteht, ist mir egal. Sie sollen saftig fruchtig-säuerlich und nicht zu fest geliert sein.

Powidl (lang eingekochtes, fast schwarzes Mus aus aromatischen, süßsauren Zwetschken ohne Zucker) ist zeitaufwendig, man kann ihn auch in guter österreichischer oder ungarischer Bio-Qualität kaufen.

Wir machen unsere Marmeladen (z.B. Marille, Himbeer, Josta, Ribisel in allen Farben, Weichsel, Hollerblüten- und Traubengelee, Pomeranzenmarmelade) selbst, aber es gibt sehr gute Bio-Ware zu kaufen.

Milchprodukte & Käse

Sie sind in österreichischen Gerichten omnipräsent und in höchst unterschiedlichen regionalen Ausprägungen erhältlich: Butter, Milch, Obers und Sauerrahm, Topfen (mehr zu Bröseltopfen auf S. 160, zu Brimsen auf S. 37), frische und reife Käse. Egal ob von Kuh, Schaf oder Ziege. Doch selbst wenn sie vertraut und vielen von uns gut schmecken, sind sie nicht automatisch von guter Qualität. Der Supermarkt ist meiner Erfahrung nach für Bio-Milch, -Rahm und -Frischkäse aller Art ebenso wie für Bio-Süßrahmbutter eine gute Quelle.

Für **Käse** meist leider nicht, den findet man eher auf Wochenmärkten oder in Käsefachgeschäften. Achten

Sie auf Bio-Haltung, im Idealfall aus mutter- oder ammengebundener Kälberaufzucht, bestenfalls von nicht enthornten Tieren. Gut, wenn Heumilch verwendet und der Käse möglichst handwerklich hergestellt wurde. Bei einigen Käsesorten ist Rohmilch per Gesetz verpflichtend (Emmentaler oder Bergkäse), bei vielen nicht. Käse aus Rohmilch ist aber in der Regel aromatischer als jener aus pasteurisierter Milch. Reifer Käse ist nicht per se besser als junger, es kommt ganz darauf an, für welche Speise er gedacht ist. Meine durch die Arbeit an diesem Buch zur Standard-Käsemischung gewordene steht auf S. 146.

Mit viel übriger Milch kann man Grießkoch S. 224, Grießschmarrn S. 223 oder Milchreis S. 226 machen, mit aufgerahmtem Obers Gemüsecremesuppe S. 114. Ob Sie Butter aus Süß- oder Sauerrahm bevorzugen, ist Geschmackssache. Wir haben meist beide zuhause, die aus Süßrahm zum Kochen und Backen, die (seltenere) versäuerte, gern aus Rohmilch, am liebsten auf dem Brot.

Alle Milchprodukte halten gut verschlossen meist deutlich länger, als das MHD suggeriert. Nützen Sie Ihre Sinne: Schauen, riechen, kosten Sie!

Eier

Ein heikles Thema: Wir alle essen ziemlich viel davon, und sie spielen eine große Rolle in österreichischen Rezepten. Doch selbst Bio-Freilandeier, die beste im Supermarkt erhältliche Option, haben Nachteile: Brüterei und Aufzucht der verwendeten Hybridrassen – weltweit nur ein paar – liegen in der Hand von wenigen Konzernen. Alte Rassen, die deutlich weniger legen, gelten beinahe schon als Liebhaberei. Wenn Sie eine Möglichkeit haben, zu Eiern von solchen selteneren, meist Zweinutzungsrassen und dem jährlichen Suppenhendl, das dazugehört, zu kommen, greifen Sie zu. Davon brauchen wir (wieder) viel mehr.

Eier sind, kühl gelagert, deutlich länger als das MHD haltbar, frühere Generationen wussten das. Wer zu viele hat und sie aufbrauchen möchte: Eierspeis S. 76 und Omelett S. 78 und 81 sind ganz einfache Rezepte dafür.

Übrig gebliebenes Eiweiß sammle ich in einem beschrifteten Schraubglas im Kühlschrank und freue mich auf den nächsten Schneekuchen S. 261.

Fleisch & Wurst

Obwohl ich vegane und vegetarische Kochbücher veröffentlicht habe, esse ich nach wie vor Fleisch und Fisch. Weil ich Geschmack, Vielfalt und traditionelle Esskultur schätze. Aber wenn, dann nur aus anständiger Tierhaltung – Bio halte ich für den Mindeststandard – und handwerklich top verarbeitet. Das klingt elitär, ist es aber meiner Meinung nach nicht. Unsere Ernährung basiert auf saisonalem Gemüse (s. dort), Fleisch und Fisch sind die Ausnahme, Speck und Wurst eher Gewürze oder Delikatessen. Wenn man das nur alle paar Tage und nicht jeden Tag zwei oder drei Mal isst, geht sich finanziell auch die Qualität aus, die den Tieren ein möglichst angenehmes Leben und einen stressfreien Tod und den Menschen, die diese Tiere halten und deren Fleisch verarbeiten, ein gutes Auskommen ermöglicht.

Fragen Sie sich beim Fleischeinkauf, egal ob Rind, Schwein, Lamm oder Geflügel: Woher kommt es (könnte man den Betrieb auch besichtigen)? Wie ist die Haltungsform (Bio, Freiland) und im Idealfall: Wie wird geschlachtet? Was ist – bei Schinken, Speck, Würsten und Wurstwaren – drinnen (Zusatzstoffe, Aromen, Geschmacksverstärker)?

Viele kleinere, höchst anspruchsvolle und umsichtige Bauernhöfe, fast immer biozertifiziert, vermarkten nur direkt. Es lohnt sich, in Ihrer Nähe zu suchen, Newsletter zu abonnieren oder auf Wochenmärkten Ausschau zu halten. Wer wenig Fleisch isst, kann auch ein paar Lieblingsstücke im Tiefkühler bevorraten. Bekomme ich das Gewünschte für ein geplantes Rezept nicht, koche ich etwas anderes, bevor ich konventionelles Fleisch, Würstel oder Wurst kaufe.

Ein Wort noch zum **Speck**: Er ist ein wichtiges Gewürz in vielen österreichischen Rezepten, aber es gibt recht viel Verwirrung darum. Ich empfehle immer luftgetrockneten Speck (egal ob Bauchspeck am Stück oder Schinkenspeck, den auch gern fein geschnitten), nicht überwürzt und wenn, dann nur leicht geräuchert. Stark geräuchert ist mir zu dominant, und sogenannter Frühstücksspeck ist oft gegart und verdirbt schnell. Selchspeck ist Rückenspeck (also der ganz weiße, aus dem auch Schmalz und Grammeln gemacht werden) mit deutlichem Räucheraroma, er gibt ein paar Rezepten (z.B. Topfenhaluschka S. 134 oder Grenadiermarsch S. 159) das gewisse Etwas, kann aber immer auch durch fetten Bauchspeck ersetzt werden, wenn Sie ihn nicht in guter (Bio-)Qualität bekommen. Grammeln sind gewürfelter, ausgelassener und knusprig gebratener Rückenspeck, der ganz selten von Bio-Freilandschweinen zu bekommen ist. Wenn ja: Sie halten theoretisch Monate im Kühlschrank, praktisch finden Sie das Rezept für Grammelknödel auf S. 166.

Fisch

Fisch aus heimischen Bio-Teichwirtschaften wie Forelle, Saibling oder Karpfen gibt es frisch und geräuchert, Wildfang wie z.B. Reinanken (im Ganzen gebraten S. 170) in gut sortierten Fischhandlungen und auf Wochenmärkten, die auch über die Fangzeiten und somit Saison Bescheid wissen. Für mich ist Fisch eine absolute Delikatesse, die nur selten auf den Tisch kommt.

Mehr zu würzigen Sardellen S. 44, Sardinen S. 46 und Thunfisch S. 71 steht beim jeweiligen Rezept.

Fett & Öl

Schweineschmalz war lange das übliche Fett in vielen österreichischen Regionalküchen, in alten Kochbüchern ist „Schmalz“ ein Hinweis auf die tierische Variante. Butterschmalz ist dagegen ein ziemlicher Luxus, aber bei viel Milchvieh auch naheliegend. Beide gelten heute als ein bisschen antiquiert, was aus gesundheitlichen Gründen großteils nachvollziehbar ist, aus geschmacklich-kulinarischen nicht. Ich verwende gutes Bio-Freilandschweineschmalz ab und zu am Brot S. 42, besonders gern gemeinsam mit Kraut, Grammeln oder Speck, aber niemals zum Ausbacken (obwohl es das klassische Backfett fürs Wiener Schnitzel wäre). Das erscheint mir angesichts der Tatsache, dass dafür ein Tier gestorben ist, doch verschwenderisch, auch wenn manche Rassen viel Fett haben und daher viel Schmalz daraus gewonnen werden kann – oder muss.

Butterschmalz hat schon meine Oma selbst ausgelassen. Wie das geht, steht auf S. 268, man kann aber natürlich auch Bio-Butterschmalz kaufen. Zum Ausbacken/Frittieren würde ich es im Verhältnis von ca. 1:4 mit Pflanzenöl mischen. Nur Butterschmalz fände ich auch hier verschwenderisch, so hat man aber seinen guten Geschmack trotzdem im Essen.

Bratöl ist hoch erhitzbar, neutral im Geschmack, meist aus Sonnenblumen, Mais oder Soja. Achten Sie auf das Etikett. Auch der Zusatz „High-Oleic“ beschreibt Sorten, deren Fettsäurezusammensetzung sich für hohe Temperaturen eignet.

Ausbacken ist aus vielen Gründen aus der Mode, obwohl fast alle Frittiertes lieben. Ein paar solcher Rezepte finden Sie im Buch, es sind eher kleine Festessen als fetttriefendes Junkfood, z.B. Gebackene Schwammerl & Zeller S. 123, Wiener Schnitzel S. 200, Gebackener Karpfen S. 176 und Gebackene Apfelradel S. 237.

Auszubackendes muss schwimmen, dafür braucht es in der Regel mindestens 500 ml Fett/Öl, für voluminöseres oder unförmiges Backgut oder größere Pfannen, in denen das Fett 2–3 cm hoch stehen sollte, bis zu 1 l. Fürs Frittieren ist die richtige Temperatur entscheidend, sie steht bei jedem Rezept dabei. Ein Thermometer ist unerlässlich, vergessen Sie das nervenaufreibende Wasser- oder Mehlgespritze zur Temperaturkontrolle.

Das Öl nicht sofort nach dem Ausbacken (Verbrennungsgefahr), aber gleich nach dem Essen (da ist es noch dünnflüssiger) durch ein feines Sieb in ein großes Schraubglas (Gurkenglas) seihen, verschließen, beschriften und auskühlen lassen. Kann kühl und dunkel aufbewahrt innerhalb der nächsten Monate ein oder zwei weitere Male verwendet werden – wenn es nie zu heiß oder zu dunkel geworden ist.

Frittieröl darf wie jedes Fett auf keinen Fall in die Abwasch oder den Restmüll, sondern muss separat gesammelt und zur Altstoffsammelstelle gebracht werden. In Wien gibt es dazu den „Wöli", einen eigens dafür gedachten, gratis erhältlichen Kübel, den man erneuert bekommt, sobald man einen vollen abgibt.

Öle für die kalte Küche (Salatdressings s. S. 59) sind am besten abwechselnd Sonnenblume, Rapskern, Distel und Kürbiskern. Kaufen Sie Bio in kleinen Flaschen und bewahren Sie Öl unbedingt dunkel auf. Leinöl ist eine höchst wertvolle Delikatesse, es muss immer frisch sein, im Kühlschrank gelagert und innerhalb weniger Wochen aufgebraucht werden, es darf nicht erhitzt werden.

Nüsse & Samen

Richtig gute heimische **Walnüsse** und **Haselnüsse** sind rar, aber es tut sich was: Es setzen wieder vermehrt (Bio-)Landwirt/inn/en Bäume und Sträucher aus. Kaufen Sie lieber ausgelöste Ware, Sie ersparen sich viel Arbeit und Frust über Ausschussware. Sehr gut verschlossen am besten im Tiefkühler aufbewahren.

Kürbiskerne, **Mohn** und **Leinsamen** sind leichter zu bekommen, achten Sie aber immer auf die Herkunft und Bio-Anbau. Beim Mohn bevorzuge ich Graumohn, aber frischer Blaumohn ist genauso fein. Einmal geöffnet am besten im Tiefkühler aufbewahren, bereits gequetschten unbedingt.

Maroni kann man selbst garen, was aber ziemlich aufwendig ist, weil man sie einzeln einschneiden und später auch gründlich schälen muss. Und die Ware muss Top-Qualität haben. Ziemlich praktisch sind daher die vorgegarten ungesüßten (Bio-)Maroni, die es auch im Supermarkt gibt.

Schwammerl, Bohnen & Linsen

Schwammerl gibt's wild von Frühling bis Herbst, am liebsten Eierschwammerl und Steinpilze. Aus oft sogar lokaler Bio-Zucht das ganze Jahr über, z.B. Champignons und Austernseitlinge. Nicht lang lagern, rasch verarbeiten!

Bohnen kochen geht sich nie und nimmer in einer halben Stunde aus, zum Glück hat sich in den letzten Jahren viel getan und es gibt beste österreichische Bio-Hülsenfrüchte im Glas, z.B. die dicken Käferbohnen, die besonders lang zum Garen brauchen.

Linsen gehen schneller, ich würde sie daher immer frisch kochen, weil man dann ihre Würzung (S. 179) und Konsistenz besser beeinflussen kann. Ich bevorzuge grüne Bio-Linsen, weil sie schön bissfest bleiben und sehr aromatisch schmecken.

Würzen

Salz ist in fast allen Speisen unverzichtbar. Meersalz ist häufig mit Mikroplastik verunreinigt, übliches Speisesalz jedoch in einem industriellen Prozess erzeugtes Siedesalz, das mir weder von Textur noch Geruch oder Geschmack behagt. Heimisches trocken abgebautes Steinsalz gibt es zwar (wieder), aber es ist, weil sehr rar, sehr teuer. In Deutschland gibt es riesige Vorkommen und damit auch weit günstigeres Steinsalz, das oft auch als Natursalz oder Ursalz bezeichnet wird. Für die flotte Küche empfehle ich feines Salz, weil es sich schneller auflöst als grobes.

Zum Abschmecken und bei Tisch halte ich die meist pyramidenförmigen Salzflocken wegen der fein knuspernden Kristalle für unverzichtbar. Es gibt sie mittlerweile auch aus Steinsalz-Sole, d.h. nicht aus Meerwasser gekocht.

Bitte nicht bei der Qualität von **Gewürzen** sparen. Man benötigt nur kleine Mengen und sie halten lang bzw. ewig, verlieren nur nach und nach ihr Aroma. Für österreichische Rezepte unverzichtbar sind: Kümmel, edelsüßes Paprikapulver, guter schwarzer und manchmal auch weißer Pfeffer und Majoran (der tatsächlich getrocknet wärmer und aromatischer schmeckt als frisch). Alle gibt es in Bio-Qualität.

An **frischen Kräutern** unerlässlich sind Schnittlauch, Petersilie und Dill, die gibt es mit etwas Glück in Bioläden, eher aber auf Wochenmärkten. Von jenen frischen Kräutern, die man in kleineren Mengen braucht, wie Liebstöckel, Bohnenkraut oder Lorbeer, empfehle ich ein Stöckerl aufs Küchenfensterbrett zu stellen, im Sommer draußen. Unser Topf-Lorbeer schaut zwar eher wie ein Bonsai aus, hat aber locker schon zehn Jahre auf dem Buckel und liefert feinste Blätter: Im Winter im Stiegenhaus, im Sommer am Fensterbankerl. PS: Petersilienstängel nie wegschmeißen, sondern aufheben und bei der nächsten suppigen oder saucigen Speise mitkochen und wieder herausfischen. Gibt schnell viel Frische und Geschmack!

Süße Gewürze: Anis halte ich für sehr unterschätzt, wiewohl ein zentrales Gewürz in österreichischen Süßspeisen. Zimt sollte immer Ceylon-Zimt sein, weil viel eleganter. Vanille verwende ich seit ein paar Jahren fast nur mehr als gemahlene Bio-Bourbon-Vanille aus dem Gläschen, das es in jedem gut sortierten Supermarkt gibt. Ist viel einfacher in der Verwendung als ganze Schoten und kann nicht mit dem unsäglichen Vanillin-Zucker (der nichts mit echter Vanille zu tun hat) verwechselt werden.

Hollerblüten haben zwar nur kurz Saison, können aber in Form von Sirup für süße Speisen und Essig S. 268 für Salate konserviert werden.

Apropos **Essig**: Mehr dazu, zum unentbehrlichen **Apfeldicksaft** und zu guten Pflanzenölen steht beim Salat auf S. 59.

In den Kühlschrank gehören unbedingt **Estragonsenf** (ich weiß nicht, wie viele Tuben wir für dieses Buch ausgedrückt haben) und, wer mag, auch Kremsersenf, **Kapern** in Lake (je kleiner, desto besser), knackige, nicht zu süße **Essiggurkerl**, eine Tube doppelt konzentriertes **Tomatenmark** und eine frische **Krenwurze**. Kren im Glas ist okay, oxidiert aber rasch und schmeckt lang nicht so potent wie frisch geriebener. Alle genannten gibt's mittlerweile in guter Bio-Qualität.

Alkohol

Alkohol gibt als Fermentationsprodukt mit Süße, Säure und oft auch leichten Bittertönen, Gerbstoff, Umami und außerdem einem großen Aromenspektrum schnell viel Geschmack. Deshalb dient er auch als Gewürz. Man lässt ihn meist fast verkochen, bevor z.B. Suppen oder Saucen mit Wasser, Suppe, Fond oder Obers aufgegossen werden.

Wein muss nicht allerfeinste Ware sein, aber so schmecken, dass man auch gern ein Glas von ihm trinken möchte. Wein zum Kochen darf niemals fehlerhaft, essigstichig oder gar korkig sein, der gehört in den Ausguss. Ob trocken oder mit leichter Restsüße ist für die meisten Gerichte kaum relevant. Ganz grob gesagt bevorzuge ich bei Weißweinen Grünen Veltliner oder auch Welschriesling für salzige Gerichte, duftigen Riesling, Sauvignon Blanc oder Muskateller für süße. Zweigelt ist ein roter Universalist, aber meiner Erfahrung nach für die schnelle Küche ungeeignet, er passt eher zum langsamen Schmoren (Ragouts).

Für erstaunlich schnelle tolle Saucen zu kurzgebratenem Fleisch eignet sich stark oxidativer, halbtrockener **Likörwein** wie Madeira (aus Portugal) oder Marsala (aus Sizilien) hervorragend, denken Sie an Geröstete Leber S. 198 oder Zwiebelrostbraten S. 207. Er hält (wegen des höheren Alkoholgehaltes) auch ungekühlt monatelang. Ein kleines altmodisches Küchengeheimnis, das ich ebenso wie das folgende gern teile.

Trockenen französischen **Wermut**, und zwar den seit über 200 Jahren erhältlichen Noilly Prat, dessen Herstellung ich mir vor wenigen Jahren in Südfrankreich

angeschaut habe, liebe ich seit meiner Kochausbildung. Auch er basiert auf stark oxidierten Grundweinen, dazu kommen zarte Säure, Bitterkeit und viel Aroma von Kräutern, Gewürzen und Zitrusschalen. Er hat einen so unverwechselbaren Geschmack, der auch beim Erhitzen und Einreduzieren erhalten bleibt, dass er als eines der ganz wenigen Nicht-Bio-Produkte immer in meiner Küche vorrätig ist. Passen Sie bei allen höherprozentigen Würz-Alkoholen mit Hitze auf: Sie entzünden sich – z.B. beim Ablöschen eines Bratensatzes und Schwenken der Pfanne – sehr leicht! Das ist geschmacklich kein Problem oder sogar erwünscht (Flambieren), aber eine Gefahr für Hände, Kopf und Dunstabzugshaube.

Rum hat eine Sonderstellung in Österreich: Man findet ihn in jeder Küche, selbst in Top-Restaurants steht er in der Pâtisserie. Leider ist es nur ganz selten echter gereifter brauner Rum, sondern fast immer das österreichische Unikum – gefärbter und mit Rumessenz aromatisierter Inländerrum. Der gute Geschmack in Süßspeisen kommt aber von besten Zutaten, nicht von Rum-Aromen. Ich empfehle daher puren echten braunen Rum, es gibt ihn auch in Bio-Fairtrade-Qualität. Kaufen Sie keinen sehr teuren zum Pur-Trinken, die sind oft lange fassgelagert und bekommen davon eine holzig-würzige Note, die sich in Süßspeisen nicht gut macht. Ein einfacherer brauner Rum tut's auch.

Süßen

In Österreich (und auch in Deutschland) gibt's Bio-**Rübenzucker** grob als Bio-Kristallzucker und ganz fein als Bio-Staubzucker. Er ist in vielen Gerichten Gewürz, in Süßspeisen natürlich mehr als das. Braunen Zucker halte ich nicht für viel gesünder, aber geschmacksintensiver. Das kann spannend sein, ist aber nichts, was ich in einem Kaiserschmarrn oder Marillenkuchen haben möchte.

Bei warmen Mehlspeisen bevorzuge ich ganz wenig Süße im Teig/der Masse, damit dann mit Staub- oder Kristallzucker obenauf jeder Bissen ein wenig anders schmeckt. Das finde ich viel interessanter als ein durch und durch süßes Gericht.

Auch Apfeldicksaft S. 267 und Marmeladen süßen, komplexer und viel fruchtiger als simple Süßungsmittel wie Zucker, ganz egal woraus.

Bio-Honig in allen möglichen Sorten mag ich sehr am Brot und zu Joghurt mit Früchten, zum Backen oder als Süßungsmittel ist er mir zu eigenwillig, Ausnahme S. 57.

Schokolade spielt eine kleine, aber wichtige Rolle (S. 216, 220 (Variante), 224). Ich verwende am liebsten hochqualitative fair produzierte Bio-Bitterschokolade oder -kuvertüre mit 60–70 % Kakaoanteil.

Wo einkaufen?

Nicht zu weit gereiste Bio-Lebensmittel gibt es frisch auf Wochenmärkten, haltbar in Bioläden und ja, gerade bei Grundnahrungsmitteln und saisonalem Gemüse oft auch in Supermärkten. Tauschen Sie Quellen mit Freund/inn/en und Nachbar/inn/en aus, gehen Sie gemeinsam auf den Markt, das ist so eine Bereicherung!

Einkaufen am Wochenmarkt ist schön und kommunikativ, unter der Woche haben die Wenigsten gemütlich Zeit dafür. Daher ein Tipp aus jahrelanger eigener Erfahrung, der die Wege effizienter macht und unnötige Ausgaben vermeiden hilft: Nützen Sie eine **Einkaufslisten-App fürs Smartphone**! Dort notieren Sie nach und nach jene Produkte, die Sie sowieso immer nachkaufen (oder auch mal neue), sortieren Sie z.B. nach Einkaufsquelle (Bioladen, Supermarkt, Wochenmarkt) und teilen diese Listen mit den anderen Personen in Ihrem Haushalt. Somit sind zuhause vergessene oder verwurschtelte Einkaufszettel Geschichte.

Lagern

Bis auf Gemüse wie Zwiebel, Knoblauch oder Kürbis und lagerfähiges Obst wie Äpfel gehören alle Vorräte verschlossen und besser dunkel und kühl, jedenfalls möglichst nicht in direktem (Sonnen-)Licht gelagert. Erdäpfel in Papiersäcken kühl (aber nicht im Kühlschrank), luftig und dunkel aufbewahren, so treiben sie mangels Licht langsamer aus.

Besonders geschützt vor Licht, Wärme, Luft und Feuchtigkeit gehören: Öle, alles aus vollem Korn, Nüsse und Gewürze. Letztere sollten möglichst nicht in Herdnähe (und schon gar nicht über dem Herd) gelagert werden, weil Wasserdampf und Fett sie verklumpen und viel schneller altern lassen.

Ich fülle viele Zutaten aus aufgerissenen oder -geschnittenen Packungen in Schraubgläser um. Mehr dazu unter „Lagern und Umfüllen von Lebensmitteln" im nächsten Kapitel.

Verlässliches Küchenwerkzeug

Mit 30 Jahren Kocherfahrung weiß ich, wie wichtig Werkzeug ist, das man gern zur Hand nimmt und das lange hält - und es ist eine vergleichsweise einfache Investition. Bauliche Änderungen, um eine Küche optimal auf die Abläufe beim Kochen abzustimmen (was braucht man wann und was passiert danach damit), sind sehr viel schwieriger und kostspieliger umzusetzen als ein neues großes, schönes Holzbrett, ein Satz Edelstahlschüsseln oder frisch geschliffene Messer. Und falls Ihr Küchenlicht zu schwach ist, tauschen Sie es gegen hellere Leuchtmittel aus.

Welches Küchenwerkzeug ist unbedingt nötig? Und woran erkennt man gute Qualität? Begleiten Sie mich auf einen kurzen Rundgang durch die Küche:

Ein einziger Blick in eine Küche reicht, um zu sehen, ob dort oft und gern gekocht wird: Die Arbeitsflächen sind leer, an den Rändern stehen oft benötigte Utensilien in Köchern und auf Tabletts, man sieht Messer und aufgehängte Hangerl, vielleicht ein paar Früchte oder ein Kräuterbüschel, Salz - und keinen Krempel. Spontan und schnell kochen geht nur, wenn die Küche gut organisiert, bereit und sauber ist.

Dafür braucht es umweltfreundliche, nur zart und natürlich duftende **Reinigungsmittel** (gibt's in jedem Supermarkt), häufig ausgetauschte Schwämme und Schwammtücher (beide kann man ein, zwei Mal waschen), ein Abtropfgestell, damit Abgewaschenes nicht im Wasser liegt, und stapelweise möglichst schon einige Jahre benutzte **Küchenhangerl** aus Baumwolle oder noch besser Halbleinen. Die sind viel saugfähiger als ganz Neue. Hangerl niemals mit parfümiertem Waschmittel oder gar Weichspüler waschen, sie werden ja auch für Lebensmittel benötigt. Eigene Küchenhandtücher sind sehr empfehlenswert, damit man sie nicht mit den Geschirrtüchern verwechselt. Alles Textile gehört je nach Kochfrequenz mindestens ein bis zwei Mal pro Woche gewechselt.

Küchenrolle/-papier ist unverzichtbar, es gibt sie ohne unnötige Aufdrucke, aus Recycling-Papier oder zumindest aus ungebleichtem Zellstoff, der aus Holz aus nachhaltiger Forstwirtschaft gewonnen wird. **Backpapier** gehört auch ins Haus.

Eine **Gemüsebürste** ist für Erdäpfel unverzichtbar und auch für manch anderes Obst oder Gemüse mit hartnäckigen Verschmutzungen praktisch.

Misten Sie unter der Abwasch aus und/oder richten Sie eine gescheite **Mülltrennung** nahe der Arbeitsplatte ein, zumindest für ständig anfallenden Biomüll und Restmüll. Papier, Glas, Metall und Plastik kann man auch an einem anderen, weniger prominenten Ort sammeln.

Fürs **Lagern und Umfüllen von Lebensmitteln** in Speis, Laden, Kühl- und Tiefkühlschrank und Restln braucht es ein großes Sortiment an Schraubgläsern, kleineren und größeren TK-Behältern, Leerflaschen, Sackerln, Klammern und Gummiringerln.

Oberste Küchenorganisationsregel: Nichts steht offen herum und alles wird beschriftet. Entweder oben auf dem Deckel oder seitlich mit einem Stück Kreppband (das hellgelbe, kann man ohne Schere herunterreißen, löst sich rückstandsfrei, lässt sich gut beschriften), das ich mit wasserfestem Folienstift beschrifte: Produkt, MHD, Öffnungsdatum. So habe ich immer im Blick, was da ist, ohne über Inhalt oder Haltbarkeit rätseln zu müssen. Spart Zeit, Nerven und sinnlos weggeworfene Lebensmittel.

Scharfe Messer sind das wichtigste Küchenwerkzeug, mit ihnen zu arbeiten ist die reine Freude! Wirklich brauchen tut man nur drei: ein großes, breites, schweres **Kochmesser** mit ca. 20 cm Klingenlänge. Ein schmäleres **Gemüse- oder Officemesser** (die japanische Form heißt Petty) mit 12–16 cm langer

Klinge. Und ein kleines **Tourniermesser**, das ist das mit der gebogenen Klinge. Wer viel Brot schneidet, braucht noch ein großes **Brotmesser** mit Wellenschliff und ein dafür reserviertes großes Holzbrett.

Das Kochmesser ist das Universalmesser. Ich persönlich schneide lieber mit größeren als mit kleineren Messern. Es gibt aber Aufgaben, da fühlt es sich überdimensioniert an, z.B. für eine Knoblauchzehe, kleine Paradeiser oder feine Schneidarbeiten, da ist dann das Gemüsemesser dran. Ein Messer muss so scharf sein, dass es mühelos selbst in einen weichen Paradeiser gleitet. Das Tourniermesser ist ideal zum Zuputzen von Gemüse oder Obst.

Scharf sind Messer aus drei Gründen:

1. Sie sind aus gutem Stahl gefertigt. Das muss weder mehrlagig noch sauteuer sein, sondern einfach ein anständiges Messer aus z.B. deutscher oder japanischer Fertigung. Das Messer muss gut in Ihrer Hand liegen, das Material des Griffs Ihrer Hand schmeicheln. Deshalb niemals Messer online kaufen. Und auch keine billigen Messersets mit Plastikgriffen. Ob westliche Messerform und/oder asiatische (japanische oder chinesische), ist Geschmackssache. Keine davon ist „besser“. Ich verwende beide gern.
2. Sie werden regelmäßig geschärft (abgezogen), das kann und soll man je nach Kochfrequenz selbst tun. Lassen Sie sich von Ihrem Messerschleifer beraten, welches Gerät für Ihre Messer sinnvoll ist.
3. Trotzdem gehören Messer zusätzlich vom Profi geschliffen. Wir lassen das ca. einmal im Jahr machen. Probieren Sie es, auch mit normalen alten Küchenmessern. Es ist eine Offenbarung, wie gut ein scharfes Messer schneidet und wie mühelos und schnell die Arbeit damit von der Hand geht.

Man schneidet sich mit scharfen Messern seltener als mit stumpfen, weil man mit scharfen weniger Druck ausüben muss und kaum Gefahr läuft, abzugleiten. Und falls es doch passiert, ist der Schnitt sauberer und heilt schneller. Pflaster gehören übrigens auch in die Küchenschublade. Die Messer lieber nicht, es sei denn, sie haben eine Lade nur für sich. Besser sind sie auf einer Magnetleiste oder in einem Messerblock aufgehoben, weil sich so die Klingen nicht gegenseitig beschädigen können und die Messer stets zur Hand sind. Messer gehören immer sofort nach Gebrauch abgewaschen und abgetrocknet, niemals in der Abwasch liegen gelassen.

Schneidbretter sind ein heikles Thema. Ich gebe zu: Auch wir haben lange Plastikbretter verwendet, weil sie in den Geschirrspüler dürfen. Aber alle paar Jahre sind sie verzogen, verfärbt und riechen komisch – man muss sie also erneuern. Das ist unnötiger Plastikmüll. Seit ein paar Jahren schneiden wir wieder auf geölten Holzbrettern (es soll dichtes, feines und eher hartes Holz sein). Es macht sehr viel mehr Spaß, weil sie stabil sind, sich gut angreifen und die Klingen der Messer länger scharf bleiben.

Holzbretter dürfen nicht im Wasser liegen, sie müssen mit der Hand abgewaschen werden und sie sollten stehend luftig trocknen (wir haben dafür eine Art Plattenrack umfunktioniert). Daran muss man sich erst gewöhnen, aber so können sie in Würde altern.

Etwas größere Bretter sind praktischer als zu kleine. Und unbedingt ein schönes Brett reservieren, das unter Strafandrohung von allen Personen im Haushalt nur für „Süßes“ verwendet werden darf: für Obst, Schokolade und Nüsse, niemals aber für Zwiebelgewächse, Kohlgemüse, Fisch oder Fleisch.

Bretter ab und zu mit ausgepressten halbierten Zitronen und etwas grobem Salz abreiben und abwaschen, das hilft gegen Geruch und Verfärbungen. Wenn sie zu selten mit fetten Lebensmitteln in Kontakt kommen, mit neutralem Speiseöl nachölen. Dafür müssen die Bretter komplett trocken sein, Öl mit einem Stofffetzerl dünn auftragen und dann hochkant luftig 1–2 Tage trocknen lassen.

PS: Niemals mit der Messerklinge etwas vom Brett in eine Schüssel oder eine Pfanne schieben, sondern immer mit dem Messerrücken.

Apropos **Schüsseln**: Davon kann es in einer Küche nie genug geben. Von ganz groß für Salate und voluminöse Gemüse, mittelgroß in Hoch oder Flach als Rührschüsseln, zum Salat-Marinieren, Mixen, Massen-Anrühren, Waschen, Durchseihen, Panieren etc., klein zum Auswiegen, für Saucen und Dressings und winzig fürs Auswiegen von Gewürzen und Zutaten in kleinen Mengen.

Ich liebe Edelstahlschüsseln (einige sind Jahrzehnte alt), aber auch Porzellan ist robust genug für den täglichen Einsatz. Kunststoff verwende ich hauptsächlich aus Lärmminimierungsgründen für den Handmixer: hohe Mixbecher für Obers, Eischnee und kleine Mengen, Rührschüsseln für Teige und Massen.

Ebenso wie meine ersten beiden Messer und ein paar große Metallschüsseln habe ich nach 30 Jahren auch immer noch meine ersten **Kochtöpfe, Back- und Auflaufformen** in Verwendung. Wer bei Töpfen, Sauteusen (die mit dem abgerundeten Boden und Stiel, mein Lieblingskochgeschirr) und Reinderln auf gute Qualität achtet (Edelstahl, Mehrschicht vom Boden über den Rand hochgezogen, das sorgt für bessere Wärmeverteilung, lieber etwas schwerer als zu leicht, sorgfältige Griffverarbeitung), hat Jahrzehnte Freude daran. Denken Sie auch an ein ganz kleines Reinderl für Butter oder kleine Mengen.

Bei **Pfannen** empfehle ich für den Alltag gute (!), eher schwerere beschichtete Pfannen (eine mit ca. 24 cm, eine größere mit ca. 28 cm Durchmesser), die bis zu ca. 250 °C ofenfest sind. Billigware muss viel zu oft ausgetauscht werden. Auch ein beschichteter kleinerer Topf (1–2 l) ist sehr praktisch, wenn man gern mit Getreide wie Grieß, Polenta, Porridge oder Reis kocht, weil viel leichter zu reinigen.

Unbeschichtete Edelstahlpfannen sind ohne viel Übung (und ohne viel Fett) ziemlich stressig im Umgang. Eine gut eingebrannte Gusseisenpfanne ist für alle, die gern kurzgebratenes Fleisch (und Braterdäpfel) essen, dagegen eine sehr gescheite Investition.

Backformen mag ich am liebsten aus dunkler Emaille, die hält beinahe ewig, leitet die Hitze gut (im Gegensatz zu Glas oder Porzellan), man kann darauf schneiden, sie zerkratzt nicht und ist ganz leicht zu reinigen. Von Silikonformen halte ich nichts.

Töpfe, Pfannen etc. vor dem Abwaschen immer mit Küchenpapier (oder alten Papierservietten) von überschüssigem Fett befreien und, vor allem nach stärkehaltigen Gerichten, gleich nach der Benützung in kaltem Wasser einweichen. Dann geht alles mühelos runter.

Fürs Wiegen und Messen braucht es:

- eine digitale **Küchenwaage** (grammgenau, mit Tara-Funktion und mindestens 5 kg Tragkraft, weil in schwere Töpfe/Pfannen sonst nicht mehr eingewogen werden kann)
- **Messlöffel** (normierte Löffel mit 15 ml/EL, 5 ml/TL, 2,5 ml/½ TL, 1,25 ml/¼ TL; nur damit können wir uns über die im Verhältnis richtigen Mengen verlässlich verständigen, denn Bestecklöffel können, wenn sie alt sind, viel größer oder bei modernen Bestecken viel flacher und damit kleiner sein, üblicherweise sind bei Angaben in TL oder EL gestrichene gemeint
- **Messbecher** (möglichst aus Glas, mit Griff für heiße Flüssigkeiten und kleinerer Einteilung – 5–10-ml-Abstände sind ideal), obwohl ich in den letzten Jahren vermehrt auch Flüssigkeiten wiege, weil es schnell und unkompliziert geht
- ein digitales **Bratenthermometer** (zum Überprüfen des Gargrads von Fleisch und Fisch, Fetttemperatur, Testen von Backwerk)

PS: Koch-Geübte finden manche dieser Werkzeuge evtl. nicht (mehr) nötig. Ich empfehle sie aber dringend und verwende sie sehr gern, weil sie wichtig für das verlässliche und wiederholte Gelingen von (nicht nur meinen) Rezepten sind.

Welches Werkzeug noch wichtig ist:

- **Küchenschere** (scharf, keine, die nur stumpf ins Rosinensackerl hineinbeißt)
- ein offener **Köcher** (oder ein hoher schmaler Blumentopf) in Herdnähe **mit Küchen(ess)besteck**: Messer mit breiter, runder Klinge für Butter und zum Anschneiden von gegarten Speisen, Gabeln zum Kosten und Herausheben, viele Löffel, groß und klein, lang und kurz zum Kosten, Ein- und Umrühren
- **Sparschäler** (mind. zwei)
- kleine und große, engmaschige und gröbere **Siebe** aus Edelstahl und ein ganz feines aus Nylon
- **Durchschlag** (großes Sieb mit Löchern und Füßen, ideal zum Waschen, Abseihen oder Abtropfenlassen von Zutaten)
- **Salatschleuder** (eine Küche ohne Salatschleuder ist mir suspekt)
- **Salatbesteck** (weil normale Löffel und Gabeln in die Schüssel fallen)
- **Reibeisen** (entweder Zestenreibe, feine und grobe Reibe oder Zestenreibe und Vierkant-Reibeisen)
- **Zitruspresse**
- **Wiegepresse** (s. Bild S. 163, viel praktischer, weil weniger Kraftaufwand als für die übliche Erdäpfelpresse nötig und leichter zu reinigen)
- **Pfeffermühle** (mit Stahl- oder Keramikmahlwerk, keinesfalls mit Plastikmahlwerk)
- **Salzbehälter** offen mit Holzschauferl oder -löffel (kein Metall, kann korrodieren)
- **Pfannenwender** (die mit der geraden Kante, sowohl aus Holz zum Rühren als auch aus Kunststoff für delikate Aufgaben (z.B. Palatschinken wenden)), ich verwende diese Form lieber als klassische runde Kochlöffel
- **Schöpfer**
- **Schaumlöffel** (das ist der flache mit den Löchern) oder **Siebschöpfer** (das ist der Schöpfer mit Löchern, ich bevorzuge den Schaumlöffel) zum Abtropfen von Knödeln, Gebackenem etc.
- **Schneebesen**, auch ein recht kleiner (für Salatdressings) und **Spiralbesen** (Letztere sind besser für kleine Mengen und für heiße Zubereitungen, die gern anlegen, geeignet)
- **Gummihunde** (Teigspatel) mit Griff und weicher „Zunge" (am besten aus Silikon mit Edelstahl-Griff, die halten am längsten und sind nicht nur zum Backen, sondern auch zum Kochen – Umrühren in heißen Töpfen/Pfannen – geeignet), einer davon ausschließlich für Süßes
- feste **Teigkarte** (aus Kunststoff oder Metall, zum Verarbeiten und Portionieren von Teigen, zum Verstreichen/Glattstreichen, zum Transportieren von Zutaten und zum Reinigen der Küchenbudel)
- **Pinsel** (am besten aus Silikon, weil man Naturborsten in heißen Pfannen – Stichwort Palatschinken – gern verbrennt)
- Edelstahl-**Trichter**
- **Dämpfeinsatz** (aus Edelstahl, wie zu einer Blüte faltbar, passt sich der Topfgröße an, unverzichtbar für Gemüse)
- **Topflappen** (ich mag lieber kleine, quadratische, handliche aus Textil, manche können mit großen Topfhandschuhen besser umgehen)
- digitaler **Küchentimer**
- **Wasserkocher** (geht schneller als auf vielen, vor allem älteren Herden)
- **Stabmixer** (leistungsstark, für Suppen, Saucen, Mayonnaise, Teige)
- **Handmixer** (für alles mit Ei, Massen/Teige und zum Kneten, wenn keine Küchenmaschine vorhanden ist)

Praktisch, aber kein Muss:

- **Zangen** aus Holz, Metall oder kombiniert mit Kunststoff/Silikon (ich verwende die aus Holz zum Wenden von größerem Bratgut)
- **Hobel**/Mandoline (am liebsten kompakt und japanisch, weil superscharf)
- **Kugelausstecher** (ideal, um Äpfel zuzuputzen)
- **Zestenreißer** (wer gern Zitrus verwendet, alternativ breite Zesten mit dem Sparschäler abschneiden und diese mit dem Messer in sehr feine Streifen schneiden)
- **Mörser** (wenn, dann nicht zu klein und unbedingt innen leicht rau)
- **Knoblauchpresse** (ich verwende sie so gut wie nie, hacke Knoblauch lieber sehr fein)
- **Spätzlesieb** (wer gern Nockerl/Spätzle macht, wird es lieben)
- **Tabletts** (sehr praktisch zum Auflegen, Transportieren, flach Einfrieren)
- ein Satz einfaches, robustes, aber nicht zu schweres **Geschirr aus Porzellan** (Schüsserl, aber auch verschieden große Teller und tiefe Teller), das leicht zugänglich ist, am besten offen in Herd- bzw. Arbeitsflächennähe
- **Universalzerkleinerer** (für Farcen, Pasten, Nüsse)
- **Toaster** (auch für altbackenes Brot)
- **Brotschneidemaschine**
- **Küchenmaschine** (wer gern bäckt und den Platz hat; sie ist deshalb so praktisch und effizient, weil sie ausreichend lang schlägt, mixt, knetet und man sich währenddessen anderen Tätigkeiten widmen kann; mit Trommelreiben-Aufsatz zum Reiben von Käse und Bröseln)
- **Schnellkochtopf** (beschleunigt einige Garprozesse sehr und spart damit neben Zeit auch Energie, braucht ein wenig Übung)

Zum Anrichten/bei Tisch:

- **Servierlöffel** (große, lange Löffel, die nicht sofort in Topf, Pfanne oder Schüssel hineinrutschen) und **Schöpfer**
- **Untersetzer** für heiße Töpfe/Pfannen
- **schönes Geschirr** (das muss weder teuer noch neu, sondern kann auch von der Oma, vom Flohmarkt, von der Caritas – oder aber auch aus einer Keramikmanufaktur sein; fast alles, was Sie in diesem Buch sehen, stammt aus solchen Quellen bzw. hat Geschichte)
- **angenehmes Besteck**
- **Servietten** oder Küchenpapier
- **Salzflocken** in einem offenen, nicht zu engen Gefäß, damit man sie mit den Fingern entnehmen kann
- **Pfeffermühle**
- ein Strauß frische **Blumen**, ein schöner Zweig im Winter oder ein paar Kräuterzweiglein in einem Glas

Schnell kochen

Viele Prozesse beim Kochen – wie Schneiden, Garen, Braten – lassen sich nicht beschleunigen, aber die Abläufe in der Küche schon. Dabei helfen 1. eine gut organisierte, aufgeräumte, saubere Küche, 2. sinnvoll sortierte, beschriftete und regelmäßig (alle paar Monate) durchgesehene Vorräte und 3. ungeteilte Aufmerksamkeit. Und folgende Tipps:

- Lesen Sie das geplante Rezept einmal komplett durch. Nur dann wissen Sie, welche Zutaten und welches Werkzeug Sie wirklich brauchen.
- Checken Sie vor dem Einkauf Ihre Vorräte, ob a) wirklich genug davon da ist und b) die Zutaten auch in Ordnung sind. Es gibt nichts Ärgerlicheres, als mitten im Kochen zu bemerken, dass nur mehr 1 EL Brösel da ist oder die Walnüsse ranzig sind.
- Räumen Sie vor dem Kochen den Geschirrspüler aus und ggf. wieder ein.
- Wischen Sie die Arbeitsfläche ab, tauschen Sie das alte Hangerl gegen ein frisches. Ein kleines Ritual für den Beginn.
- Die Mise en Place ist das wichtigste Prinzip, das wir uns von der Gastronomie abschauen sollten: Stellen Sie alle Zutaten in der nun aufgeräumten Küche bereit, bevor Sie mit der eigentlichen Zubereitung beginnen. Das bewahrt vor hektischem Suchen, ganz besonders, wenn es schnell gehen soll.
- Kochen Sie am besten zu zweit (oder mehr), denn mit mehr Händen ist man tatsächlich sehr viel schneller in der Küche, außerdem ist es kurzweiliger, schöner, es gibt Stoff für gemeinsame Erfolgserlebnisse (und Misserfolge, aber die sind geteilt auch weniger dramatisch), Zeit zum Reden und Einander-auf-dem-Laufenden-Halten, gerade dann, wenn der Alltag stressig ist. Nebeneffekt: Alle werden routinierter im Kochen.
- Während des Kochens räumen alle, die in der Küche arbeiten, nicht mehr Benötigtes gleich wieder weg, sammeln schmutziges Geschirr und Werkzeug kompakt nahe Geschirrspüler oder Abwasch (nicht darin, das stört beim Kochen) und wischen häufig die Arbeitsfläche ab. Dann ist der Aufwand für Abwasch und Aufräumen gleich nach dem Essen minimal – und die Küche rasch wieder bereit für die nächste Mahlzeit.
- Nehmen Sie sich – egal wie eilig es ist – immer die Zeit fürs Abschmecken, In-Ruhe-Anrichten (ich finde angepatzte Teller deprimierend) und vor allem fürs Essen selbst.

Ich habe die Abläufe bei der Zubereitung der Rezepte in diesem Buch so zeitsparend wie möglich durchdacht und formuliert. Aber Effizienz und Tempo sind nicht alles. Kochen ist wertvolle Lebenszeit. Essen zubereiten bedeutet, sich um sich selbst und die engsten Menschen rundum zu kümmern: damit wir uns und sie sich satt und zufrieden, leistungsfähig und wohl fühlen. Das kann man gar nicht hoch genug schätzen. Es muss nicht immer viel Zeit zum Kochen sein. Aber die tatsächlich darauf verwendete darf jedes einzelne Ma(h)l eine gute Zeit voller Freude sein.

I. Kalte Jause

Butterbrote

Ein Butterbrot ist ein Butterbrot. Aber so einfach ist es auch wieder nicht, denn es kommt drauf an: aufs Brot, auf die Butter, darauf, dass die beiden zusammenpassen, und auf das, was sonst noch draufdarf. Ein Vorschlag zur Güte und Wertschätzung.

Zutaten

bestes Schwarzbrot, s. Tipp

beste nicht zu kalte Butter, Sauerrahm oder Süßrahm, gesalzen oder nicht

schön straffer Schnittlauch

zart knuspernde Salzflocken

knackige, frische Radieschen, klein oder groß, pink oder weiß, scharf oder mild

Schafgupferl oder -rolle (Schaffrischkäse, s. Gut zu wissen)

Galgantpulver, s. Gut zu wissen

Tipp: Am besten passt langzeitgeführtes Roggensauerteig- oder Mischbrot aus einer anständigen Handwerksbäckerei (oder dem eigenen Ofen) mit schön dunkel gebackener knuspriger Kruste und saftiger Krume, ob fein vermahlen oder Vollkorn, mit Körndln oder ohne, gewürzt oder nicht.

Gut zu wissen: Schafgupferl (oder -rollen) sind im Mostviertel und anderen Regionen Niederösterreichs und Oberösterreichs typisch. Es gibt sie rein aus Schafmilch, aber auch kombiniert mit Kuhmilch. Es handelt sich um in Formen dickgelegte filigrane, zarte, leichte und lockere Frischkäse, die sehr saftig, ganz glatt, mildsäuerlich erfrischend schmecken und in Scheiben geschnitten werden können.

Galgant gehört zu den Ingwergewächsen, das Rhizom wird wie Ingwer und Kurkuma sowohl frisch als auch getrocknet zu Pulver vermahlen verkauft. Galgant hat eine eigenwillige süßliche warm-würzige Schärfe. Meine Oma hat Galgantpulver behutsam dosiert auf Schafgupferlscheiben gestreut. Ich bin mit dieser Geschmackskombi aufgewachsen. Trauen Sie sich!

1 Brot nicht zu dünn schneiden, großzügig und bis zum Rand buttern (alles andere ist lieblos und kulinarisch unbefriedigend, gerade am dichten, knusprigen Rand macht viel Butter Spaß). Wenn das Brot schon sehr verführerisch duftet, erst einmal abbeißen und sich freuen.

2 Dann je nach Gusto:

a) Für **Schnittlauchbrot** reichlich Schnittlauch waschen, mit Küchenpapier trocken tupfen. Mit einem sehr scharfen Messer in feine Ringe schneiden, auf einen Teller geben. Gebuttertes Brot in das Schnittlauchnest tunken und leicht andrücken. Nur so bekommt man eine anständige Menge Schnittlauch aufs Brot, die auch nicht sofort wieder herunterpurzelt. Je nach Butter und Gusto ein paar Salzflocken darüberstreuen.

b) Für **Radieschenbrot** Radieschen putzen, dabei ein Stück vom Stiel/den Blättern dranlassen, Wurzel wenn nicht zu trocken detto. Radieschen waschen, trocken tupfen und nicht zu dünn hobeln oder schneiden. Dicht aufs Butterbrot schichten und je nach Butter und Gusto mit Salzflocken bestreuen.

c) Für **Schafgupferlbrot** Schafgupferl behutsam aus der Molke heben, etwas abtropfen lassen. Der Käse ist sehr fragil. In dicke Scheiben schneiden (wichtig fürs Mundgefühl), aufs Butterbrot legen und zart mit Galgant bestreuen. Je nach Butter und Gusto mit ein paar Salzflocken bestreuen.

3 Die liebste Version gleich noch einmal wiederholen. Es passt auch alles drei auf ein Brot.

Liptauer ♡

Was mittelmäßigen von gutem Liptauer unterscheidet, ist das verwendete Fett. Was guten von hervorragendem Liptauer unterscheidet, ist dessen Menge. Traditionell werden für Liptauer gereifter Schaftopfen (Brimsen) und Butter im Verhältnis 1:1 gemischt und nach Geschmack gewürzt. Ich halte mich an das Verhältnis meiner Schwiegermama von Topfen zu Butter 2:1. Das ergibt vollmundige Cremigkeit – aber man kann den Liptauer trotzdem dick aufstreichen, ohne eine Gallenkolik zu riskieren. Die kapernlastige Würzung macht ihn für mich perfekt.

Zutaten für 6–8 Portionen

250 g Topfen (20 % Fett)
ca. 150 g Brimsen oder Schaftopfen
200 g weiche Butter (oder streichfähige Butter mit kleinem Pflanzenölanteil, s. Tipps)
1 knapp gestrichener TL feines Salz
1 gestrichener bis leicht gehäufter EL edelsüßes Paprikapulver + evtl. scharfes nach Geschmack
½ TL Kümmelpulver
1 EL Estragonsenf
1 Zwiebel (60–70 g, bevorzugt milde weiße oder rote)
2–3 knackige Essiggurkerl (50–60 g)
3 EL Kapern in Lake (ca. 50 g)
Brot oder Gebäck, s. Tipps

1 Topfen, Brimsen oder Schaftopfen und weiche Butter in eine Rührschüssel geben, Salz, Paprika, Kümmel und Senf dazugeben und mit den Quirlen des Handmixers auf langsamer Stufe gründlich verrühren.

2 Zwiebel schälen, längs halbieren und sehr fein würfeln. Gurkerl abtropfen lassen, längs in dünne Scheiben, dann in Streiferl und diese in sehr kleine Würferl schneiden. Zwiebel- und Gurkerlwürfel sind von der Konsistenz her mitentscheidend dafür, wie gut der Liptauer schmeckt. Kapern abtropfen lassen und fein hacken.

3 Zwiebel, Gurkerl und Kapern kurz einmixen. Dadurch geben Gurkerl und Kapern ein bisschen von ihrem Sud bzw. ihrer Lake ab, was der Gesamtwürze des Liptauers guttut. Erst jetzt kosten und ggf. mit Salz und Schärfe (Paprikapulver) abschmecken. Frisch mit frischem Brot oder Gebäck schmeckt der Liptauer am allerbesten.

Tipps: Hält im Schraubglas im Kühlschrank 4–5 Tage.

Es gibt neu von vielen Biomarken Butter mit einem kleinen Anteil Pflanzenöl. Die hat den Vorteil, dass sie sofort weich (und mixbar) ist und der Liptauer damit auch direkt aus dem Kühlschrank aufs Brot gestrichen werden kann. Außerdem schadet ein bisserl weniger Tier bei gleichem Geschmack sicher nicht.

Welches Brot Sie verwenden, ist Geschmackssache: Die einen (meine Schwiegermama) schwören auf Soletti, andere (meine Mama) auf Salzstangerl, die Dritten (mein Mann) auf Wachauer Laberl, die Vierten (ich) auf Holzofenbrot mit hohem Roggenanteil und knuspriger Kruste.

Fürs Picknick auf einem Kühlakku transportieren.

Dazu passen frisch geschnittener Schnittlauch, Paprikastreiferl (ideal ungarische hellgrüne Spitzpaprika, gern auch leicht scharf), oder Radieschen.

Statt Kräutertopfen zu gekochten speckigen Erdäpfeln S. 118 servieren.

Varianten: Die insgesamt 400 g Topfen können nach Lust und Laune kombiniert werden, bei uns ist es manchmal eine Mischung aus Topfen, Schaftopfen, Brimsen, Ziegenfrischkäse o.a.

Feinst gehackte Sardellen oder Sardellenpaste zum Abschmecken verwenden, aber dann Vorsicht bei Kapern und Senf walten lassen.

Gut zu wissen: Nach der strengen Lehre gehört nicht irgendein Topfen, sondern gereifter Schaftopfen aka Brimsen aus der Slowakei in den Liptauer. Der ist selbst in Wien sehr selten zu bekommen, und wenn, dann nicht in Bio-Qualität. Was als Brimsen verkauft wird, ist meist frischer (also ungereifter) Schaftopfen. Auch gut. Wichtig ist nur, den Brimsen zu kosten. Wenn er nämlich gereift ist, schmeckt er wesentlicher würziger, beinahe „scharf" und salzig – und das muss beim Abschmecken des Liptauers berücksichtigt werden.

Quargelaufstrich

Dieser Aufstrich war eine Lieblingsspeise des Opas meines Mannes. Den stinkigen, leicht glasigen Magerkäse mochte auch ich schon immer, es gab ihn öfter bei meiner Oma. Ich habe dem Rezept aus der Schwiegerfamilie noch eine kleine säuerlich-frische Ergänzung angedeihen lassen.

Zutaten für 2 Brote

ca. 120 g Quargel, möglichst reif und weich
50–60 g weiche Butter (oder streichfähige Butter mit kleinem Pflanzenölanteil, s. Tipps S. 36)
20–25 g milde Zwiebel
1 kleine frische Knoblauchzehe
½ TL edelsüßes Paprikapulver
feines Salz

für den Paradeisersalat

ca. 10 reife, feste Cocktailparadeiser
kleines Stück Frühlingszwiebel oder rote Zwiebel
1 Spritzer Estragonessig S. 268
feines Salz
einige Körnchen ganzer Kümmel
1 kleiner Schuss mildes Pflanzenöl (Sonnenblume, Rapskern)
1 Blatt Liebstöckel

2 Scheiben Roggenmischbrot/Bauernbrot

1 Für den Aufstrich Quargel auf einem Brett mit einer stabilen, langzinkigen Gabel fein zerdrücken. In eine Schüssel geben und mit der Butter vermischen. Zwiebel schälen, sehr fein würfeln. Knoblauch schälen, evtl. Keim entfernen, Knoblauch sehr fein hacken. Beides zum Quargel geben. Paprika dazugeben. Alles mit der Gabel gründlich vermischen. Kosten. Je nach Quargel weniger oder mehr salzen.

2 Für den Salat Paradeiser waschen, vierteln. Zwiebel schälen, in Ringe schneiden (es werden nur ein paar Ringerl benötigt), zu den Paradeisern geben. Mit Essig, Salz, Kümmel und Öl behutsam mischen. Liebstöckel in sehr feine Streifen schneiden.

3 Aufstrich mit der Gabel auf den Brotscheiben verteilen. Auf Teller legen. Paradeisersalat samt Saft darüber verteilen. Liebstöckel und noch etwas Kümmel darüberstreuen. Sofort mit Messer und Gabel essen.

Gut zu wissen: Quargel ist als „Olmützer Quargel" herkunftsgeschützt, er kommt ursprünglich aus Tschechien, wird aber seit Jahrhunderten auch in Österreich und Deutschland hergestellt. Je reifer, desto weicher und vor allem würziger wird er. Am besten eine Packung ein paar Wochen im Kühlschrank „vergessen", dann ist er genau richtig für den Aufstrich.

Erdäpfelkas

Gehört zu oberösterreichischen Mostschenken wie Bratl und Bauernbrot. Meine Version ist an den legendären Erdäpfelkas vom Holzingerbauern in Scharfling am Mondsee angelehnt. Wir sind dort immer mit Schraubgläsern im Kofferraum angereist, um welchen für zuhause mitnehmen zu können. Elisabeth Hammerl hat mir zum Glück schon vor vielen Jahren ihre Kniffe verraten.

Zutaten für 2–3 Portionen

250–300 g gekochte mehlige Erdäpfel vom Vortag, die heraußen ausgekühlt sind und noch nicht im Kühlschrank waren

100–150 g Sauerrahm (Menge hängt von Alter und Art der Erdäpfel ab)

ca. ½ TL feines Salz

25–30 g milde Zwiebel

1 Msp. Kümmelpulver

schwarzer Pfeffer aus der Mühle

ca. 3 EL Obers

Schnittlauch und evtl. -blüten

Schwarzbrot (Roggen- oder Mischbrot mit Natursauerteig), am besten aus dem Holzofen

1 Erdäpfel schälen, in einer flachen Schüssel mit einer stabilen, langzinkigen Gabel gründlich zerdrücken. Sauerrahm und Salz mit der Gabel einarbeiten.

2 Zwiebel schälen und sehr fein würfeln. Zwiebel, Kümmel und Pfeffer dazugeben. Jetzt mit Obers die Konsistenz einstellen: Der Erdäpfelkas soll streichfähig-cremig und locker-weich wie gutes Püree, aber keinesfalls flüssig oder bröselig sein. Nochmal mit Salz abschmecken.

3 Mit reichlich frisch geschnittenem Schnittlauch und evtl. -blüten bestreuen, großzügig pfeffern und mit Brot servieren.

Tipps: Wer eine größere Menge zubereitet, kann die Erdäpfel auch mit einem groben Reibeisen reiben, das geht schneller.

Wenn Sie den Erdäpfelkas vorbereiten möchten (z.B. für ein Gartenfest oder ein Picknick), dann am selben Tag und zugedeckt heraußen stehen lassen, vor dem Servieren nochmals auf Konsistenz und Geschmack überprüfen. Einmal gekühlt schmeckt er nicht mehr so gut wie frisch.

Man kann das Rezept aus jeder Menge Erdäpfel machen. Als Richtwert fangen Sie pro 100 g Erdäpfel mit 30–50 g Sauerrahm, 10 g Zwiebel und 1 EL Obers an und würzen dann nach Geschmack.

Viele Rezepte verwenden Butter, aber ich finde Erdäpfelkas mit den beiden Rahm-Arten besser.

Schmalzbrot

Natürlich brauchen Sie kein Rezept für Schmalzbrot, ebenso wenig wie für Butterbrot. Aber mir ist die Erinnerung daran wichtig, dass alte, extensiv gehaltene Schweinerassen viel Fett haben und nicht nur aus künftigem Beinschinken, Schnitzel, Salami und Speck bestehen. Richtig gutes Schmalz von ganzjährig im Freiland gehaltenen Bio-Schweinen ist eine Delikatesse und nur zum Braten und Backen viel zu schade.

Zutaten ⊘
bestes Schwarzbrot, s. Tipps
frisches Schmalz, Grammelschmalz oder Bratlfettn von anständig gehaltenen Freilandschweinen
frische rote (oder andere milde) Zwiebel
edelsüßes Paprikapulver
feines Salz

1 Brot in Scheiben schneiden, nicht zu dick bis zum Rand mit Schmalz oder Bratlfettn bestreichen.

2 Zwiebel schälen und in feine Ringe schneiden oder hobeln. Zwiebel nicht zu üppig auf dem Brot verteilen, Brot zart mit Paprikapulver bestreuen und je nach Schmalz und/oder Grammeln leicht salzen.

Tipps: Am besten passt langzeitgeführtes Roggensauerteig- oder Mischbrot aus einer anständigen Handwerksbäckerei, vom Bauernmarkt oder aus dem eigenen Ofen, mit schön dunkel gebackener knuspriger Kruste und saftiger Krume, fein vermahlen, ohne Körndln, aber sehr gern mit reichlich Brotgewürz.

Die Grammeln auf dem Foto sind eine „Erfindung" meiner Schwiegermama: Wer z.B. zu Ostern handgeschnittenen Beinschinken kauft, kann um das „Schinkenfett" bitten, das beim Schneiden reichlich anfällt und nicht viele wollen. Dieses köstliche Schinkenfett in nicht zu kleine Würfel schneiden und bei mittlerer Hitze in einer Pfanne langsam auslassen, bis die Würfel zuerst glasig und dann goldbraun werden. Herausheben, auf Küchenpapier abtropfen lassen und leicht salzen. Das Fett in ein kleines Schüsserl seihen, ausgekühlt im Kühlschrank lagern und für die nächsten Braterdäpfel o.Ä. verwenden. Oder natürlich aufs Brot streichen.

Varianten: Essiggemüse, z.B. Pfefferoni, dazu knabbern.

Ein knackiger, säuerlicher Apfel, ungeschält in Speigerl geschnitten, passt hervorragend dazu.

Butterbrot mit Sardellen

Ein Kaffeehausklassiker, dort aber meist mit den eher strohigen, ewig haltbaren Sardellenringerln aus der Dose serviert. Mit kantabrischen Sardellen aus dem Kühlregal wird eine Delikatesse von zeitloser Größe daraus, die von alter österreichischer Tradition ebenso erzählt wie von angesagten Naturweinbars in europäischen Großstädten. Essen kennt eben keine Grenzen.

Zutaten

die besten Sardellen aus der Kühlung, die zu bekommen sind (s. Gut zu wissen)

sehr gutes, nicht zu grobporiges Weizen- oder Weizensauerteigbrot oder Mischbrot aus fein vermahlenem Getreide, kann auch 1–2 Tage alt sein

die beste Butter, die zu bekommen ist (aber keine Salzbutter!)

1 Sardellendose aus dem Kühlschrank nehmen, öffnen, Sardellen aus dem Öl heben und auf Küchenpapier abtropfen und temperieren lassen.

2 Brot in sehr dünne Scheiben schneiden (wenige mm), im Toaster goldbraun toasten (oder im Ofen bei 200 °C Ober-/Unterhitze knusprig, aber nicht zu dunkel rösten). Durch die Dünne verwerfen sich die Scheiben etwas, das macht sie noch attraktiver. Brotscheiben stehend auskühlen lassen, damit sie durch und durch knusprig bleiben und nicht durch den eigenen Dampf aufweichen.

3 Brot großzügig buttern. Ganze Sardellenfilets darauf drapieren, aber nicht zu viele, weil Sardellen sehr intensiv würzig-salzig-umami schmecken.

4 Beim ersten Bissen in das knusprig-fette würzigschmelzige Brot unweigerlich die Augen schließen.

Gut zu wissen: Die besten Sardellen kommen aus dem kantabrischen Meer im Norden Spaniens. Sie werden ausgenommen, eingesalzen, mind. ein halbes Jahr gereift und dabei fermentiert und anschließend sauber geputzt in Öl eingelegt. Da diese Sardellen nicht erhitzt werden, müssen sie als Halbkonserve im Kühlschrank gelagert werden und sind nicht so lange haltbar wie die konservierten, aber dadurch strohig-trockenen Sardellen im Glas, die es in jedem Supermarkt ungekühlt gibt. Diese kantabrischen Sardellen (Anchoas del Cantábrico) gibt es in großen Supermärkten, Feinkostläden und spanischen Delikatessen-Shops. Suchen Sie immer in der Kühlung danach. Meist sind sie in flachen Dosen anzutreffen, es gibt sie aber auch im Glas. Je größer die Filets, desto teurer. Aber selbst die kleinsten dieser Sardellen sind eine Offenbarung.

Restliche Sardellen, falls vorhanden, aus der Dose in ein kleines Glas geben und mit dem Öl bedecken, im Kühlschrank lagern und bald aufessen.

CONTROL DE CALIDAD
7

Butterbrot mit scharfen Sardinen

Die portugiesischen Nuri-Sardinen im gelben Papier kennt in Österreich jede/r. Es gibt sie in mehreren Varianten, aber die in scharf-würzigem Olivenöl sind der Klassiker und gehören als Vorrat in jede Speis. Denn sie sind, wie schon meine Oma wusste, eine perfekte kleine Mahlzeit.

Zutaten für 1 Portion ⊘
1 Dose Nuri-Sardinen in scharf gewürztem Olivenöl
frisch gepresster Saft von mind. ½ Zitrone
feines Roggenmischbrot oder Holzofenbrot
Butter

1 Sardinen aus der Dose heben, Fische aufklappen, das (an sich essbare) Rückgrat entfernen. Filets anrichten. Karotte und Gurkerl ebenfalls aus der Dose nehmen, in kleine Stückerln teilen und gerecht auf den Filets verteilen. Sehr großzügig mit frischem Zitronensaft beträufeln.

2 Brot in nicht zu dünne Scheiben schneiden, dünn buttern, in breite Streifen schneiden, Filets darauflegen und mit den Fingern essen. Furchtlose essen auch die Chilischote und das Pfefferkorn, die Gewürznelke und das Lorbeerblattstückchen bleiben jedoch garantiert in der Dose.

Variante: Sie können jede gute Dosensardine aufs Butterbrot legen, aber österreichisch ist's nur mit scharfen Nuri.

Tipp: Aus Nuri-Sardinen lässt sich auch gänzlich unösterreichische schnelle **Nuri-Pasta** machen, die an Sizilien erinnert: Spaghetti oder Linguine in Salzwasser sehr al dente kochen, eine Handvoll halbierte Cocktailparadeiser mit den Schnittflächen im Nuri-Öl braten, bis sie bräunen, klein gehackten Knoblauch, ein paar Pinienkerne oder Mandelstifte und Rosinen dazugeben, kurz mitrösten, mit 1 guten Schuss trockenem Wermut (Noilly Prat) ablöschen, mit 1 guten Schuss Pastakochwasser aufgießen, einkochen lassen, Nuri-Sardinen ohne Rückgrat zerpflücken und beifügen, gekochte Pasta darin fertig garen, reichlich grob gehackte Petersilie einschwenken, großzügig mit frischem, kräftig-grasigem Olivenöl beträufeln. Evtl. mit in Olivenöl samt Rosmarinzweig gerösteten Bröseln bestreuen.

Sardinenaufstrich

Das Rezept ist ursprünglich von meiner Schwiegermama. Ich habe mir erlaubt, es mit einem kleinen säuerlich-knackigen „Salat" aufzufrischen. Der ergänzt den würzig-scharfen Aufstrich kongenial. Ausprobieren!

Zutaten für ca. 4 Brote

1 Dose Nuri-Sardinen in scharf gewürztem Olivenöl
1 Dose Sardinen in Öl (Nuri oder andere)
30–40 g milde Zwiebel
1 EL Estragonsenf
1 TL edelsüßes Paprikapulver
1–2 EL Zitronensaft (von ca. ½ Zitrone)
feines Salz
schwarzer Pfeffer aus der Mühle

für den Salat

1 kleine rote Zwiebel (ca. 50 g)
Saft von 1 großen, saftigen Zitrone
einige Zweige Petersilie
1 EL kleine Kapern in Lake

4 Scheiben richtig gutes Weizensauerteigbrot oder Mischbrot (kann 1–2 Tage alt sein)

1 Für den Salat rote Zwiebel schälen, in feine Ringe schneiden. Ringe in eine flache kleine Schüssel geben, mit Zitronensaft bedecken und marinieren lassen. Ab und zu wenden.

2 Für den Aufstrich alle Sardinen aufklappen und das (an sich essbare) Rückgrat entfernen, Sardinen mit den Fingern in eine Schüssel zerpflücken. Von den scharfen Nuri-Sardinen Chilischote, Karotte, Gurkerl und das gesamte Öl dazugeben. Alles mit einer stabilen, langzinkigen Gabel gründlich zerdrücken und vermischen.

3 Zwiebel schälen, sehr fein würfeln. Zum Fisch geben. Senf, Paprika, Zitronensaft, Salz und Pfeffer (vorsichtig dosieren wegen der Chilischote und des scharfen Öls) untermischen. Pikant, aber nicht zu sauer abschmecken.

4 Petersilie inkl. zarter Stängel abzupfen, waschen und mit Küchenpapier trocken tupfen. Kapern auf Küchenpapier abtropfen lassen (sonst sind sie zu sauer).

5 Brotscheiben nach Wunsch toasten. Sofort dick mit dem Sardinenaufstrich bestreichen, dabei mit dem Messer kleine Furchen machen (so hält der „Salat" besser am Brot). Petersilie und saftige Zwiebelringe darauf verteilen, Kapern darüberstreuen. Mit einem scharfen Messer breite Streifen abschneiden und mit den Fingern essen.

Vogerlsalat mit Speck & Ei

Als ich 2001 nach Wien und mit meinem Mann zusammenzog, lebten wir in einer selbst hergerichteten Substandardwohnung in Ottakring. Nur zweimal umfallen, und wir landeten in einem Wiener Bilderbuch-Wirtshaus. Dort gab es durchgehend Küche, was meinem Arbeitsrhythmus sehr entgegenkam. Meine übliche Mittagessenszeit war zwischen 15 und 16 Uhr, und im Winter fragte mich der Kellner nur mehr: Das Übliche? Es war u.a. Vogerlsalat mit Speck und Ei, dessen Konsistenzen und Aromen mir bis heute Freude machen, obwohl ich seit über einem Jahrzehnt nicht mehr in Gelbmanns Gaststube war.

Zutaten für 2 Portionen

2 Eier (Größe egal)
ca. 150 g Vogerlsalat (dunkelgrün und prall)
ein paar Radieschen
ca. 80 g luftgetrockneter Bauchspeck im Ganzen oder in Scheiben
Estragondressing S. 59
schwarzer Pfeffer aus der Mühle
Salzflocken

für den Rahm

2–3 EL Sauerrahm
1 Spritzer Estragonessig S. 268
feines Salz

kräftiges Roggenbrot oder Mischbrot, gern mit Butter

1 Wasser in einem kleinen Reinderl zum Kochen bringen. Eier an der runden Seite anstechen, mit einem Esslöffel ins kochende Wasser legen und ca. 8 Minuten kochen. Herausheben, mit kaltem Wasser abschrecken, schälen.

2 Vogerlsalat sorgfältig verlesen (gelbe und welke Blättchen abzupfen, feine Wurzelhärchen ebenso, weil man sie sonst beim Essen für Haare hält), die Büschelchen aber zusammenlassen. Vogerlsalat gründlich in kaltem Wasser waschen und trocken schleudern. Radieschen putzen, dabei ruhig ein wenig von den Stängeln dranlassen, waschen, trocken tupfen und in schmale Spalten schneiden.

3 Speck in wenige mm dünne Streifen schneiden. In einer kleinen Pfanne bei mittlerer Hitze auslassen (glasig braten, bis das Fett auszutreten beginnt) und so lange weiterbraten, bis die fetten Teile zu bräunen beginnen. Herausheben und auf einem Teller mit Küchenpapier abtropfen lassen. Die Pfanne mit dem Fett beiseitestellen (s. Tipps).

4 Salatdressing zubereiten. Für den Rahm Sauerrahm mit Essig, ggf. ein paar Tropfen Wasser und Salz abschmecken. Die Konsistenz soll obersähnlich sein, nicht zu dick, aber auch nicht wässrig. Eier längs vierteln.

5 Salat und Radieschen mit Dressing mischen, anrichten. Eier und knusprigen Speck daraufgeben, mit Rahm beträufeln, großzügig pfeffern und die Eier mit Salzflocken bestreuen. Sofort essen.

Tipps: Vogerlsalat welkt sehr schnell, der Salat muss daher frisch zubereitet werden.

Das ausgelassene Speckfett geben Furchtlose bei Tisch tropferlweise auf den Salat, die anderen heben es in einem Schraubglas für die nächsten Braterdäpfel auf.

Varianten: Endivie, Löwenzahn (bitter! ggf. geschnitten kurz wässern), Zuckerhut oder andere Zichorien statt oder zusätzlich zum Vogerlsalat verwenden.

In feine Ringerl geschnittene Frühlingszwiebel zum Salat geben.

Kernöl ins Dressing oder zusätzlich über den Salat geben.

Wenn gekochte Erdäpfel da sind: in Scheiben oder Würfel schneiden, nach dem Speck in der Pfanne im Speckfett rundum knusprig anbraten. In letzter Sekunde auf den Salat geben oder extra anrichten.

Käferbohnensalat

Seit es richtig gute gegarte österreichische Bio-Käferbohnen im Glas zu kaufen gibt, esse ich diesen Salat noch viel lieber als früher (mein Rezept steht seit 2014 in „Immer schon vegan"). Außer einer Scheibe gutes Holzofenbrot brauche ich nichts dazu. Gegen Wiese zwischen den Zehen hätte ich aber nichts einzuwenden.

Zutaten für 4 Portionen

250–300 g gegarte Käferbohnen (Abtropfgewicht) aus Glas oder Dose
1 roter Paprika (ca. 60 g)
1 Stange Stangensellerie (ca. 60 g)
1 rote oder weiße Zwiebel oder 1–2 Frühlingszwiebeln (insg. ca. 60 g)

evtl. helles Selleriegrün
frische Kräuter, z.B. Thymian, Zitronenbohnenkraut, Petersilie

für das Dressing

6 EL Käferbohnen-Kochsud
2 EL Apfelessig
1 EL dunkler Balsamico (dünnflüssig) oder Apfel-Balsamessig
feines Salz
schwarzer Pfeffer aus der Mühle
1 TL Estragonsenf
2 EL Kürbiskernöl
1 EL Sonnenblumenöl (je nach Geschmack mild oder kalt gepresst)
1 kleine frische Knoblauchzehe

Roggen- oder Mischbrot mit hohem Roggenanteil, gern aus dem Holzofen

Tipps: Hält im Kühlschrank 3–4 Tage, schmeckt aber besser temperiert als kalt.

Dazu passen Aufstrichbrote S. 36, 39 oder 40.

Varianten: In den Salat passen auch folgende Zutaten: gekochtes Rindfleisch, Geselchtes, Selchzunge, schnittfester Käse (Kuh, Schaf oder Ziege), feste Paradeiser. Ins Dressing passt ein Hauch frisch geriebener Ingwer. Oder frisch gerissener Kren obenauf.

1 Käferbohnen in einem Sieb abseihen, Flüssigkeit dabei in einer Schüssel auffangen. Bohnen nicht abschwemmen, Käferbohnen in eine größere Schüssel geben.

2 Paprika waschen, längs halbieren, Strunk und Samen entfernen. Paprika je nach Größe nochmal längs halbieren oder dritteln, in wenige mm breite Streifen schneiden. Stangensellerie waschen, ggf. sehr grobe Fäden abziehen. Sellerie wie Paprika schräg in wenige mm breite Stücke schneiden. Zwiebel schälen, längs halbieren, je nach Größe nochmal halbieren, in 1–2 mm feine Streifen schneiden. Paprika, Sellerie und Zwiebeln zu den Käferbohnen geben.

3 Für das Dressing in einer kleinen Schüssel Käferbohnen-Kochsud, Apfelessig, Balsamico, Salz, großzügig Pfeffer und Senf mit einem kleinen Schnee- oder Spiralbesen gründlich verrühren. Öle energisch einschlagen. Knoblauch schälen, evtl. Keim entfernen, Knoblauch feinst hacken, ins Dressing geben. Abschmecken: Es soll gut salzig und säuerlich schmecken.

4 Bohnen und Gemüse mit dem Dressing vermischen. Je nach Zeitbudget kurz oder gern auch länger durchziehen lassen.

5 Salat nochmal abschmecken, anrichten, ggf. mit Selleriegrün und/oder zarten Kräutern bestreuen. Mit Brot servieren, wegen des vielen köstlichen Dressings mit dem Löffel essen.

Spargelsalat

mit Schinken & Ei

Als Studentin in Salzburg kaufte ich öfter bei dem kleinen Feinkostgeschäft von Familie Kölbl in der Theatergasse ein, das es schon lange nicht mehr gibt. Deren mit ausgesuchter Höflichkeit angebotene Salate und Sandwiches zum Mitnehmen waren zwar altmodisch, aber von legendär guter Qualität. Wenn ich zu faul oder zu beschäftigt zum Kochen war, nahm ich mir im Frühling sehr gern einen Spargelsalat wie diesen mit. Schaut nicht viel gleich, schmeckt aber köstlich.

Zutaten für 2 Portionen ☾ ⊘ 🔒

2 Eier (oder 2 hart gekochte Eier, z.B. Ostereier, Größe egal)
500 g gekochter Spargel, egal ob weiß oder grün
40–50 g milder Beinschinken
50 g Mayonnaise S. 269 oder gute gekaufte
50 g griechisches Joghurt
erbsengroß Estragonsenf
1–2 EL Gurkerlwasser
feines Salz
evtl. 1 Spritzer frisch gepresster Zitronensaft
weißer Pfeffer aus der Mühle
1 Beet Gartenkresse

mildes, dezentes Weißbrot oder Gebäck (z.B. Handsemmerl)

Tipps: Ohne Eier und Kresse hält der Salat im Kühlschrank 2–3 Tage.

Man kann den Spargel auch frisch kochen, aber dann muss man ihn kalt abschrecken und auf Küchenpapier gut abtropfen und ganz auskühlen lassen, bevor man ihn mit dem Mayonnaisedressing mischt.

1 Wasser in einem kleinen Reinderl zum Kochen bringen. Eier an der runden Seite anstechen, mit einem Esslöffel ins kochende Wasser legen und ca. 8 Minuten kochen. Herausheben, mit kaltem Wasser abschrecken, schälen.

2 Gekochten Spargel, falls Solo, längs halbieren. In 4–5 cm lange Stücke schneiden und in eine Schüssel geben, so kann er besser temperieren. Schinken in 1 cm breite Streifen schneiden.

3 Mayonnaise, Joghurt und Senf mit einem kleinen Schneebesen verrühren, mit teelöffelweise Gurkerlwasser verdünnen und zugleich würzen. Mit Salz, Zitronensaft und Pfeffer pikant abschmecken (beim Salz auf die Salzigkeit des gekochten Spargels und des Schinkens achten).

4 Die Eier sollten jetzt abgekühlt sein. Halbieren und vierteln oder sechsteln.

5 Spargel mit Dressing gründlich verrühren, Schinken unterheben. Eier auf Tellern oder Schalen anrichten, Salat darüber verteilen, so werden auch die Eier von Dressing überzogen, ohne zu zerfallen. Kresse mit der Schere vom Beet schneiden und auf den Salat streuen. Pfeffern. Weißbrot nach Geschmack dazu reichen.

Pfirsich-Paradeiser-Salat

Die Kombi aus Paradeisern, Steinfrüchten und Frischkäse habe ich mir vor über einem Jahrzehnt von meinem Kollegen Stevan Paul abgeschaut, der ihn allerdings mit Nektarinen, Cottage Cheese und Basilikum macht. Ich habe mein eigenes, seither von mir und meiner Community heiß geliebtes Ding aus heimischem Käse, reifen Pfirsichen und super aromatischem Estragon daraus entwickelt, der nur ein paar Wochen im Hochsommer richtig schmeckt. Dann aber gern jeden zweiten Tag.

Zutaten für 1 Portion

1 reifer Fleischparadeiser (ca. 200 g, am liebsten German Gold oder Ochsenherz)
1 großer reifer Pfirsich (ca. 180 g, Farbe egal)
50–70 g junger Schaf- oder Ziegenschnittkäse (ähnlich Feta, aber nicht in Salzlake, s. Tipps)
2–3 Zweige französischer Estragon

für das Dressing

1,5 EL Rotweinessig
erbsengroß Estragonsenf (max. ¼ TL)
¼ TL feines Salz (je nach Käse)
schwarzer Pfeffer aus der Mühle
1,5 TL flüssiger Blütenhonig
4 EL mild-fruchtiges, nicht zu kräftiges Olivenöl nativ extra

Weißbrot mit rescher Kruste und viel weicher Krume zum Auftunken des köstlichen Saftes

1 Paradeiser und Pfirsich waschen und trocken tupfen. Paradeiser ohne Strunk in feine Spalten oder wenige mm dicke Scheiben schneiden. Pfirsich häuten, in feine Spalten schneiden. Beides abwechselnd auf einen großen, flachen Teller leicht überlappend auflegen.

2 Käse mit den Fingern darüberbröseln.

3 Für das Dressing Essig mit Senf, Salz, Pfeffer und Honig in einer kleinen Schüssel mit einem kleinen Schnee- oder Spiralbesen gründlich verrühren, bis sich Honig und Salz aufgelöst haben. Öl energisch einschlagen, bis sich eine Emulsion bildet. Je nach Reife von Paradeiser und Pfirsich und je nach verwendetem Käse das Dressing tendenziell säuerlich-salzig abschmecken, damit's nicht zu obstsalatig wird. Gleichmäßig auf dem Salat verteilen. Estragonblättchen darüberzupfen, wer mag, pfeffert noch einmal ordentlich.

4 Mit frischem Weißbrot servieren und sofort essen.

Tipp: Reife Pfirsiche erkennt man daran, dass sie auf zarten Druck leicht nachgeben und sich die Haut auch ohne Blanchieren einfach abziehen lässt.

Varianten: Wer keinen Käse dieser Art bekommt, nimmt entweder guten Feta aus Schaf- und/oder Ziegenmilch, trocken-cremigen Schaf- oder Ziegenfrischkäse, den man noch zwischen den Fingern verbröseln und verteilen kann, oder auch Ricotta al Forno (dann muss das Dressing etwas würziger sein, weil der sehr milchig-süß-mild schmeckt).

Statt Estragon Basilikum verwenden.

Schafgupferl
mit Schnittlauch & Kernöl

Warum diesen Heurigen-, Buschen- und Mostschenken-Klassiker nicht auch öfter mal zuhause genießen?

Zutaten für 1 Portion

1 Schafgupferl (je nach Marke ca. 120 g, mehr dazu auf S. 34)
saftige, reife, nicht zu weiche Paradeiser
frischer Schnittlauch
bestes Kürbiskernöl
Salzflocken

Schwarzbrot oder Salzstangerl

1 Schafgupferl behutsam (bricht leicht!) aus der Molke heben, etwas abtropfen lassen. Auf einen kleinen Teller setzen.

2 Paradeiser waschen, in kleinere Spalten schneiden, zum Käse geben.

3 Schnittlauch waschen, trocken tupfen, in feine Röllchen schneiden.

4 Gupferl mit ca. 1 EL Kernöl (oder mehr nach Geschmack) übergießen, Käse und Paradeiser großzügig mit Schnittlauch bestreuen, salzen und mit Brot oder Gebäck servieren.

Tipps: Schmeckt nur frisch angerichtet. Lässt man den Teller stehen, verliert der Käse Molke und die Paradeiser lassen Saft.

Für meinen Geschmack passt zum säuerlich-saftig-frischen Schafgupferl kein Essig, außerdem bringen die Paradeiser eine zarte Säure mit.

Grüner Salat

Ich liebe Salat. Schon immer, am liebsten jeden Tag mindestens ein Mal, saftig, knackig, frisch, säuerlich, senfwürzig, ein klein bisschen fruchtig süß, mit richtig guten Ölen. Wahrscheinlich stammt diese Liebe aus meiner Kindheit, denn auch meine Oma, die, obwohl voll berufstätig, üblicherweise gekocht hat, mochte Salat sehr. Ich erinnere mich an die gerippte Glaskaraffe mit bereits gewässertem Apfelessig im Kühlschrank und das kalt gepresste Sonnenblumen- und Distelöl, an die winzigen Essiggurkerlwürferl im Dressing, wenn es Chinakohlsalat gab, und vor allem an ihre Geheimwaffe: Apfeldicksaft.

Meine heutigen Salate sind eine Reminiszenz an ihre. Aber mit etwas mehr Säure (mein Geschmack), meist mit selbst angesetztem Hollerblüten- oder Estragonessig und zugleich etwas mehr Süße (der Geschmack meines echten Wiener Mannes). Der selbst eingekochte Apfeldicksaft ist auch unsere Geheimwaffe – und ganz gewiss ein Salat-Gamechanger.

Zutaten

Blattsalate nach Saison und Verfügbarkeit, gern eine Mischung aus „süßen" und bitteren: Kopfsalat, Römersalat, Endivie, Zuckerhut, Radicchio (vor allem die ovalen Sorten und der hübsch gesprenkelte Castelfranco), Chinakohl, Vogerlsalat, Chicorée, Frisée, Rucola, aber auch Portulak, ganz junger Spinat, Petersilie, Pflücksalate u.a.

für je 2 Portionen
für Estragon-/Hollerblütendressing

1,5 EL Essig (Hollerblüten- S. 268 oder Estragonessig S. 268, alternativ Apfelessig, s. Varianten S. 60)
ca. 1,5 EL Wasser
1 TL Apfeldicksaft S. 267
ca. 1 TL Estragonsenf
½ TL feines Salz
schwarzer Pfeffer aus der Mühle
3 EL Pflanzenöl (gemischt aus mild und „mit Geschmack", s. Varianten S. 60)

für Gurkerldressing (Chinakohl, Zuckerhut)

zusätzlich 1–2 kleine knackige Essiggurkerl (keine Senfgurken, keine Salzgurken)

für Kräuterdressing

zusätzlich einige Kräuterzweige, z.B. Petersilie, Schnittlauch, (wenig) Liebstöckel, Estragon, Dill, Zitronenbohnenkraut, Pimpinelle

1 Salate immer trocken verlesen, dann geht diese manchmal mühsame Tätigkeit (vor allem bei Vogerlsalat oder fransigem Frisée) viel einfacher.

2 Salatblätter in Stücke reißen, je zarter die Salate, desto größer dürfen die Stücke sein. Sperrige (Chinakohl) und vor allem auch bittere (Endivie, Zuckerhut, Radicchio) Salate in ca. 1 cm dünne Streiferl (dickere Chinakohlblätter noch dünner) schneiden. So können sie beim Waschen schon ein bisschen ihrer Bitterstoffe ans Wasser abgeben (Bitterstoffe sind wasserlöslich). Und sie haben eine größere Oberfläche, an der mehr Dressing haftet, was sie harmonischer zu essen macht.

3 Salatblätter, -fragmente oder -streifen in einer Salatschleuder waschen (bei sehr sandigen/erdigen Salaten zwei Mal) und gründlich trocken schleudern.

4 In einer kleinen Schüssel **Estragon-/Hollerblütendressing** in folgender Reihenfolge zubereiten: Essig, Wasser, Apfeldicksaft, Senf, Salz und Pfeffer verrühren. Das geht am besten mit einem kleinen Schnee- oder Spiralbesen. Jetzt je nach Verwendungszweck und Geschmack evtl. löffelweise mit zusätzlichem kaltem Wasser verdünnen. Gleich auf Salz kosten. Erst jetzt das Öl energisch einrühren, bis eine Emulsion entsteht (wird mit mehr

→

Senf und weniger Wasser dicker, mit wenig Senf und/oder viel Wasser dünner oder kaum emulgieren). Abschmecken. Das Dressing soll etwas zu intensiv schmecken: etwas zu sauer, etwas zu senfig, etwas zu salzig, um es pur zu mögen. Wenn das Dressing harmonisch schmeckt, wird es später am Salat zu fad sein.

5 Je nach Salat ergänzen:

a) Für **Gurkerldressing** Essiggurkerl längs in dünne Scheiben, diese in Streifen und dann in winzige Würferl schneiden, ins Dressing rühren.

b) Für **Kräuterdressing** die Kräuter am einfachsten auch in der Salatschleuder waschen und trocken schleudern oder mit Küchenpapier trocken tupfen, abzupfen und sehr fein und gleichmäßig hacken, ins Dressing rühren.

6 Salat in eine vermeintlich zu große Schüssel geben. Gut emulgiertes, kräftig abgeschmecktes Dressing darübergeben und mit Salatbesteck behutsam, aber gründlich mischen. Dann sofort anrichten und essen. Der einzige Blattsalat, der eine Stehzeit verträgt, ist Chinakohlsalat.

7 Dressing austrinken, es schmeckt so gut!

Tipps: Ganze Salate halten in Sackerln oder Boxen in der Gemüselade im Kühlschrank mind. 1–2 Wochen. Wenn Sie immer mind. 1–2 Sorten zuhause haben, steht dem täglichen Salat nichts im Wege. Meine Rezepte verlangen fast nie nach einer speziellen Salatsorte, verwenden Sie einfach, was leicht verfügbar ist.

Ich würde nie vorgewaschene oder gar zerkleinerte Salate kaufen. Ausnahme: Vogerlsalat, weil man den oft nur so bekommt und sich dann zumindest einen von mehreren Waschdurchgängen spart.

Je nach Charakter der Speise, zu der der Salat gegessen wird, variiert die Konsistenz seines Dressings: Es spricht nichts gegen ein „dünnes" Dressing in großen Mengen, wenn es aus hochwertigen Zutaten besteht und gut abgeschmeckt ist. Denn ein „trockener" Wurstsalat S. 64 oder ein zu öliger Salat zu einer fettreichen Speise wie Hascheehörnchen S. 132 wäre z.B. eine Themenverfehlung. Unser Alltagsdressing ist sehr wohl emulgiert, aber weniger üppig, als es ein französisches (mit mehr Öl) wäre.

Varianten: Essige halten ewig, daher kann eine kleine Auswahl nicht schaden: Unsere Standard-Essige sind selbst angesetzter Hollerblütenessig S. 268, Estragonessig S. 268 und Himbeeressig, außerdem Apfelessig, Rotweinessig, weißer und dunkler Balsamico, Weißweinessig und Apfel-Balsamessig.

Statt Estragonsenf kann man auch Dijonsenf oder andere Sorten verwenden, aber für mich schmeckt ein Dressing nur mit Estragonsenf „nach Heimat".

Ich verwende beim Öl gern eine Mischung aus mild schmeckendem Sonnenblumenöl (wird oft auch als „Bratöl" bezeichnet) und kalt gepresstem Öl, z.B. auch Sonnenblume oder Distel, wenn's kräftiger sein soll gern auch Kürbiskernöl, Leindotteröl oder Walnussöl. Rapsöl mag ich nur, wenn es entweder aus geschälten Rapskernen gepresst oder gedämpft wurde, sonst ist es mir zu penetrant kohlig. Ich liebe bestes Olivenöl und habe mehrere davon in beinahe täglicher Verwendung, aber geschmacklich passt es für mich nur ganz selten zu österreichischen Gerichten. Wenn, dann mit z.B. mildem Sonnenblumenöl gemischt, um seine intensiven Aromen abzumildern.

Gut zu wissen: Kalt gepresste Öle und solche aus Nüssen (Walnuss-/Haselnussöl) oder gerösteten Kernen (Kürbiskernöl) immer in kleinstmöglichen Gebinden kaufen, auch wenn sie so etwas teurer sind, und im Kühlschrank lagern. Sie halten nur wenige Monate bei gleichbleibender Qualität. Bei größeren Flaschen bleibt über einen längeren Zeitraum mehr Luft in der Flasche, das Öl wird dadurch schneller ranzig.

Saure Wurst

Ob Sie sie Essigwurst, Wurst in Essig und Öl oder Saure Wurst nennen: Es ist ein nur bei echt heißem Wetter passender Klassiker, bei dem es wie bei allen sehr einfachen Gerichten ganz besonders auf die Art und Qualität der Zutaten – und deren Verhältnis zueinander – ankommt. Es muss jedenfalls viel Marinade sein, die darf aber nicht zu fett und nicht zu fad, aber auch nicht versalzen sein, leicht säuerlich und wässriger, als es eine klassische gute Salatmarinade wäre. Die Zwiebel ist nicht nur Alibigemüse, sondern ganz wichtig für den Biss.

Zutaten für 1 Portion ⊘
rote Zwiebel (Menge nach Geschmack)
100 g frisch aufgeschnittene Kalbspariser/Pariser
evtl. frischer Schnittlauch

für die Marinade
1 EL Estragonessig S. 268
1 EL Apfelessig
3 EL Wasser
erbsengroß Estragonsenf
¼ TL feines Salz
2 Prisen Staubzucker
schwarzer Pfeffer aus der Mühle
1 EL mildes Sonnenblumenöl
evtl. 1 EL kalt gepresstes Sonnenblumenöl (oder insg. 2 EL mildes Sonnenblumenöl)

frisches Gebäck (Handsemmerl, Mohnflesserl, Salzstangerl) oder Schwarzbrot

Tipp: Schmeckt auch mit möglichst dünn aufgeschnittenem Pariser-Kranzl oder zur Not feiner Extrawurst. Knacker sind mir zu vorlaut dafür.

Varianten: Für **Saures Rindfleisch** kaltes gekochtes Rindfleisch (z.B. Schulterscherzl) in dünne Scheiben schneiden und statt kalt gepresstem Sonnenblumenöl Kürbiskernöl nehmen. Gekochte Käferbohnen und/oder hart gekochte Eier und/oder Gurkerl passen gut dazu.

Für **Marinierten Graukas oder Quargel** den Käse in Scheiben schneiden, mit der Marinade beträufeln und mit Kümmel bestreuen. Mit großzügig gebuttertem Brot essen, weil diese Käse sehr mager sind.

1 Für die Marinade Essige mit Wasser, Senf, Salz, Zucker und fein (!) gemahlenem Pfeffer mit einem kleinen Schnee- oder Spiralbesen gründlich verrühren. Öl/e energisch einrühren.

2 Zwiebel schälen, in feine Ringe hobeln oder schneiden.

3 Wurst auf einem ganz flachen großen Teller aufbreiten. Zwiebel durch die Marinade ziehen und auf der Wurst verteilen. Restliche Marinade gleichmäßig über der Wurst verteilen. Evtl. ein wenig frisch geschnittenen Schnittlauch darüberstreuen. Leicht pfeffern. Sofort (solange die Wurst noch kalt ist) mit frischem Gebäck oder Brot essen.

Für **Saure Knödel** pro Portion ca. 2 kalte gekochte Semmelknödel S. 152 dünnblättrig schneiden und statt der Wurst verwenden. Dazu passen neben roter Zwiebel auch Gurke, Paradeiser und Petersilie – und wer jetzt an Panzanella denkt, liegt richtig: Es ist eine Art alpiner Brotsalat.

Wurstsalat

Ist bei uns untrennbar mit Schwimmen in der Neuen Donau verbunden. Kommt die heiße Jahreszeit, haben wir ein Pariser-Kranzl auf Vorrat im Kühlschrank, Gemüse und Kräuter sind sowieso immer da. Der Salat ist zu zweit in 10 Minuten gemacht, in große Schraubgläser gepackt und wird nach dem Schwumm auf der Wiese mit dem Löffel gejausnet, ein paar Scheiben Brot oder Gebäck dazu. Meine Wurstsalat-Eckpfeiler: unbedingt viel knackiges Gemüse, sehr viel Marinade, ordentlich sauer, ordentlich senfig, schmeckbar essiggurkerlsüß, herrlich kräuterig. Und manchmal folgt dann noch ein Schwumm – oder ein Stück Marillenkuchen S. 257.

Zutaten für 2–3 Portionen

1 Pariser-Kranzl (ca. 250 g)

ca. 300 g Gemüse, z.B. in folgender Zusammenstellung:
100 g feste Gurke
100 g kleine, feste Paradeiser (Cocktailparadeiser)
50 g Stangensellerie
50 g Paprika (rote oder gelbe)

1 weiße oder rote Zwiebel oder 1–2 Frühlingszwiebeln (insg. ca. 70 g)

ca. 50 g knackige Essiggurkerl

ca. 5 Zweige Petersilie

3–5 kleine Blätter Liebstöckel

für die Marinade

2 EL Gurkerlwasser

1 EL Estragonsenf

3 EL Estragonessig S. 268 (oder Weißwein- oder Apfelessig)

2 TL Apfeldicksaft S. 267

ca. ½ TL feines Salz

schwarzer Pfeffer aus der Mühle

6 EL Wasser

4 EL Sonnenblumenöl (oder Rapskern- oder Distelöl, kein Olivenöl)

Brot oder Gebäck nach Gusto

1 Wurst enthäuten, längs halbieren, in 3–4 mm dicke Scheiben schneiden, in eine Schüssel geben.

2 Gurke, Paradeiser, Sellerie und Paprika waschen. Gurke schälen, je nach Dicke längs halbieren oder vierteln, je nach Zustand das Kerngehäuse auskratzen oder abschneiden. Gurke in ähnlich dicke Scheiben wie die Wurst schneiden. Paradeiser halbieren oder vierteln. Sellerie evtl. längs halbieren oder vierteln, in dünnere Stücke schneiden. Paprika in wenige mm breite Streifen schneiden.

3 Zwiebel schälen, längs halbieren, etwas dünner als die Wurst in ca. 2 mm dicke Halbringerl schneiden. Alles zur Wurst geben.

4 Gurkerl längs vierteln, wie die Zwiebel schneiden. Kräuter waschen, trocken tupfen, abzupfen und fein, aber nicht hauchfein schneiden. Gurkerl und Kräuter zu Wurst und Gemüse geben.

5 Für die Marinade Dressing Gurkerlwasser mit Senf, Essig, Apfeldicksaft und Salz mit einem Spiral- oder kleinen Schneebesen gründlich verrühren. Pfeffer und Wasser einrühren, Öl energisch einschlagen. Die Marinade wird eine (dünnflüssige) Emulsion. Abschmecken: sauer, salzig, senfig, ein bisserl süß.

6 Salat marinieren. Kurz stehen lassen, währenddessen evtl. die Badetasche packen. Salat nochmal abschmecken, verpacken oder sofort mit Brot oder Gebäck essen. Marinade auslöffeln.

Tipps: Hält gut verschlossen im Kühlschrank 2–3 Tage, je nach Gemüse.

Die Gemüsezusammenstellung muss nicht wie angegeben sein, aber in Summe sollte es deutlich mehr knackiges Gemüse als Wurst sein.

Oft wird Wurstsalat aus hauchdünn aufgeschnittenen Wurstradeln geschnitten. Ich finde das von der Konsistenz her nicht gut, es braucht für mich (und meinen Badeproviant) den Biss in ein dickeres Wurststückerl.

Varianten: Es passen auch Extrawurst oder Knacker statt des Pariser-Kranzls, Radieschen, andere Paprika (ich mag nur keinen grünen, unreifen) und andere Zwiebeln (am besten sind frische milde weiße Gemüsezwiebeln).

Schweizer Wurstsalat enthält zusätzlich Emmentalerstreiferl.

Für **Rindfleischsalat** statt der Wurst gekochtes Rindfleisch (Schulterscherzl o.Ä.) in dünne Scheiben schneiden. Einen Teil des Öls durch Kürbiskernöl ersetzen.

Räucherfisch

mit Preiselbeer-Obers-Kren

Das nächste Mal, wenn Sie aus dem Salzkammergut, der Steiermark oder dem Waldviertel heimfahren, bleiben Sie bei einer Bio-Teichwirtschaft oder Seefischerei stehen und nehmen Sie Räucherfisch, am besten im Ganzen, mit. Der hält im Kühlschrank locker mehrere Tage bis Wochen und ist eine köstliche schnelle Mahlzeit.

Zutaten für 1 Portion ⊘

1 Räucherfisch (250–300 g) im Ganzen (Saibling, Reinanke, Forelle u.a.)

für den Preiselbeer-Obers-Kren

frische Krenwurze
1 Spritzer frisch gepresster Zitronensaft
60–70 g Obers
feines Salz
schwarzer (oder guter weißer) Pfeffer aus der Mühle
1 gehäufter EL Preiselbeeren mit hohem Fruchtanteil (mind. 60 %)

Schwarzbrot mit Natursauerteig, am besten Roggenvollkornbrot
evtl. Butter

Tipps: Der Preiselbeer-Obers-Kren hält ein paar Tage im Kühlschrank.

Krenwurze in feuchtes Küchenpapier wickeln oder in ein Schraubglas geben, damit er nicht austrocknet. Meine Oma hatte ihn immer in einem Glas Wasser im Kühlschrank stehen, aber meiner Erfahrung nach verliert er dadurch zu viel Aroma und Schärfe.

Aus der Räucherfischkarkasse samt -haut kann man einen schnellen **Räucherfischfond** kochen: mit etwas Knollen- oder Stangensellerie, Fenchel- und/oder Koriandersamen in einen Topf geben, mit Wasser bedecken, aufkochen, 30 Minuten auf kleinster Flamme ziehen lassen, durch ein feines Sieb seihen, heiß abfüllen und verschließen. Zum Aufgießen von fischiger Pastasauce, Risotto oder Suppe verwenden.

1 Räucherfisch direkt auf dem Einwickelpapier filetieren (s. Bild S. 68). Dafür mit einem kleinen Messer hinter den Kiemen bis zur Mittelgräte einschneiden, dem Rücken entlang so knapp wie möglich auf der Mittelgräte schneiden, dann das obere Filet von den Gräten abheben. Die Innenseite des Filets mit den Fingerspitzen nach Gräten abtasten, ggf. Gräten mit einer (Fisch-)Pinzette gründlich entfernen, Haut abziehen. Mittelgräte von der Schwanzflosse weg samt Kopf abziehen. Unteres Filet ebenso von Gräten und Haut befreien. Nicht auf die festfleischigen Bäckchen vergessen, eine Delikatesse, um die bei uns immer ein G'riss herrscht!

2 Krenwurze waschen, mit einem Sparschäler nur das ungefähr benötigte Stück schälen. In ein kleines Schüsserl reiben (1–2 EL, je nach gewünschter Schärfe), mit einigen Tropfen Zitronensaft würzen. Obers mit 1 guten Prise Salz (hängt stark davon ab, wie salzig der Räucherfisch schmeckt) und Pfeffer in einem hohen Mixbecher mit den Quirlen des Handmixers fest, aber nicht überschlagen. Kren und Preiselbeeren kurz einmixen. Mit Salz, Pfeffer und Zitronensaft abschmecken, nur mehr vorsichtig mit einem Löffel oder Gummihund umrühren.

3 Fischfilets anrichten, mit Brot und evtl. Butter servieren, jede/r nimmt sich Oberskren und mehr Pfeffer nach Geschmack.

→

Varianten: Weil wir Salat und knackiges Gemüse lieben, essen wir beides oft dazu, im Sommer besonders gern kleine frische Gurken.

Oder wir machen gleich einen **Räucherfischsalat**: Dafür die Räucherfischfilets auf Blattsalat (knackige und gern auch bittere wie Radicchio, Endivie, Vogerl, Römersalat ...) oder im Sommer mit Gurken mit kräuter- oder hollerduftigem Dressing S. 59 zupfen, mit Senfkaviar, glattgerührtem Sauerrahm und viel Dill ergänzen.

Oder den Salat von S. 70 mit Räucherfisch statt mit Thunfisch zubereiten.

Bei großen Räucherfischen bietet sich aus Resten auch **Räucherfischaufstrich** an: Das von Haut und Gräten befreite Filet mit einem schweren Messer fein hacken, mit Topfen, Frischkäse, Crème fraîche o.Ä. verrühren, mit entweder fein gehacktem Dill, Kapern und Zitronensaft oder Zitrusabrieb und 1 guten Prise Brotgewürz abschmecken. Schmeckt super auf Roggenbrot.

Thunfisch-Sellerie-Salat

In dieses Rezept von Tante Hilde – eine leider schon lang verstorbene Wiener Tante meines Mannes – habe ich mich beim ersten Bissen vor ca. 25 Jahren verliebt. Seither ist der Salat ein Klassiker in unserer Küche. Danke, Tante Hilde!

Zutaten für 4 Portionen

ca. 250 g Stangensellerie
2 knackige süßsäuerliche Äpfel (z.B. Topaz) (ca. 250 g)
1–2 EL frisch gepresster Zitronensaft (von ca. ½ Zitrone)
1 Zwiebel (70–80 g), bevorzugt rot oder weiß
2 Essiggurkerl (ca. 50 g)
evtl. 1 EL Kapern in Lake
2–3 Dosen (oder Gläser) Thunfisch naturell/ im eigenen Saft (Abtropfgewicht insg. 250–300 g)
150 g Mayonnaise S. 269 oder gute gekaufte
100 g Sauerrahm (oder griechisches Joghurt)
1 EL Estragonsenf
1 EL Gurkerlwasser
feines Salz
schwarzer Pfeffer aus der Mühle

evtl. frischer Dill
gutes Weißbrot (z.B. Baguette, Handsemmerl, Weckerl, Mohnflesserl)

Tipps: Der Salat hält locker ein paar Tage im Kühlschrank. (Durchgezogen und kalt schmeckt er fast noch besser.)

Fein gehackte frische Kräuter in das Dressing geben: Dill, Petersilie, Estragon und/oder Gartenkresse.

Man kann den Salat sauciger machen, aber Sellerie, Apfel und Gurkerl sind so saftig, dass das gar nicht nötig ist.

Hart gekochte Eier (ca. 8 Minuten) passen gut auf den Salat.

1 Stangensellerie putzen (Fäden ziehen ist so gut wie nie nötig). Sellerie und, wenn es hell/gelb und schön frisch ist, auch das Grün getrennt waschen. Dicke Stangen längs halbieren oder vierteln, dann in ca. 1 cm große Würferl schneiden. In eine weite Schüssel geben. Äpfel waschen, aber nicht schälen, Kerngehäuser entfernen. Äpfel in etwas kleinere Würfel als Sellerie schneiden, zum Sellerie geben und sofort mit etwas Zitronensaft beträufeln. Zwiebel schälen, längs halbieren, sehr fein würfeln. Gurkerl zuerst längs in Scheiben schneiden, dann in Streifen, dann klein würfeln (kleiner als die Äpfel, nicht so winzig wie die Zwiebeln). Evtl. Kapern abtropfen lassen und je nach Größe kleiner hacken. Zwiebel, Gurkerl und evtl. Kapern dazugeben.

2 Thunfisch abseihen. In die Schüssel geben und mit einer Gabel gründlich zerpflücken, mit den anderen Zutaten mischen.

3 Für das Dressing Mayonnaise mit Sauerrahm (oder Joghurt), Senf und Gurkerlwasser mit einem kleinen Schneebesen oder einem Löffel verrühren, mit etwas Zitronensaft, Salz und Pfeffer abschmecken (ruhig pikant, der Apfel bringt viel Süße). Dressing behutsam, aber gründlich unter den Salat mischen. Mit Salz und ggf. Zitronensaft abschmecken.

4 Salat wenn möglich noch kurz ziehen lassen. Anrichten, ggf. mit Selleriegrün und/oder Dill bestreuen, pfeffern und mit Weißbrot servieren.

Variante: Für **Räucherfisch-Sellerie-Salat** Räucherforellenfilets oder Räuchersaiblingsfilets statt Thunfisch verwenden. Benötigt evtl. etwas mehr Dressing.

Gut zu wissen: Thunfisch kaufe ich immer naturell (ist meiner Erfahrung nach saftiger als der in Öl eingelegte) und mit der Angel/Leine gefangen. Als je nach Fanggebiet nicht überfischt gelten Echter Bonito (Skipjack, Katsuwonis pelamis), Weißer Thun (Bonito del Norte, Thunnus alalunga) und Gelbflossen-Thun (Thunnus albacares). Fischführer gibt es von Umweltorganisationen wie dem WWF. Achtung, es gibt tatsächlich Dosen-Thunfisch naturell mit Aromen, die wirklich kein Mensch braucht.

II. Warmer Imbiss

Würstel mit Senf & Kren

Das beste Beispiel dafür, dass Vorbereitung alles und der Einkauf mindestens genauso wichtig wie das Rezept ist. Ich esse sehr gern Frankfurter mit zweierlei Senf, Kren und einem Handsemmerl. Zeigen Sie mir einen Würstelstand auf der Welt, der all das in bestmöglicher Qualität – Bio-Freilandhaltung und perfektes Fleischerhandwerk beim Würstel, Bio-Senf ohne Aromen, frisch gerissener Bio-Kren und frisch gebackenes Bio-Handsemmerl – anbietet. Eben. Deshalb gibt es sie alle paar Monate einmal zuhause.

Zutaten für 1 Portion ✓

1 Paar Frankfurter (oder Debreziner, Frische, Weißwürste, Krainer, Waldviertler, Burenwurst oder andere Brühwürste)

feines Salz

frische Krenwurze

Estragonsenf

Kremser Senf

Handsemmerl (s. Gut zu wissen) oder frisches Schwarzbrot

evtl. Sauergemüse, z.B. Essig-, Senf- oder Salzgurken, Pfefferoni oder Silberzwiebeln

Tipp: Es gibt immer mehr Betriebe, die ihre Tiere nicht nur anständig (im Freien mit viel Auslauf) halten, sondern auch wieder selbst schlachten und verarbeiten. Oft bekommt man die Produkte nur ab Hof – und das nur an bestimmten Tagen. Wenn Sie so einen Betrieb gefunden haben, kaufen sie ein bisschen auf Vorrat. Wir nehmen z.B. neben Ribeyesteak oder Beiried, Ochsenschlepp, Selchzunge, Schweine- oder Lammschulter immer auch Frankfurter und Bratwürstel, die dann – jedes Paar einzeln verpackt – tiefgekühlt auf genau den richtigen Moment warten.

1 „Man koche die Würstel, bis sie aufplatzen", hat meine Oma gesagt. Der Grat ist schmal, denn bereits aufgeplatzte Würstel schmecken schwammig und wässrig. Daher gesalzenes (!) Wasser in einem ausreichend weiten Reinderl zum Kochen bringen, Hitze reduzieren oder bei einem dickwandigen Reinderl ganz ausschalten, Würstel paarweise (so bekommt man sie viel besser wieder aus dem Wasser) einlegen, ggf. auf kleinster Flamme offen je nach Dicke 5–8 Minuten unter dem Siedepunkt ziehen, aber keinesfalls kochen lassen. Dabei einmal umdrehen, aber nicht zudecken, denn sonst ist durch den heißen Wasserdampf die Aufplatzgefahr größer.

2 Währenddessen Krenwurze waschen, mit einem Sparschäler das ungefähr benötigte Stück schälen. Kren bei mehreren Personen in ein kleines Schüsserl reißen, sofort zudecken. Bei einer Person direkt auf den Teller.

3 Würstel herausheben, gut abtropfen lassen, sofort mit Senf, frisch gerissenem Kren und Semmerl oder Brot, wer mag auch mit Sauergemüse, verspeisen. Unbedingt mit den Fingern. Gern auch im Stehen. Das ist kein Sittenverfall, sondern die gebührende Ehre, die dem heißen Würstel zuteilwerden sollte.

Variante: **Würstel mit Saft** sind Frankfurter in Gulaschsaft. Wer selbst gemachtes Gulasch und davon genug Saft hat, zählt zu den Glücklichen: Gulaschsaft erhitzen, extra gekochte Frankfurter darauf anrichten, mit Messer und Gabel essen. Dazu gehört unbedingt ein Handsemmerl oder Salzstangerl – und sonst nix.

Gut zu wissen: Handsemmerl haben im Gegensatz zu Maschinsemmeln eine andere, viel interessantere Konsistenz, weil sie aus einem flachen Teigstück geformt werden, während die Maschinsemmelteigkugel nur einen sternförmigen Stempel aufgedrückt bekommt. Zum Pur-Essen empfehle ich daher immer Handsemmerln, für Semmelknödel S. 152 oder Faschierte Laibchen S. 186 tun's Maschinsemmeln.

Eierspeis

Das Schöne an Eiergerichten: Sie machen ohne großen Aufwand satt, gehen zu jeder Tageszeit und sind für jede Kräuter- und Brotlaune zu haben. Für mich muss Eierspeis cremig-saftig sein, aber keinesfalls grießelig. Eine gute Eierspeis aus ebensolchen Eiern ist keine Banalität, sondern eine perfekte kleine Mahlzeit.

Zutaten für 1 Portion

Brot oder Gebäck
bestmögliche Butter
ein paar Zweiglein frische, duftige Kräuter (z.B. Schnittlauch und -blüten, Dill, Petersilie, Rucolaspitzerl und -blüten, Kerbel, Basilikum, französischer Estragon, Kresse oder Wildkräuter)
2 Eier (L)
1–2 TL Obers
1 Msp. feines Salz
1 gehäufter TL (ca. 10 g) Butter
Salzflocken
schwarzer Pfeffer aus der Mühle

1 Ganz Pingelige (wie ich) wärmen den Teller vor.

2 Brot oder Gebäck aufschneiden und buttern.

3 Kräuter verlesen, waschen, trocken tupfen, abzupfen (schneiden nur bei Schnittlauch nötig).

4 Erst jetzt Eier in eine kleine Schüssel aufschlagen, mit Obers und Salz mit einer Gabel kurz und kräftig verschlagen, kleine Eiweißspuren sind aber (von mir) erwünscht.

5 In einer lieber kleineren als zu großen beschichteten oder sehr hochwertigen Edelstahl-Pfanne Butter aufschäumen. Auf kleinste (!) Flamme schalten. Ei eingießen und mit dem Gummihund immer wieder rundum das langsam stockende Ei behutsam zur Mitte schieben. So ergeben sich schöne Wellen und das bereits gestockte Ei wird nicht zu trocken. Je nach Eimenge, Herd- und Pfannenart dauert das wenige Minuten. Sobald das Ei rundum gestockt ist und nur mehr in der Mitte oberflächlich flüssig wirkt, aus der Pfanne auf den (vorgewärmten) Teller gleiten lassen. Es zieht auch außerhalb der Pfanne noch nach. Ist es in der Pfanne komplett gestockt, wird es am Teller zu trocken.

6 Sofort großzügig mit den vorbereiteten Kräutern und Salzflocken bestreuen, pfeffern und mit dem gebutterten Brot oder Gebäck genießen.

Varianten: Kräuter fein hacken und ins Ei geben.

Für **Kernöleierspeis** nur die Hälfte der Butter verwenden und nach dem Eingießen und Anstocken 1–2 TL Kernöl auf dem Ei verteilen und fertig garen.

Für **Schwammerl-Eierspeis** ein paar kleine, feste Eierschwammerl oder einen in Scheiben geschnittenen kleinen Steinpilz als Erstes braten und erst dann das Ei dazugießen.

Käseomelett

Wahrscheinlich das Gericht, das ich mir am öftesten mache, wenn ich es sehr eilig habe und keinesfalls grumpy oder hangry zu einem Termin kommen will. Während meines Studiums in Salzburg war Käseomelett mit Salat (mit einer Spur Curry im Dressing) mein Lieblingsfrühstück im Café Bazar. Keine Ahnung, wie viele hundert Male ich es damals gegessen habe. Mein Omelett ist nicht französisch, dort dürfte es nämlich keine Farbe haben und müsste innen noch rinnen und perfekt geformt sein. Meines ist goldbraun und trotzdem flaumig.

Zutaten für 1 Portion

2 Eier (L)
1–2 EL Obers (hängt vom verwendeten Käse ab, ist dieser sehr trocken, lieber etwas mehr Obers)
Muskatnuss
2 EL geriebener Käse, am liebsten die Mischung von S. 146 oder würziger Käse, z.B. junger Bergkäse
2 TL Butter
schwarzer Pfeffer aus der Mühle
evtl. Salzflocken

grüner Salat (Kopfsalat oder Römersalat, auch Endivie, Vogerlsalat oder Radicchio passt wunderbar)

für das Salatdressing

1 EL Estragonessig S. 268
1 EL Wasser
1 TL Apfeldicksaft S. 267
erbsengroß Estragonsenf
feines Salz
schwarzer Pfeffer aus der Mühle
1 Msp. Currypulver
2 EL mildes Sonnenblumenöl

Brot (sehr gut passt Weizensauerteigbrot)
beste Butter

Variante: Für **Kräuteromelett** 1 EL fein gehackte Kräuter (z.B. Kerbel, französischen Estragon, Basilikum, Schnittlauch, Petersilie, Dill) statt des Käses (oder auch zusätzlich) in die Eier rühren.

1 Evtl. Teller wärmen.

2 Zuerst den Salat zupfen, waschen, trocken schleudern. Für das Dressing Essig mit Wasser, Apfeldicksaft, Senf, Salz, Pfeffer und Curry mit einem kleinen Schneebesen verrühren. Das Öl energisch einrühren. Salat noch nicht marinieren.

3 Eier in eine kleine Schüssel schlagen, mit Obers und frisch geriebener Muskatnuss mit einer Gabel energisch verschlagen, kleine Eiweißspuren sind erwünscht. Käse einrühren und mit der Gabel so lockern, dass keine großen Käsenester mehr zu sehen sind.

4 Butter in einer kleinen beschichteten oder sehr guten Edelstahl-Pfanne (max. 20 cm Ø für 2 Eier) aufschäumen. Ei eingießen, auf mittlere Hitze schalten, Deckel draufgeben. Ca. 3 Minuten garen. Wenn das Ei an der Oberseite gerade gestockt ist (und unten bereits goldbraun), mit einem Pfannenwender zusammenklappen (wenn dabei noch ein wenig Ei herausrinnt, dann war's genau der richtige Moment, wenn nicht, beim nächsten Mal kürzer braten) und sofort anrichten. Falls noch braune Butter in der Pfanne ist, darüberträufeln. Großzügig pfeffern, die Salzmenge hängt vom Käse ab.

5 Salat marinieren. Omelett mit Salat, Brot und Butter servieren.

Bauernomelett

Lustig, dass wir von spanischer Tortilla und italienischer Frittata als einfachem, sättigendem, restl- und mitnehmfreundlichem Gericht schwärmen, wenn wir doch eh auch das ebenso versatile Bauernomelett haben.

Zutaten für 2 Portionen als Hauptspeise oder 4 als herzhaftes Frühstück

30–40 g Zwiebel
30 g Bauchspeck
150 g kleine Zucchini
50 g roter oder gelber Paprika
200 g gekochte Erdäpfel (bevorzugt speckige)
1 EL Pflanzenöl
4 Eier (L)
feines Salz
schwarzer Pfeffer aus der Mühle
ein paar frische Kräuterblättchen, z.B. Thymian, Majoran, Liebstöckel, Petersilie

Salat, z.B. Paradeisersalat, s. Tipps, oder Grüner Salat S. 59

Tipps: Für **Paradeisersalat** reife, aber feste Paradeiser (von Cocktailparadeisern bis Ochsenherz, Letztere lassen sich sehr einfach häuten, wenn gewünscht) waschen, trocken tupfen, in Spalten schneiden, salzen und mit etwas Rotweinessig verrühren, so ziehen sie auch in kurzer Zeit ordentlich (köstlichen) Saft. Nach ein paar Minuten einmal umrühren. Milde weiße oder rote Zwiebel in Ringerl (nicht zu fein) schneiden, dazugeben. Vor dem Anrichten nochmal umrühren, auf Salz und Essig abschmecken und 1 kleinen Schuss Öl nach Geschmack (Rapskern, Sonnenblume, Olive oder auch Kürbiskern) einrühren.

Bauernomelett schmeckt auch kalt zur Jause oder zum Picknick.

Varianten: Welche und wie viel Gemüse, hängt von Lust und Lebensmittelvorräten ab. Üblicherweise immer dabei sind Speck, Zwiebel und Erdäpfel.

1 Paradeisersalat zubereiten. Oder Blattsalat waschen und trocken schleudern, Dressing zubereiten, Salat jedoch noch nicht marinieren.

2 Zwiebel schälen und in ca. 3 mm kleine Würferl schneiden. Speck in feine Würfel schneiden. Zucchini und Paprika waschen, Zucchini in ca. 1 cm große Würfel schneiden. Paprika längs halbieren, Strunk und Kerne entfernen, Paprika in Streifen und dann in knapp 1 cm große Quadrate oder Rauten schneiden. Erdäpfel schälen, längs vierteln oder in Stifte schneiden, in ca. 1 cm dicke Scheiben oder Stücke schneiden.

3 In einer beschichteten Pfanne (Ø ca. 24 cm) Öl erhitzen, Speck darin 1 Minute auslassen (nicht bräunen), Zwiebel dazugeben und 1 Minute glasig anschwitzen, Zucchini dazugeben, 2–3 Minuten anrösten, leicht salzen, Erdäpfel und Paprika dazugeben, alles 3–4 Minuten braten, bis das Gemüse weich und leicht gebräunt ist. Pfanne von der Hitze ziehen.

4 In einer Schüssel Eier mit einer Gabel gut verschlagen, behutsam salzen, kräftig pfeffern. Zum Gemüse in die Pfanne geben, mit einem Gummihund umrühren, damit sich alles gut vermischt.

5 Zugedeckt bei kleiner Hitze ca. 5 Minuten goldbraun braten. Omelett auf einen großen Teller gleiten lassen, die Pfanne daraufstülpen und das Omelett wieder in die Pfanne stürzen. Auf der zweiten Seite nochmal 2–3 Minuten goldbraun braten. Je nach gewünschter Oberseite auf einen Teller stürzen oder herausgleiten lassen, mit Kräutern bezupfen und pfeffern. Ggf. Blattsalat marinieren, Omelett mit Salat servieren.

Schinken-Käse-Toast

Gehört zu einem anständigen Kaffeehaus wie ein voller Zeitungsständer und das Glas Leitungswasser zum Kaffee, schmeckt dort aber selten so gut wie meiner.

Zutaten für 2 Toasts ✓

4 max. 1 cm dicke Scheiben richtig gutes Toastbrot von einer Handwerksbäckerei, s. Tipps

Estragonsenf

weiche Butter oder Mayonnaise S. 269 oder gute gekaufte

4 Scheiben Beinschinken

4 Scheiben milder, gut schmelzender Käse (kein Schmelzkäse!), z.B. Emmentaler, Gruyère, Gouda

ca. 1,5 EL Butter

klassisches, gutes, nicht zu süßes Ketchup

Tipps: Ich nehme am liebsten Erdäpfeltoast, der passt von Geschmack, Saftigkeit und Konsistenz perfekt.

Man kann die Brotscheiben, wenn sie sehr weich und fad sind, auch vorher einmal trocken toasten und stehend auskühlen lassen. Der Erdäpfeltoast, den ich verwende, braucht das nicht.

Wer einen Plattengriller/Sandwichtoaster hat, verwendet natürlich den.

Die große Kunst besteht darin, die Toasts langsam genug zu braten, bis der Käse schmilzt, das Brot aber noch nicht verbrannt ist.

1 2 Toastbrotscheiben dünn bis zum Rand mit Estragonsenf bestreichen, die anderen 2 dünn bis zum Rand mit Butter oder Mayonnaise. Auf die gebutterten oder mit Mayonnaise bestrichenen Toasts je 2 Scheiben Schinken bis gut zum Rand verteilen, darauf je 2 Käsescheiben, mit den besenften Toastscheiben (Senfseite zum Käse) bedecken. Beherzt flächig andrücken.

2 In einer beschichteten Pfanne (kein Gusseisen, das wird zu heiß) 1 EL Butter aufschäumen. Toasts einlegen und bei mittlerer Hitze mit geschlossenem Deckel langsam 3–5 Minuten goldbraun braten. Dabei immer wieder nachschauen und Toasts mit einem Pfannenwender flach andrücken. Falls sie zu schnell bräunen, Hitze reduzieren. Wenn die Toasts schön gebräunt sind, ½ EL Butter in die Pfanne geben, Toasts wenden und in der frisch aufgeschäumten Butter so spazieren führen, dass die Toasts dadurch gut gebuttert werden (die restliche Butter rund um die Toasts tendiert ohnehin zum Verbrennen, es ist daher besser, sie mit dem Brot aufzutunken). Weitere 3–5 Minuten auf mittlerer Hitze jetzt ohne Deckel unter häufigem Andrücken mit dem Pfannenwender goldbraun knusprig braten. Der Käse muss geschmolzen sein.

3 Heißen Toast auf einem Brett entweder diagonal oder längs halbieren, die Stücke evtl. in Butterbrotpapier wickeln. Sofort mit Ketchup servieren.

Käsetoast

Als Grilled Cheese, Cheese Toastie oder neuerdings Kimchi Grilled Cheese ist er grad wieder sehr in, in Österreich aber immer schon der kleine Bruder vom Schinken-Käse-Toast S. 82. Bei der Arbeit an diesem Buch sind mir von Kässpätzle einmal ein paar Esslöffel geriebene Käsemischung übrig geblieben. Die habe ich für einen schnellen Käsetoast verwendet und ein Aha-Erlebnis gehabt: So super kann Käsetoast schmecken! Gibt's jetzt öfter!

Zutaten für 1 Toast

50–70 g geriebener Käse, am besten die Mischung für Kässpätzle S. 146 oder würziger Käse, z.B. Emmentaler und junger Bergkäse – Menge hängt von der Größe der Brotscheiben ab

2 max. 1 cm dicke Scheiben gutes feinporiges Weißbrot (bei grobporigem Weizensauerteigbrot rinnt der geschmolzene Käse durch) oder Toastbrot

Mayonnaise S. 269 oder gute gekaufte

Estragonsenf

evtl. schwarzer Pfeffer aus der Mühle

1 EL Butter

evtl. bunter Krautsalat oder mildes Kimchi

evtl. Ketchup (klassisch oder z.B. mit Curry)

Varianten: Für **Käsetoast mit Kimchi** oder **Käsetoast mit Sauerkraut** auf die Hälfte des geriebenen Käses 1 EL je nach Geschmack grob oder fein gehacktes klassisches, mildes Kimchi oder Sauerkraut geben, dann die zweite Hälfte des Käses darüber verteilen.

Statt Ketchup passt auch eine schnelle Paradeissuppe mit reichlich schwarzem Pfeffer und wenig fein geschnittenem Liebstöckel.

Wer keine würzigen Käse mag: Geht auch mit ganz mildem, sehr schnell schmelzendem Käse (z.B. Mozzarella), etwas fein geschnittener Minze darauf und Ajvar dazu.

1 1 Brotscheibe dünn bis zum Rand mit Mayonnaise bestreichen, die andere mit Senf. Geriebenen Käse bis zum Rand gleichmäßig auf einer Scheibe verteilen. Der Käse sollte locker drapiert mind. 1 cm hoch sein. Evtl. pfeffern. Mit der zweiten Scheibe (bestrichene Seite zum Käse) bedecken. Beherzt gleichmäßig andrücken.

2 In einer kleinen beschichteten (!) Pfanne ½ EL Butter aufschäumen, Toast einlegen und damit die Butter auftunken. Toast bei max. mittlerer Hitze mit geschlossenem Deckel 4–5 Minuten langsam goldbraun braten. Zwischendurch mehrfach mit einem Pfannenwender flach andrücken.

3 ½ EL Butter in die Pfanne geben, Toast wenden und gut in der Butter spazieren führen. Auf der zweiten Seite offen 4–5 Minuten langsam goldbraun knusprig braten (je nach Schmelzstand des Käses evtl. zu Beginn nochmal zugedeckt). Geduld! Der Käse muss komplett geschmolzen sein, das Brot darf dabei aber nicht zu dunkel werden. Daher lieber länger bei etwas geringerer Hitze braten.

4 Heißen Toast auf einem Brett mit einem scharfen Messer halbieren und sofort essen. Wer mag, nimmt zum knackig-säuerlichen Ausgleich Krautsalat oder Kimchi und evtl. Ketchup dazu.

Toast Hawaii ;-)

Meine Toast-Hawaii-Liebe ist amtsbekannt. Ich habe darüber einen Magazin-Artikel für „All You Can Eat" geschrieben, ein detailliertes Rezept auf www.esskultur.at verfasst und wurde damit im österreichischen Kulturradiosender Ö1 zitiert. Er gehört seit meiner Kindheit, Jugend, Studentinnenzeit und bis heute zu mir – und daher auch in dieses Buch.

Zutaten ✓
(wir essen 3 Toasts pro Person als Abendessen)

Ananasringe oder -stücke bestmöglicher Qualität aus Dose oder Glas
gutes Toastbrot in max. 1 cm dicken Scheiben (Weizentoast oder Erdäpfeltoast, kein Vollkorntoast)
weiche Butter (oder streichfähige Butter mit kleinem Pflanzenölanteil, s. Tipps S. 36)
Estragonsenf
Beinschinken
milder, gut schmelzender Käse (z.B. Emmentaler, Gruyère, Gouda) in Scheiben
evtl. wenig Blauschimmelkäse
schwarzer Pfeffer aus der Mühle

gutes, nicht zu süßes Ketchup (Furchtlose nehmen eins mit Curry, passt gut)

1 Grill auf 250 °C vorheizen. Ananasringe abtropfen lassen (Profis hängen sie auf einem Kochlöffelstiel über eine Schüssel), Ananasstücke auf Küchenpapier.

2 Toast hell toasten. Darauf darf keinesfalls verzichtet werden, sonst ist er später letschert und langweilig. Toastscheiben stehend auskühlen lassen, damit sie durch und durch knusprig bleiben und nicht durch den eigenen Dampf aufweichen. Toastscheiben nebeneinander ausbreiten, angemessen (also nicht hauchdünn, aber auch nicht übertrieben dick) bis zum Rand buttern. Darauf dünn bis zum Rand mit Estragonsenf bestreichen.

3 Schinken samt Fettranderl so falten, dass der gesamte Toast bedeckt ist, aber so gut wie nichts über den Toast hinaushängt, weil er sonst später unter dem Grill austrocknet. Je nach Schinkenscheibenstärke braucht es 1–2 Lagen oder Faltungen. Nicht übertreiben! Darauf die abgetropften Ananasringe verteilen oder aus den Ananasstücken Ringe nachbauen.

4 Käse ggf. entrinden und mit einem Überhang von max. wenigen mm darauflegen. Die Käsescheibenanzahl hängt von der Schnittstärke ab. Bei rustikalen Scheiben reicht eine, bei Sparefroh-Scheiben 2 übereinander. Bitte nicht diagonal versetzt, denn die hinunterhängenden Spitzerl rinnen davon, dafür fehlt der Käse dann an den traditionell trockeneren Ecken. Das Loch in der Mitte evtl. mit etwas Blauschimmelkäse füllen (mit freundlichen Grüßen von meiner Mama).

5 Toasts auf dem Rost (oder Blech) auf Alufolie platzieren. Auf mittlerer (!) Schiene mind. 5 Minuten bei Oberhitze grillen, bis der Käse zu schmelzen beginnt. Die Einschubhöhe bedingt langsameres Durcherhitzen des gesamten Toasts, nicht nur ein Turbo-Solarium für den Käse. Dann den Rost auf die oberste Schiene schieben und unter Beobachtung 1–2 Minuten weitergrillen, bis der Käse Farbe bekommt.

6 Sofort anrichten, pfeffern und mit Messer und Gabel (und Ketchup, eh klar) essen.

→

Variante: In unserer Familie gab's zugleich immer auch **Toast mit Pfirsich und Blauschimmelkäse**: Auf den Schinken statt Ananas in Spalten geschnittene Kompottpfirsiche breiten, darüber in mehrere mm dicke Scheiben geschnittenen oder grob zerbröselten Blauschimmelkäse (z.B. Roquefort oder nicht zu cremigen Gorgonzola) dicht verteilen. Nach der Hälfte der Backzeit ein paar blättrig geschnittene rohe (noch nicht geröstete!) Haselnüsse daraufstreuen und fertig backen.

Schinkenkipferl

Der einmal jährliche dringende Gusto auf Schinkenkipferl lässt sich mit der Vorbereitungszeit für echten Plunder- oder Blätterteig (mit oder ohne Germ, beide sind für Schinkenkipferl ok) nicht in Einklang bringen. Das ist dann der Tag, an dem ich hoffe, im Bioladen oder Supermarkt eine Rolle frischen Bio-Butterblätterteig in der Kühlung zu finden.

Zutaten für 16 Mini-Schinkenkipferl

120 g Beinschinken
1 Zweig Petersilie
60 g Crème fraîche
½ TL Estragonsenf
Muskatnuss
feines Salz
schwarzer Pfeffer aus der Mühle
1 Rolle rechteckiger Butterblätterteig (Kühlregal) (250–300 g)
1 Ei (Größe egal)
ca. 1 TL ganzer Kümmel

evtl. Schnittlauchrahm, s. Tipps S. 90

1 Ofen auf 200 °C Umluft (alternativ 220 °C Ober-/Unterhitze) vorheizen. Ein Blech mit Backpapier auslegen.

2 Für die Fülle Beinschinken grob schneiden, Petersilie waschen und tropfnass abzupfen, beides in den Universalzerkleinerer geben. Gemeinsam mit Crème fraîche, Senf, 1 Prise frisch geriebener Muskatnuss, Salz und Pfeffer zu einer relativ festen Farce mixen.

3 Blätterteig auf der Arbeitsfläche flach auflegen, mit einem scharfen Messer längs halbieren. Jetzt auf den beiden äußeren Längsseiten gedanklich vierteln und mit dem Messer je eine kleine Markierung machen. Mit Hilfe dieser Punkte gleichseitige Dreiecke schneiden (s. Bild). Das ergibt pro Teigstreifen 7 gleichschenkelige Dreiecke und an den Rändern je ein halbes. Je 2 halbe Dreiecke an ihrer langen Seite zu einem weiteren Dreieck zusammendrücken.

4 Die Farce mit 2 Teelöffeln auf die kurzen Seiten der 16 Dreiecke verteilen (oder mit den Händen zu kleinen Kugeln formen und auf den kurzen Seiten platzieren). Von der kurzen Seite weg einrollen, dabei die seitlichen Zipferl durch Weiterdrehen gut verschließen und das Spitzerl lang und nach unten ziehen, weil die Kipferl beim Backen sonst dort aufgehen. Die Kipferl mit Abstand auf dem bereitgestellten Blech ablegen.

→

5 Ei in einer kleinen Schüssel oder Tasse mit einer Gabel sehr gründlich verquirlen. Kipferl mit einem Pinsel sorgfältig mit Ei bestreichen. Die dickste Stelle mit Kümmel bestreuen.

6 Kipferl im vorgeheizten Ofen auf mittlerer Schiene ca. 15 Minuten backen, bis sie schön goldbraun sind (auch auf der Unterseite). Herausnehmen, kurz auf einem Gitter überkühlen lassen und wenn gewünscht mit Schnittlauchrahm servieren.

Tipps: Für **Schnittlauchrahm** Sauerrahm mit Salz glatt rühren, mit wenig Estragonsenf und Zitronensaft pikant, aber nicht zu salzig abschmecken. Frisch geschnittenen (oder TK-)Schnittlauch einrühren.

Ausgekühlte Schinkenkipferl eignen sich super zum Mitnehmen.

Variante: In meiner Familie gab's manchmal, wenn Reste von Geselchtem da waren, **Blätterteig mit Geselchtem**: Dafür 1 Rolle Butterblätterteig flach auf ein Blech mit Backpapier auflegen, längs halbieren, quer halbieren oder dritteln, sodass 4–6 Rechtecke entstehen. Wenige mm vom Rand der einzelnen Rechtecke einen Rahmen einritzen, aber nicht durchschneiden. An dieser Stelle kann sich dann der Rand gut heben und aufgehen. Auf die Rechtecke innerhalb der geritzten Rahmen locker und nicht zu viel (ca. 100 g) fein gewürfeltes Geselchtes (oder Schinken) verteilen, dazwischen wenn vorhanden ein paar milde Käsewürfelchen (z.B. Emmentaler oder ca. 2 EL geriebenen Käse S. 146) streuen. Aus ca. 60 g Sauerrahm, 1–2 Zweigen abgezupfter, gehackter Petersilie, erbsengroß Estragonsenf, Salz, Pfeffer, Muskatnuss und 1 Ei mit der Gabel ein je nach Fleisch mildes Gmachtl rühren, dieses auf Fleisch und Käse innerhalb der eingeritzten Ränder verteilen, wie die Schinkenkipferl backen. Grüner Salat S. 59 passt sehr gut dazu.

III. Gemüse, Erdäpfel & Schwammerl

Bröselkarfiol

War schon immer ein Lieblingsgericht, wird immer eines bleiben. Ob mit flüssig-luxuriöser Bröselbutter oder trocken(er)en, aufregend aromatischen Butterbröseln, das entscheiden Sie nach Tagesverfassung. Hauptsache sehr viel davon!

Zutaten für 2 Portionen

600–700 g Karfiol und/oder Romanesco und/oder Brokkoli
Salzflocken

a) für die Bröselbutter (2–3 Portionen)

125 g Butter
25 g Semmelbrösel S. 271
feines Salz
Muskatnuss
1 Zitrone
1–2 TL möglichst kleine Kapern in Lake

b) für die Butterbrösel (2–3 Portionen)

125 g Butter
125–150 g Semmelbrösel S. 271
1 EL Kapern in Lake
ca. 5 Zweige Petersilie
1 Zitrone
2 EL geriebene geröstete Haselnüsse
feines Salz
Muskatnuss

1 Dampfgarer vorheizen oder einen Topf mit Dämpfeinsatz mit Wasser bis knapp unter den Einsatz zustellen.

2 Karfiol & Co. putzen, dafür mit einem scharfen kleinen gebogenen Messer in nicht zu kleine Röschen inkl. Stielen teilen, evtl. braune Stellen wegschneiden. Strünke rundum schälen, bis sie sich nicht mehr faserig/trocken anfühlen. Röschen und Strünke waschen.

3 Gemüse im Dampfgarer oder bei geschlossenem Deckel im Dämpfeinsatz dämpfen, bis eine schmale Küchenmesserspitze mühelos hineingleitet. Das dauert je nach Gemüse und Größe ca. 10 (Brokkoli) oder 15–20 Minuten (Karfiol/Romanesco). „Bissfest“ wäre zu fest, fallen die Röschen schon beim Hinschauen auseinander, war's zu lang.

4 Spätestens während das Gemüse gart, müssen Sie sich entscheiden, es gibt 2 Möglichkeiten:

a) Für die **Bröselbutter** in einer nicht zu großen Pfanne Butter aufschäumen lassen, Brösel darin unter öfterem Rühren mit einem Pfannenwender bei mittlerer Hitze langsam bräunen lassen, das dauert je nach Pfanne und Herd mind. 5 Minuten. Die Butter wird dabei auch goldgelb bis hellbraun und beginnt intensiv zu duften. Salzen (je nach Brösel ca. ¼ TL) und mit 1 Prise Muskatnuss würzen. Falls das Gemüse jetzt noch nicht fertig ist, Bröselbutter in einen kleinen Krug umfüllen, weil sie sonst zu dunkel wird. Zitrone waschen, abtrocknen, mit dem Zestenreißer einige Streifen direkt in die Bröselbutter reißen. Kapern abtropfen lassen und dazugeben.

→

b) Oder für die **Butterbrösel** Butter in einer großen Pfanne aufschäumen, Brösel dazugeben, unter öfterem Rühren mit einem Pfannenwender bei mittlerer Hitze langsam hellbraun rösten. Das dauert gut 10 Minuten. Währenddessen Kapern abtropfen lassen und nicht ganz fein hacken, Petersilie waschen, trocken tupfen, inkl. zarter Stängel nicht ganz fein schneiden. Zitrone waschen, abtrocken. Wenn die Brösel die richtige röstbraune Farbe haben, schön knusprig sind und duften, vom Herd nehmen (dunkeln nach!). Haselnüsse, gehackte Kapern, Petersilie und feinen Abrieb von ¼–½ Zitrone einrühren. Mit Salz (je nach Bröseln ca. ¼ TL) und 1 guten Prise Muskatnuss abschmecken.

5 Gemüse anrichten, mit Salzflocken bestreuen. Reichlich Bröselbutter oder Butterbröseln dazu servieren. Und Achtung: Bei den Bröseln verbrennt man sich schnell den Mund!

Tipps: Bröselbutter und Butterbrösel halten gut verschlossen ein paar Tage im Kühlschrank. Einfach wieder in einer kleinen Pfanne erhitzen.

Übrig gebliebenes gegartes Gemüse noch lauwarm mit Vinaigrette (z.B. S. 97) oder Dressing (z.B. S. 59) mischen und sich am nächsten Tag über die Jause oder ein leichtes Mittagessen freuen.

Varianten: Kohlrabistifte, halbierte Kohlsprossen, Karottenstifte, Fisolen, Spargel statt Karfiol & Co. verwenden. Den meisten Gemüsen stehen Kapern und Zitronenschale hervorragend, manchen (wie Kohlgemüsen) auch 1 Spritzer vom Saft.

Falls 1 hart gekochtes Ei da ist: schälen und entweder fein hacken oder durch die Wiegepresse drücken und auf die Bröselbutter geben.

Wer mag, kocht noch ein paar Erdäpfel extra dazu.

Spargel
mit Hollerblütenvinaigrette

Farbe! Duft! Geschmack! Ein Bild von Frühling, seit vielen Jahren das liebste Spargelgericht meines Mannes an den wärmeren Tagen der nur wenige Wochen dauernden Saison für heimischen Spargel.

Für 2 Portionen

feines Salz

1 Ei (Größe egal)

1 kg grüner Spargel (Solo oder Classic, dünnerer geht auch)

für die Vinaigrette

insg. ca. 1 Bund (15–20 Zweige) frische, duftige Kräuter wie Dill, französischer Estragon, Schnittlauch (inkl. -blüten), Kerbel, Petersilie, evtl. auch Basilikum

2 EL Hollerblütenessig S. 268

2 EL Estragonessig S. 268

3 EL Spargelkochsud

1 TL Estragonsenf

1 TL Apfeldicksaft S. 267

ca. ½ TL feines Salz

schwarzer Pfeffer aus der Mühle

4 EL mildes, fruchtiges, elegantes Olivenöl nativ extra (ich verwende gern spanisches Arbequina)

3 EL mildes Sonnenblumenöl

evtl. frische, duftende Hollerblüten (von 1–2 Dolden)

Weißbrot oder Weizensauerteigbrot mit weicher Krume (und knuspriger Kruste)

→

1 In einem weiten, großen Topf Salzwasser für den Spargel zum Kochen bringen.

2 Ei anstechen und in einem kleinen Reinderl in kochendem Wasser knapp 10 Minuten hart kochen. Herausnehmen, gründlich kalt abschrecken, auskühlen lassen.

3 Spargel waschen, am unteren Ende schälen (man spürt beim Schälen, wie weit hinauf die Schale noch fest oder schon zarter ist) und das Ende knapp abschneiden (s. Tipps).

4 Spargel im Salzwasser aufkochen und bissfest garen. Das dauert je nachdem, wie schnell das Wasser wieder kocht, dann maximal noch 2–3 Minuten. Mit einer schmalen Küchenmesserspitze testen, er soll noch deutlich Widerstand zeigen (s. auch Tipps).

5 Spargel mit einem großen Schaumlöffel oder einer Zange behutsam aus dem Wasser nehmen und auf einen großen Teller oder ein Tablett mit Küchenpapier zum Abtropfen legen. Eine kleine Tasse Kochsud aufheben.

6 Für die **Vinaigrette** Kräuter verlesen, waschen, gut trocken tupfen. Schöne zarte Blättchen und Spitzen zum Bestreuen zur Seite legen. Rest sortenrein fein schneiden oder hacken. Insgesamt werden ca. 4 EL gehackte Kräuter benötigt (ein gutes Verhältnis ist z.B. 1 EL Dill, 1 EL Schnittlauch, gut 1 EL Petersilie und/oder Kerbel, knapp 1 EL französischer Estragon).

7 In einer kleinen Schüssel Essige, 3 EL Spargelkochsud, Senf, Apfeldicksaft, Salz und Pfeffer mit einem kleinen Schneebesen gründlich verrühren, Öl energisch einschlagen, bis eine Emulsion entsteht. Erst jetzt die gehackten Kräuter einrühren.

8 Abgetropften, noch lauwarmen Spargel am besten in einer Lasagneform oder auf einem kleinen Blech mit ⅔ der Vinaigrette mit den Händen behutsam mischen und anrichten.

9 Ei schälen, mit der Wiegepresse zerdrücken, auf den Spargel streuen, beiseitegelegte Kräuter darüberstreuen, restliche Vinaigrette darüberträufeln. Evtl. Hollerblüten über dem Spargel abrebeln. Mit frischem Brot servieren.

Tipps: Schmeckt nur frisch gemacht.

Oft wird empfohlen, die Spargelenden abzubrechen, weil man dann genau die richtige Stelle zwischen saftig-knackig und holzig erwischt. Mir ist das zu grob und zu erratisch. Mit einem scharfen Messer spürt man perfekt, ob man noch im holzig-festen Teil (dann einfach das Messer ein paar mm weiter oben Richtung Spargelspitze ansetzen) oder schon im knackig-feinen ist (dann durchschneiden).

Der richtige Gargrad von Spargel ist erreicht, wenn sich eine Stange quer auf eine Gabel gelegt ganz leicht nach unten zu biegen beginnt. Hängen die Enden hinunter, wurde der Spargel zu lange gegart und ist dann grobfaserig, wässrig und fad.

Spargelkochsud heiß in Flaschen füllen, zum Aufgießen für Suppe oder Risotto verwenden.

Keine zu sperrigen mediterranen Kräuter wie Majoran, Thymian, Rosmarin, Bohnenkraut verwenden. Und auch keinen Liebstöckel, so sehr ich ihn sonst mag.

Varianten: Geht natürlich auch mit weißem Spargel, diesen von den Spitzen weg rundum sehr gründlich schälen.

Für Lauch mit Vinaigrette sorgfältig geputzte, weich gegarte Lauchstangen statt Spargel verwenden.

Spargel mit Erdäpfeln

& Beinschinken

Bevor ich aus Zeitgründen Sauce hollandaise oder béarnaise aus dem Packerl oder Glas essen würde, zerlasse ich lieber nur beste Butter. Wichtig: Zutatenqualität, hier gibt's kein Tarnen und Täuschen! Spargelsaison ist bei jenen Betrieben, die ihre Felder nicht heizen, meist von Mitte April bis maximal Mitte Juni.

Zutaten für 2 Portionen ✓

ca. 400 g kleine speckige Erdäpfel
feines Salz
1 kg frischer weißer Spargel (Classic oder Spitzen)
100 g beste Süßrahm- oder mild gesäuerte Sauerrahmbutter
Salzflocken
100 g frisch aufgeschnittener Beinschinken
evtl. frischer Schnittlauch

Varianten: Grünen Spargel verwenden, dieser muss nur am unteren Ende knapp geschält werden, s. Tipps S. 98.

Statt mit zerlassener Butter **Spargel mit Bröselbutter oder Butterbröseln** S. 94 mit oder ohne Schinken servieren.

1 Erdäpfel gründlich waschen, mit lauwarmem Salzwasser aufstellen, aufkochen und 15–20 Minuten gar kochen (eine schmale Küchenmesserspitze muss problemlos bis in die Mitte der Knolle gleiten), abgießen, mit Küchenpapier unter dem Deckel bis zum Essen ausdampfen lassen.

2 Während die Erdäpfel kochen, Wasser in einem weiten, großen Topf zum Kochen bringen, großzügig (wie Nudelwasser) salzen.

3 Spargel waschen, rundum mit einem Sparschäler sehr großzügig schälen, er muss sich überall ganz feucht anfühlen. Unteres Ende nur wenige mm abschneiden.

4 Spargel im kochenden Salzwasser aufkochen und je nach Dicke und je nachdem, wie lange das Wasser zum Aufkochen braucht, dann 4–7 Minuten bissfest garen. Wenn möglich, 2 große Teller auf den Spargeltopf zum Wärmen stellen. Spargel mit einer schmalen Küchenmesserspitze prüfen, er soll noch Widerstand zeigen. Herausheben, auf Küchenpapier abtropfen lassen.

5 Während der Spargel gart, Butter in einem Reinderl zerlassen, bis sie gerade aufschäumt.

6 Erdäpfel schälen, anrichten, mit Salzflocken bestreuen. Spargel dazulegen, Butter darüberträufeln, evtl. Salzflocken daraufstreuen, Schinken danebenlegen. Evtl. in feine Röllchen geschnittenen Schnittlauch darüberstreuen.

Tipps: Falls Spargel übrig bleibt: Spargel mit Vinaigrette S. 97 marinieren oder für Spargelsalat S. 54 verwenden.

Man kann ihn auch mit Béchamel S. 104 und Käse überbacken oder in Palatschinken füllen.

Ich finde zum Spargel „alte" speckige Erdäpfel von Konsistenz und Geschmack her viel besser als Heurige.

Ins Spargelkochwasser müssen weder Zucker noch Butter noch Weißbrot.

Je frischer der Spargel, desto aromatischer und süßer.

Der richtige Gargrad von Spargel ist erreicht, wenn sich eine Stange quer auf eine Gabel gelegt ganz leicht nach unten zu biegen beginnt. Hängen die Enden hinunter, wurde der Spargel zu lange gegart und ist dann grobfaserig, wässrig und fad.

Solo-Spargel 1–2 Minuten länger garen.

Der hübsche weiße Spargel auf dem Bild hat im rohen Zustand violette Spitzen, es gibt ihn vor allem ab Hof.

Spinat mit Spiegelei & gerösteten Erdäpfeln

Viel zu gut, um nur am Gründonnerstag auf den Tisch zu kommen. Bei mir ein Klassiker, wenn wir nur wenig Spinat im Ernteanteil und gekochte Erdäpfel vom Vortag im Kühlschrank haben. Da ich Cremespinat nicht besonders aufregend finde, ist meiner immer Blattspinat – und trotzdem saftig.

Zutaten für 1 Portion
für die gerösteten Erdäpfel
ca. 300 g gekochte Erdäpfel (besser speckige als mehlige) vom Vortag
2 EL mildes Pflanzenöl
1 kleine Zwiebel (ca. 50 g)
feines Salz

für den Spinat
feines Salz
250 g frischer Blattspinat
1 kleine frische Knoblauchzehe
1 EL Butter
Muskatnuss

für das Spiegelei
1 EL mildes Pflanzenöl
1 Ei (Größe egal)
schwarzer Pfeffer aus der Mühle

Salzflocken

1 Erdäpfel schälen, auf einem Brett grob mit einer Gabel zerdrücken.

2 In einer Pfanne (beschichtet oder gut eingebranntes Gusseisen) Öl erhitzen, Erdäpfel bei mittlerer Hitze langsam braten, bis sie zu bräunen beginnen, dabei öfters liegen und anbraten lassen, nicht ständig wenden (dauert ca. 10 Minuten).

3 Zwiebel schälen, längs halbieren und fein würfeln. Erst wenn die Erdäpfel Farbe bekommen, Zwiebel dazugeben, salzen und gemeinsam weiterbraten, bis die Erdäpfel braun und knusprig sind.

4 Während die Erdäpfel braten, Salzwasser in einem weiten Topf zum Kochen bringen. Spinat sorgfältig putzen (dabei ganz grobe Stielenden und welke Blätter aussortieren), in stehendem Wasser (Abwasch oder große Schüssel) sehr gründlich waschen, ggf. wiederholen. Spinat ins kochende Salzwasser geben, je nach Blattgröße 2–3 Minuten blanchieren, der Spinat wird dabei dunkelgrün und weicher. Abseihen, etwas ausdrücken.

5 Wenn die Blätter sehr groß waren, grob schneiden. Knoblauchzehe schälen und fein hacken. Im Topf (muss nicht ausgewaschen werden) Butter unter häufigem Schwenken/Rühren aufschäumen und bräunen, Hitze zurückschalten, Knoblauch 1–2 Minuten ohne Farbe braten, bis er glasig und weicher wird, Spinat dazugeben, durchschwenken, mit 1 Hauch Muskatnuss und Salz abschmecken. Der Spinat soll saftig, aber nicht wässrig sein.

6 In einer kleinen (beschichteten) Pfanne 1 EL Öl erhitzen, Ei in die Pfanne schlagen, bei mittlerer bis hoher Hitze knusprig braten. Eiweiß rund um den Dotter mit einem Esslöffel mit heißem Bratfett beträufeln. Das Eiweiß soll am Rand schön knusprig sein, der Dotter heiß, aber noch cremig.

7 Erdäpfel und Spinat anrichten, Spiegelei darauflegen, Ei großzügig pfeffern, alles mit Salzflocken bestreuen.

Überbackene Spinatpalatschinken

Klingt wahnsinnig aufwendig, ist es aber nicht, wenn Palatschinken im Kühlschrank lagern. Je größer die Form, desto flacher sind zwar die mit viel Spinat saftig gefüllten Palatschinken, aber desto mehr braun gebackener Käse ist auf jeder davon drauf. Es gilt auch in der Küche das alte Design-Prinzip: Form follows Function!

Für 2–3 Portionen

6 fertige kleine Palatschinken S. 213 (Ø 20 cm)
1 EL Butter

500 g frischer Blattspinat
feines Salz
1 kleine Zwiebel (ca. 50 g)
1 EL Butter

für die Béchamelsauce

1,5 EL Butter
1,5 EL Weizenmehl (glatt) (ca. 15 g)
250 ml Milch
feines Salz
Muskatnuss

ca. 50 g geriebener Käse, am besten die Mischung für Kässpätzle S. 146 oder würziger Käse, z.B. Bergkäse

1 Ofen auf 230 °C Umluft (alternativ 250 °C Ober-/Unterhitze) vorheizen, Palatschinken aus dem Kühlschrank nehmen. Einen großen Topf mit Salzwasser zustellen.

2 Spinat sorgfältig putzen (dabei sehr grobe Stielenden und welke Blätter aussortieren), in stehendem Wasser (Abwasch oder große Schüssel) sehr gründlich waschen, ggf. wiederholen. Spinat ins kochende Salzwasser geben, je nach Blattgröße 2–3 Minuten blanchieren, der Spinat wird dabei dunkelgrün und weicher. Abseihen, nicht abschrecken (sonst kühlt der Spinat zu stark aus).

3 Für die Béchamel in einem kleinen Topf Butter aufschäumen, Mehl mit einem Spiralbesen einrühren, hell rösten. Nach und nach unter Rühren die Milch eingießen, glatt rühren, aufkochen, auf kleiner Flamme 2–3 Minuten köcheln lassen, bis die Sauce andickt. Mit Salz und Muskatnuss abschmecken. Vom Herd ziehen.

4 Zwiebel schälen, längs halbieren, auf einem großen Brett fein würfeln. Im Spinattopf oder in einer Pfanne Butter aufschäumen (wer mag, lässt sie leicht bräunen), Zwiebel darin glasig anschwitzen. Spinat gut ausdrücken, auf dem Brett gleichmäßig, aber nicht zu fein hacken, dazugeben, gut durchschwenken und falls sich noch Flüssigkeit am Topfboden sammelt, kurz verkochen lassen. Zur Seite ziehen.

5 Auflaufform dünn buttern (restliche Butter kommt obenauf). Palatschinken nebeneinander auf der Arbeitsfläche aufbreiten. 1 EL von der Käsemischung und ⅓ von der Béchamel mit dem Spinat vermischen. Spinat auf die Palatschinken aufteilen und mit dem Löffelrücken bis zum Rand verteilen. Palatschinken je nach Formgröße enger oder lockerer einrollen, nebeneinander in die Form schlichten. Restliche Béchamel gleichmäßig darauf verstreichen, restlichen Käse darüberstreuen, restliche Butter in Flöckchen darauf verteilen.

6 Im vorgeheizten Ofen auf mittlerer Schiene 10–12 Minuten überbacken, bis der Käse schön zu bräunen beginnt. Wenn Zeit ist, 5–10 Minuten in der Form überkühlen lassen, erst dann anrichten.

Kochsalat mit Erbsen

& Bröselknöderln

Eingebrannt und weich gekocht ist er ein Wiener Klassiker. Meine Version schaut anders aus und ist leicht und frisch. Und weil ich unbedingt meine heißgeliebten Bröselknöderl im Buch haben wollte, habe ich in ihnen den perfekten Begleiter zu diesem so eleganten, buttrig-saftigen Frühsommergericht gefunden.

Zutaten für 2 Portionen ⊕

ca. 250 g Kochsalat (Römersalat oder Salatherzen)
1 frische weiße Gemüsezwiebel oder 2–3 dicke Frühlingszwiebeln (ca. 100 g)
ca. 100 g Zuckerschoten
3–4 EL Butter
½ TL Staubzucker
2 EL trockener Wermut (Noilly Prat)
ca. 150 g TK-Erbsen, s. Tipps S. 108
gut ½ TL feines Salz
weißer Pfeffer aus der Mühle
1 Spritzer frisch gepresster Zitronensaft
1 TL Speisestärke
evtl. 1 Zweig französischer Estragon

für die Bröselknöderl (3–4 Portionen, 20 sehr kleine Knöderl)

50 g weiche Butter (oder streichfähige Butter mit kleinem Pflanzenölanteil, s. Tipps S. 36)
100 g Semmelbrösel S. 271
ca. 75 ml Milch
1–2 Zweige Petersilie
1 Ei (L)
feines Salz
Muskatnuss
schwarzer oder weißer Pfeffer aus der Mühle

evtl. Schnittlauchblüten

1 Für die **Knöderl** Butter in einen hohen Mixbecher wiegen. Brösel in einer kleinen Schüssel mit der Milch befeuchten (dabei nicht der Versuchung erliegen, mehr Milch zu verwenden). Petersilie waschen, trocken tupfen, Bätter von den Stängeln zupfen und sehr fein schneiden (soll ca. ½ EL ergeben). Butter und Ei mit den Quirlen des Handmixers rühren. Die Masse verbindet sich nicht gut, das ist normal. Befeuchtete Brösel einmixen, mit ¼ TL Salz würzen, großzügig muskatieren, zart pfeffern. Petersilie einrühren. Masse in den Kühlschrank stellen.

2 Für den **Kochsalat** Salat waschen, Blätter längs halbieren, in Streifen von ca. 2 cm Breite schneiden. Zwiebel schälen, längs halbieren, in 2–3 mm große Würfel oder Halbringerl schneiden, sie sind hier mehr Gemüse als Gewürz, sollen also nicht winzig oder besonders dünn sein. Zuckerschoten waschen, Enden abknipsen und die Schoten quer halbieren.

3 Einen weiten Topf mit Salzwasser für die Knöderl zustellen.

4 In einem weiteren weiten Topf (mit Deckel) 2 EL Butter aufschäumen, Zwiebel darin 2 Minuten glasig (ohne Farbe!) anschwitzen, Zucker einrühren, mit Wermut ablöschen, kurz einkochen lassen. Zuckerschoten, Erbsen (müssen nicht aufgetaut sein) und Salat dazugeben, kurz anschwitzen, ca. 100 ml Wasser eingießen, salzen. Sofort Deckel auflegen und 5–7 Minuten dünsten.

→

5 Aus der Knöderlmasse mit nassen Händen (Schale mit kaltem Wasser bereitstellen) ca. 20 kleine Knöderl formen. Im Salzwasser mit schräg aufgelegtem Deckel 5–7 Minuten leicht wallend mehr ziehen als kochen lassen.

6 Die Erbsen und Zuckerschoten sollen knapp gar sein, der Salat saftig-weich, die Rippe noch zarten Biss haben. Das kann je nach Struktur des Salates auch ein paar Minuten länger dauern. 1–2 EL Butter einschwenken, es soll reichlich fein emulgierten Saft geben, d.h. evtl. etwas Wasser ergänzen. Mit Salz, Pfeffer und Zitronensaft abschmecken. Stärke mit 1–2 TL kaltem Wasser glatt rühren, in den Kochsalat rühren und damit leicht binden. Ggf. Estragonblättchen einrühren.

7 Knöderl herausheben, auf Küchenpapier oder in einem Suppenteller mit umgedrehtem Unterteller darin (s. Tipps S. 154) kurz abtropfen und anziehen lassen.

8 Den sehr saftigen Kochsalat in tiefen Tellern anrichten, Knöderl darauf verteilen. Evtl. mit Schnittlauchblüten bestreuen. Wegen des köstlichen Safterls mit Löffel und Gabel essen.

Tipps: Das Verhältnis Salat zu Erbsen nach Verfügbarkeit und Gusto anpassen.

Wenn Sie keine Zuckerschoten bekommen, nehmen Sie mehr Erbsen.

Wenn Sie frische Erbsen bekommen: 150 g ausgelöste entsprechen ca. 500 g in den Schoten. Dauert natürlich ein bisschen länger, ist aber ein Hochgenuss, der nur ganz kurz Saison hat.

Die Knöderl gehören eigentlich in die Hendlsuppe, aber ich würde sie auch pur zum Frühstück essen, so sehr liebe ich sie. Sie halten im Kühlschrank ein paar Tage und schmecken wie jeder Knödel auch geröstet mit Ei S. 156.

Varianten: Statt Knöderln passen zum Kochsalat auch knusprig gebratener oder gedämpfter Fisch (z.B. Zander-, Forellen- oder Saiblingsfilet), gebratene Augsburger S. 191, gekochte Erdäpfel oder sehr gutes Weizen(sauerteig)brot, wenn es ganz schnell gehen soll.

Auch die Topfenknöderl (S. 228 ohne Butterbrösel) passen statt der Bröselknöderl gut zum Kochsalat.

Im Kochsalat schmeckt ein Hauch Zitronenabrieb oder feinst gehackte Salzzitrone (oder Salzzitronenpaste). Oder etwas Zitronenabrieb in der Bröselknöderlmasse.

Dillfisolen mit Heurigen

Geht mit TK-Fisolen und speckigen Erdäpfeln zwar das ganze Jahr über, schmeckt aber im Sommer mit bunten frischen Fisolen und kleinen Heurigen besonders gut.

Zutaten für 2 Portionen

ca. 300 g möglichst kleine, gleich große, schöne Heurige
feines Salz
ca. 300 g Fisolen (grüne, gelbe, violette oder gemischt)
30–40 g Zwiebel (bevorzugt weiße)
4–5 Zweige Dill
2 EL Butter
ca. 1 EL Weizenmehl (glatt) (ca. 10 g)
150–200 ml Fisolenkochwasser
80–100 g Sauerrahm
weißer Pfeffer aus der Mühle
½ Zitrone (Abrieb + Saft)

1 Heurige gründlich waschen, in einem kleinen Topf mit kräftig gesalzenem lauwarmem Wasser knapp bedecken, aufkochen, zugedeckt je nach Größe der Erdäpfel 5–10 Minuten gar kochen (eine schmale Küchenmesserspitze muss problemlos hineingleiten). Abgießen, mit Küchenpapier unter dem Deckel ausdampfen lassen.

2 In einem zweiten Topf Salzwasser für die Fisolen aufkochen.

3 Fisolen putzen, Stielansatz abschneiden oder -zwicken, ggf. fädeln (Fäden entlang der Schoten abziehen). Die Spitze kann dranbleiben, wenn die Fisolen wirklich frisch sind, soll aber abgeschnitten werden, wenn schon angetrocknet. Fisolen waschen.

4 Fisolen schräg in 3–4 cm lange Stücke schneiden. Fisolen im Salzwasser 8–10 Minuten gar kochen. Sie dürfen beim Daraufbeißen nicht mehr „quietschen". In einem Durchschlag abseihen, dabei 150–200 ml Kochwasser auffangen (oder kurz zuvor abschöpfen).

5 Während die Fisolen kochen, Zwiebel schälen und sehr fein würfeln. Dill waschen, abtupfen, die Büschelchen abzupfen, ein paar wenige zur Seite legen und den Rest fein hacken.

6 In einem Topf oder einer Sauteuse Butter aufschäumen, Zwiebel darin hell anschwitzen. Mehl einstreuen, unter Rühren goldgelb rösten, nach und nach mit ca. 150 ml aufgefangenem Kochwasser aufgießen und gründlich rühren. Sauerrahm glatt rühren, in die heiße Sauce einrühren, gehackten Dill dazugeben, mit Salz, Pfeffer und mind. 1–2 TL Zitronensaft pikant abschmecken.

7 Abgetropfte Fisolen einrühren, aufkochen. Die Konsistenz soll sämig, aber nicht zu dick sein. Evtl. mit etwas Kochwasser verdünnen oder, falls zu dünnflüssig, kurz offen einkochen lassen. Nochmals abschmecken.

8 Dillfisolen anrichten, mit restlichem Dill bestreuen, mit Heurigen servieren.

Tipps: Breite (flache) Fisolen in Rauten schneiden.

Heurige mit sehr zarter Haut müssen nicht geschält werden.

Variante: Gebratene Augsburger S. 191 oder gebratener Leberkäse passen auch dazu.

Letscho

Mochte ich nie, bis ich Meinrad Neunkirchners Version des pannonischen Klassikers (in unserem Kochbuch „Österreich vegetarisch") kennenlernte. Üblicherweise wird dazu Tarhonya, eine ungarische Eierteigware, gegessen, aber die dauert länger in der Zubereitung. Daher essen wir das so einfache und so gute Letscho – ein Hochsommer- bis Herbstgericht – am liebsten mit frischem Weißbrot oder Polenta.

Zutaten für 2 Portionen

ca. 500 g Paprika (rot, orange, gelb, dick oder dünn, spitz oder eckig, evtl. auch 1 hellgrüner Spitzpaprika)
1–2 Zwiebeln (ca. 150 g, gern weiß oder rot)
1 frische Knoblauchzehe
2 EL mildes Pflanzenöl (Sonnenblume oder Rapskern)
½ TL feines Salz
3 kleine Rosmarinzweige
3 Thymianzweige
¼ TL Staubzucker
schwarzer Pfeffer aus der Mühle
ca. 200 ml Polpa oder Passata (stückige oder passierte Paradeiser, am besten hausgemacht)

Weißbrot, Salzstangerl oder Polenta, s. Tipps

1 Paprika waschen, längs halbieren, Strunk samt Stiel ausbrechen oder ausschneiden, Scheidewände und Kerne entfernen. Paprika in grobe Stücke (3–4 cm) schneiden. Zwiebel schälen, längs halbieren, je nach Größe im Abstand von gut 1 cm einschneiden und in Stücke schneiden (Zwiebel ist hier mehr Gemüse als Gewürz). Knoblauchzehe schälen und in sehr dünne Scheibchen schneiden.

2 In einem Topf Öl erhitzen, Zwiebel und Paprika darin 4–5 Minuten hell anschwitzen, gleich zu Beginn salzen. Knoblauch, Kräuterzweige, Zucker und Pfeffer dazugeben. Polpa oder Passata einrühren.

3 Zudecken, ca. 15 Minuten schmoren, bis Paprika und Zwiebel wirklich weich sind, aber noch nicht ganz in die Knie gehen. Abschmecken und am besten 5–10 Minuten überkühlen lassen. Mit Weißbrot, Salzstangerl oder Polenta servieren.

Tipps: Wer Letscho kalt mag, was ähnlich einer italienischen Peperonata hervorragend schmeckt, gibt 1 Spritzer Zitronensaft oder weißen Balsamico dazu.

Für **cremige Polenta** (für ca. 3 Portionen, weniger ist nicht sinnvoll, weil sie sonst anzubrennen droht) 300 g Milch mit 300 g Wasser und ¾ TL Salz, am besten in einem beschichteten Topf, aufkochen, 100 g Polenta (keine Instant-/Minutenpolenta!) einrieseln lassen, mit dem Gummihund gründlich rühren, 1 (möglichst frisches) eingerissenes Lorbeerblatt dazugeben, aufkochen und auf kleinster Flamme 15–20 Minuten garen lassen, bis sie die gewünschte Konsistenz und den herrlichen üppigen Geschmack des gut gekochten Mais hat. Lorbeerblatt entfernen, 2 EL Butter einrühren. Entweder pur cremig essen (man kann auch fein gehackte Kräuter oder geriebenen Käse oder Frischkäse einrühren). Oder auf ein geöltes oder gebuttertes kleines Blech oder in eine kleine flache Form ca. fingerdick oder dicker streichen, auskühlen lassen. Komplett erkaltet in Stücke schneiden und diese je nach Verwendung in Öl oder Butter behutsam knusprig-braun braten.

Reis oder Risibisi S. 184 passt sehr gut zu Letscho.

Gebratenes Lamm passt gut dazu (und zur Polenta).

Gut zu wissen: Grüne und violette Paprika sind im Gegensatz zu gelben, orangen und roten immer unreif. Ich mag sie – außer einem manchmal hineingeschmuggelten hellgrünen Spitzpaprika – nicht.

Kürbiscremesuppe

Ein steirischer Klassiker, der je nach Würzung sehr wandlungsfähig ist. Hier eine klassisch-harmonische Version, sozusagen das Basecamp für weitere Expeditionen.

Zutaten für 2 Portionen

ca. 500 g Kürbis (z.B. Butternuss, Hokkaido oder Langer von Neapel, je nach Art wird die Suppe glatter oder dicklicher, heller oder oranger)

1 kleine Zwiebel oder 2 Schalotten (insg. ca. 50 g)

1 kleine Stange (ca. 50 g) Stangensellerie

1 Knoblauchzehe

30–40 g Butter

ca. 1,5 TL feines Salz

ca. 100 ml trockener, frischer Weißwein (kann, aber muss nicht aus der Steiermark sein)

ca. 500 ml kochendes Wasser

5 Stängel Petersilie ohne Blätter

ca. 100 ml Obers (flüssig oder geschlagen)

Chilipulver

1 Spritzer frisch gepresster Zitronensaft oder Verjus oder weißer Balsamico (Condimento bianco)

2 EL Kürbiskerne

Kürbiskernöl

Tipp: Die Suppe lässt sich problemlos in größerer Menge zubereiten (mehr Schneidarbeitet bedeutet nur etwas längere Zubereitungszeit) und hält ein paar Tage im Kühlschrank.

Varianten: Für eine noch fruchtigere Suppe einen gewürfelten säuerlichen Apfel (ohne Stiel und Kerngehäuse) mitkochen.

Würzen kann man auch mit z.B.: Ingwer, Curry, Kümmel, Muskatnuss, weißem Pfeffer, Limettenabrieb und -saft oder trockenem Wermut statt Weißwein.

Für **Karottencremesuppe** statt Kürbis Karotten, für **Maiscremesuppe** frischen Zuckermais verwenden.

1 Kürbis schälen (ich schäle auch Hokkaido, den man eigentlich nicht schälen müsste, weil dann die Garzeit kürzer ist), Kerne mit einem Löffel entfernen, Kürbis klein würfeln (muss nicht gleichmäßig sein), es sollten 350–400 g Kürbisfruchtfleisch sein. Zwiebel schälen, längs halbieren, fein würfeln. Knoblauch schälen und fein hacken. Sellerie waschen, putzen und fein würfeln.

2 In einem hohen Topf Butter aufschäumen, Kürbis, Sellerie, Zwiebel und Knoblauch 3–4 Minuten hell anschwitzen, gleich zu Beginn etwas salzen. Mit Weißwein ablöschen, fast komplett einreduzieren lassen. Mit dem kochenden Wasser auffüllen, Petersilienstängel und weiteres Salz dazugeben, aufkochen lassen.

3 Kürbis 10–12 Minuten weich kochen (er muss sich zwischen den Fingern zerdrücken lassen).

4 Währenddessen Kürbiskerne in einer Pfanne ohne Fett bei mittlerer bis hoher Hitze unter häufigem Rütteln rösten, bis sie zu knacken und sich leicht aufzublähen beginnen. Nicht zu braun rösten, sonst werden sie bitter. Salzen und aus der Pfanne geben, weil sie sonst verbrennen.

5 Petersilienstängel herausfischen, Suppe mit dem Stabmixer glatt mixen, durch ein Sieb in eine Schüssel passieren, zurück in den bei Bedarf kurz ausgeschwemmten Kochtopf leeren. Aufkochen, Obers dazugeben, mit Chili, Salz und 1 kleinen Spritzer Säure abschmecken.

6 Kürbiscremesuppe anrichten, mit Kernöl beträufeln, mit gerösteten Kürbiskernen bestreuen.

Gemüsesuppe

Ein sehr bescheidenes Gericht, das uns aber immer wieder mit seinem feinen Duft und Geschmack und der wohligen Wärme, die es in Bauch und Gemüt verbreitet, überrascht. Von unserer Freundin Elisabeth stammt die Idee, Käsebrote dazu zu essen, die wir anfangs lustig fanden, mittlerweile aber längst implementiert haben. Damit wird aus der nur leicht und hell eingemachten, sehr gemüsereichen Suppe eine vollwertige, sättigende Mahlzeit.

Zutaten für 4 Portionen

1 Zwiebel (ca. 100 g)
1 EL mildes Pflanzenöl
1,5 l kochendes Wasser
feines Salz
1 Lorbeerblatt (möglichst frisch)
5 Stängel Petersilie ohne Blätter
evtl. 1 kleiner Liebstöckelzweig
1 TL getrockneter Majoran
200 g mehlige Erdäpfel
300 g Karotten und gelbe Rüben
100 g Lauch
100 g Stangensellerie
100 g Fenchel
100 g Erbsen (TK)

für die Einbrenn

1,5 EL mildes Pflanzenöl
1,5 EL Weizenmehl (glatt) (ca. 15 g)

evtl. Petersilie, Fenchelgrün oder Dill
½–1 TL weißer Balsamico oder 1 Spritzer frisch gepresster Zitronensaft
schwarzer Pfeffer aus der Mühle

1 Zwiebel schälen, längs halbieren, klein würfeln.

2 In einem großen Topf Öl erhitzen, Zwiebel darin unter öfterem Rühren hell anschwitzen. Mit 1,5 l kochendem Wasser aufgießen, 1 gestrichenen EL Salz, eingerissenes Lorbeerblatt, gewaschene Petersilie und evtl. Liebstöckel dazugeben, Majoran mit den Handflächen dazurebeln, aufkochen.

3 Währenddessen Erdäpfel waschen, schälen, in ca. 1 cm große Stücke schneiden. In den Topf geben. Karotten und gelbe Rüben schälen, je nach Dicke ganz lassen, längs halbieren oder vierteln, in 1 cm große Stücke schneiden. Dazugeben. Erdäpfel und Karotten sollten mind. 10 Minuten kochen.

4 Währenddessen Lauch, Stangensellerie und Fenchel waschen, putzen und in gut 1 cm große Stücke schneiden. Nach den 10 Minuten Kochzeit dazugeben, weitere 10 Minuten kochen. Dann Erbsen zur Suppe geben, 5 Minuten weiter kochen. Kräuterzweige und Lorbeer herausfischen.

5 Für die Einbrenn Öl in einem Reinderl erhitzen, Mehl bei mittlerer bis hoher Hitze unter häufigem Rühren mit einem Spiralbesen je nach Wunsch goldgelb bis braun rösten. Mit einem Schöpfer wenig Suppe ohne Gemüse dazugeben, sofort gründlich klümpchenfrei verrühren, einen weiteren Schöpfer Suppe ohne Gemüse einrühren. Dann die schon verdünnte Einbrenn in die Suppe rühren, aufkochen und ein paar Minuten kochen lassen.

6 Evtl. Kräuter waschen, trocken tupfen und abzupfen. Suppe mit Salz und Säure abschmecken. Anrichten, mit Kräutern und Pfeffer bestreuen.

Tipps: Dazu passt Käsebrot in allen Spielarten, am besten mit Holzofenbrot, guter Butter und aromatischem, aber nicht zu trockenem Schnitt- oder Hartkäse oder Weichkäse.

Die Suppe hält ausgekühlt im Kühlschrank mind. 4–5 Tage.

Varianten: Die Gemüse können nach Vorrat und Saison kombiniert werden. Neben den genannten passen z.B. auch: Petersilienwurzel, Pastinake, Zeller, Kohlrabi, Fisolen, Karfiol, Brokkoli, Spargel, kleiner Pakchoi. Ich finde es wichtig, dass auf jeden Fall Erdäpfel, Karotten/gelbe Rüben, ein Zwiebelgewächs und Stangensellerie drin sind, das gibt einen harmonischen Grundgeschmack und durch die Erdäpfel auch Textur.

Erdäpfel mit Butter & Käse

Gab's in meiner Kindheit oft und liebe ich noch immer: richtig gute speckige Erdäpfel, unbedingt in der Schale gekocht, dampfend heiß in einer Schüssel auf dem Tisch. Dazu beste Butter, ein kleines Häufchen Salz am Teller und jener Käse, der gerade da ist. In Oberösterreich sagt man zum Kräutertopfen auch Topfenkas, bei uns gehört auch dieser „Käse" dazu.
Ich mag am liebsten die Bissen „mit allem": heißer Erdapfel, ein bisschen kalte Butter, ein paar Salzkristalle, ein Stück reifer, aromatischer Käse und ein Tupfen cremig-kräuteriger Topfen. Was für eine Freude!

Zutaten für 2 Portionen

ca. 600 g (8–10 Stück) ähnlich große, speckige Erdäpfel
feines Salz
beste frische Butter (Süßrahm oder Sauerrahm)
Salzflocken

Käse (am besten 1 mild-aromatischer, nicht zu fester Schnittkäse, 1 reifer, nicht zu trockener Hartkäse und 1 Weichkäse)
evtl. Kräutertopfen (s. unten)

Tipps: **Kräutertopfen** ist bei uns immer Freestyle nach Kühlschrankinhalt: Topfen oder Frischkäse, ein bisserl Sauerrahm oder Crème fraîche für die Cremigkeit, ggf. 1 Schuss Öl (am allerliebsten frisches, feinstes Leinöl). Als Gewürze gemahlener Kümmel, Estragonsenf, Salz und ein paar Tropfen Zitronensaft, Pfeffer oder Chili für ein bisschen Schärfe, 1 Prise Schabzigerklee, wenn vorhanden. Frische Kräuter nach Verfügbarkeit und Saison: sehr gern Schnittlauch und Estragon, wenig Liebstöckel, auch Petersilie, Dill, Kerbel, Basilikum oder ein paar Blättchen würzige Nudelminze (jedoch niemals Pfefferminze) passen. Die Kräuter waschen, trocken tupfen oder schleudern, abzupfen und gleichmäßig fein hacken. Alles gründlich verrühren und – wegen der anderen Käse und des Salzes – mild abschmecken.

Der Kräutertopfen hält im Kühlschrank 3–4 Tage und schmeckt auch super auf Butterbrot.

Wir kochen immer deutlich mehr Erdäpfel, als wir gleich essen. Sie eignen sich morgen oder übermorgen z.B. für Erdäpfelkas S. 40, Spinat mit gerösteten Erdäpfeln S. 103, Einbrennte Erdäpfel S. 120, Grenadiermarsch 159 oder Erdäpfelteig S. 162.

1 Käse aus dem Kühlschrank/dem Einwickelpapier nehmen und auf einen Teller, eine Platte oder ein Brett geben, damit er temperieren kann.

2 Erdäpfel gründlich waschen, in einem Topf mit lauwarmem Salzwasser bedeckt zustellen, zudecken, zum Kochen bringen und je nach Größe 20–25 Minuten weich garen (eine schmale Küchenmesserspitze muss problemlos bis in die Mitte der Knolle gleiten). Abgießen, ein Stück Küchenpapier unter den Deckel klemmen und Erdäpfel so ausdampfen lassen.

3 Während die Erdäpfel kochen, evtl. Kräutertopfen zubereiten.

4 Butter, Salz, Käse, evtl. Topfen, Erdäpfeltopf und kleine Messer zum Schälen sowie leere Teller für die Erdäpfelschalen bereitstellen.

5 Jede/r schält sich die begehrten Exemplare selbst bei Tisch (nur so bleiben sie bis zum Essen brennheiß) und kombiniert nach Lust und Laune. Der erste Bissen ist immer: heißer Erdapfel, kalte Butter, knuspriges Salz.

Einbrennte Erdäpfel

Kannte ich nur vom Hörensagen. Mein Mann erzählte mir Geschichten dazu von seinem Opa und bestand darauf, es zumindest auf einen Versuch ankommen zu lassen. Ich fürchtete mich ein bisserl vor dem Gatsch. Aber seine Hartnäckigkeit hat sich ausgezahlt. Einbrennte Erdäpfel wie diese schmecken wahnsinnig gut, erinnern irgendwie an warmen Mayonnaisesalat, nur viel weniger üppig. Soulfood vom Feinsten, auf Wienerische Art eben, und das auch noch unschlagbar schnell gemacht. Die Knackwurst, die der Schwiegeropa dazu aß, muss ich gar nicht haben.

Zutaten für 2 Portionen

gut 400 g gekochte speckige Erdäpfel vom Vortag
ca. 40 g Zwiebel
60 g Essiggurkerl
2 EL Pflanzenöl
1,5 EL Weizenmehl (glatt) (ca. 15 g)
400 ml Wasser
1 (möglichst frisches) Lorbeerblatt
2–3 Stängel Petersilie ohne Blätter
2 Zweige Thymian
feines Salz
2 EL Gurkerlwasser
1 Prise Muskatnuss
1 Msp. Kümmelpulver
weißer Pfeffer aus der Mühle
2 EL Sauerrahm
evtl. frischer Majoran (oder Dill oder Petersilie)

1 Erdäpfel schälen, in 3–4 mm dicke Scheiben schneiden. Zwiebel schälen und fein würfeln. Gurkerl längs vierteln und in 2 mm dicke Scheibchen schneiden.

2 In einem Topf Öl erhitzen, Mehl einstreuen, unter ständigem Rühren zur Einbrenn rösten (darf braun sein, beige ist zu hell). Zwiebel dazugeben und 1 Minute mitrösten. Dann rasch, aber nicht auf einmal das Wasser angießen, sondern nach und nach. Dabei ständig gut rühren, so klumpt das Mehl nicht. Eingerissenes Lorbeerblatt, Petersilienstängel und Thymianzweiglein dazugeben, außerdem 1 schwachen TL Salz und 2 EL Gurkerlwasser. Aufkochen, 5–7 Minuten köcheln lassen. Kräuter herausfischen, mit frisch geriebener Muskatnuss, Kümmel und weißem Pfeffer würzen. Die Sauce darf leicht salzig schmecken, die Erdäpfel sind ja noch ungesalzen. Achtung mit der Säure, durch die Gurkerl kommt noch Säure dazu.

3 Erdäpfel und Gurkerl dazugeben, behutsam mit einem Gummihund (oder Holzspatel) umrühren. Aufkochen und auf die gewünschte Konsistenz kochen (das ist entweder gleich der Fall oder dauert noch ein paar Minuten, hängt von den Erdäpfeln ab). Ich mag die einbrennten Erdäpfel cremig-saucig, wie richtig guten Mayonnaisesalat von der Konsistenz. Sauerrahm einrühren, noch einmal mit Salz, Pfeffer und Gurkerlwasser abschmecken. In tiefen Tellern anrichten und evtl. mit frischen Kräutern bestreuen.

Tipp: Klassisch gibt's dazu eine Scheibe Schwarzbrot und wer mag noch mehr Gurkerl.

Varianten: Zum Schluss kleine Essigkapern ergänzen.

Mit fein gehacktem Dill oder Petersilie abrunden.

Folgende Empfehlung meiner Schwiegermama haben wir tatsächlich ausprobiert und für gut befunden: Einbrennte Erdäpfel aus übrig gebliebenem Erdäpfelsalat S. 186 machen. Den Salat wiegen. Wenn er z.B. 400 g wiegt, Einbrenn aus 1 EL Öl, 1 EL Mehl und 200 ml Wasser zubereiten, d.h. die halbe Menge Einbrenn im Verhältnis zum Salat. Zwiebel und Gurkerlwasser weglassen, weniger Salz verwenden und erst zum Schluss nach Bedarf nachwürzen.

Einbrennte Erdäpfel passen auch zu gebratenen Augsburgern S. 191, Leberkäse, dicken Bratwürsten mit feinem Brät oder Fleischlaberln S. 186.

Leinölerdäpfel

Ganz einfaches Gericht aus dem Mühlviertel, das traditionell auf verschiedene Arten zubereitet wird, die eines gemeinsam haben: so frisch wie möglich gepresstes Leinöl obenüber. Schmeckt nussig, mild und wohltuend.

Zutaten für 1 Portion

400 g Erdäpfel (am besten vorwiegend festkochend oder speckig)
feines Salz
ca. 100 ml Milch
Muskatnuss
Kümmelpulver
1–2 EL frisches Leinöl
Salzflocken
Leinsamen (ganz oder geschrotet)

1 Erdäpfel waschen, schälen, in ca. 2 cm große Stücke schneiden. In einem kleinen Topf mit Wasser bedecken, salzen, aufkochen und je nach Sorte und Größe 5–10 Minuten fast ganz weich kochen. Abgießen.

2 Milch, Muskatnuss und Kümmel dazugeben, aufkochen, vorsichtig mit dem Gummihund umrühren. Auf Salz kosten und nach gewünschter Konsistenz (suppiger, cremiger, stückiger, fetter, leichter) kurz einkochen lassen. Schaut wie Würfel aus, fühlt sich aber im Mund an wie Püree.

3 Anrichten, nicht zu sparsam mit Leinöl beträufeln, mit Salzflocken und Leinsamen bestreuen.

Tipps: Man kann zu den Erdäpfeln auch ein wenig Obers geben, aber ich mag es in diesem Fall lieber, wenn nur das Leinöl für die fette Komponente sorgt.

Dazu passt Grüner Salat mit Hollerblütendressing S. 59. Und/oder an Festtagen auch Faschierte Laibchen S. 186 oder gebratener Fisch wie Saibling oder Forelle.

Gut zu wissen: Leinöl wird von allen Pflanzenölen am schnellsten ranzig, ist aber auch extrem wertvoll. Daher nur von vertrauenswürdigen Quellen und in kleinsten Mengen kaufen. Gut verschlossen im Kühlschrank aufbewahren und innerhalb weniger Wochen aufbrauchen. Nicht erhitzen. Schmeckt auch hervorragend in Kräutertopfen S. 118 (Tipps) oder Früchtetopfen.

Gebackene Schwammerl & Zeller mit Sauce Trara

Ja, in Fett ausbacken ist ein bissl ein Zirkus, von der Panierstraße (das heißt tatsächlich so) bis zur großen Menge Frittieröl und olfaktorischer Erinnerung an das Festessen am nächsten Tag – aber es schmeckt halt so gut! Für eine Person zahlt sich's eh nicht aus, und zu zweit schafft man's tatsächlich in einer halben Stunde.

Zutaten für 2 Portionen ⊕

1 Zeller (400–500 g)
feines Salz
1 Zitrone
ca. 250 g Zuchtpilze (Champignons egal welcher Farbe und/oder Austernseitlinge)
schwarzer Pfeffer aus der Mühle
ein paar EL Weizenmehl (universal oder griffig)
2 Eier (Größe egal)
evtl. 1 Schuss Milch
mind. 150 g Semmelbrösel S. 271
750 ml – 1 l hoch erhitzbares Pflanzenöl (oder 100–150 g davon Butterschmalz S. 268) zum Ausbacken, s. Infos S. 18

für die Sauce Trara

15 g milde Zwiebel oder Schalotte
40 g Essiggurkerl
1 EL Kapern in Lake
2–3 Zweige Petersilie
100 g Sauerrahm
30 g Mayonnaise S. 269 oder gute gekaufte
1 EL Gurkerlwasser
1 TL frisch gepresster Zitronensaft
feines Salz
schwarzer Pfeffer aus der Mühle

knackige Blattsalate (z.B. Römersalat oder Grazer Krauthäuptel) mit Estragondressing S. 59

1 Für den Zeller einen kleinen Topf mit Salzwasser zustellen, 1–2 EL Zitronensaft dazugeben. Zeller mit einem Sparschäler oder scharfen kleinen Messer gründlich schälen, in 1–1,5 cm dicke Scheiben schneiden. Große Scheiben evtl. halbieren. Zellerscheiben ins kochende Salzwasser legen und 10–12 Minuten köcheln lassen, bis ein Messer leicht hineingleitet. Zeller herausheben, auf einem Teller mit Küchenpapier abtropfen und abkühlen lassen.

2 Währenddessen für die **Sauce Trara** Zwiebel oder Schalotte feinst würfeln, Gurkerl und abgetropfte Kapern ebenso, Petersilie waschen, trocken tupfen und samt zarter Stängel fein hacken. Sauerrahm mit Mayonnaise, Gurkerlwasser, Zitronensaft, Salz und Pfeffer verrühren, Zwiebel, Gurkerl, Kapern und Petersilie einrühren, säuerlich-pikant abschmecken.

3 Ofen auf ca. 80 °C Ober-/Unterhitze vorheizen.

4 Salat waschen und trocken schleudern, Dressing zubereiten, Salat jedoch noch nicht marinieren.

5 Pilze putzen, Zuchtpilze müssen normalerweise nicht gewaschen werden. Große Exemplare halbieren oder vierteln oder in 1–2 cm dicke Scheiben schneiden, in einer Schüssel oder einem Suppenteller mit 1 Spritzer Zitronensaft, Salz und Pfeffer vermischen.

→

6 Panierstraße herrichten: eine höhere Schüssel mit Mehl, eine flachere mit Ei (mit einer Gabel gründlich verquirlen, 1 gute Prise Salz und je nach Konsistenz 1 kleinen Schuss Milch dazugeben), eine höhere mit Bröseln. Außerdem einen großen Teller oder eine Platte für fertig Paniertes.

7 Öl in einem nicht zu großen Topf oder einer hohen Stielkasserolle auf 160–170 °C erhitzen (Thermometer verwenden).

8 Pilze portionsweise ins Mehl geben, durch Schwenken und Schupfen gründliche mehlieren. Mit einer grobzinkigen Gabel ins Ei geben, sorgfältig wenden, auf der Gabel gut abtropfen lassen, in die Brösel geben. Rundum durch Schwenken der Schüssel bebröseln, ggf. ein wenig andrücken. Mit den Händen herausheben, dabei lose Brösel behutsam abschütteln, Paniertes auf Teller/Platte legen. Mit den vorgegarten Zellerscheiben ebenso verfahren.

9 Je nach Topfgröße in 2–3 Durchgängen ausbacken: Paniertes vorsichtig ins heiße Öl legen, es muss schwimmen. Immer wieder wenden, insgesamt ca. 4 Minuten braun (aber nicht zu dunkel) backen. Die Temperatur stets auf 160–170 °C halten.

10 Gebackenes mit einem Schaumlöffel aus dem Öl heben, gut abtropfen lassen, auf einem Teller mit mehreren Lagen Küchenpapier weiter abtropfen lassen. Dann – am besten auf einem Gitter – im Ofen warm halten, bis alles fertig gebacken ist.

11 Salat marinieren, restliche Zitrone in kleine Spalten schneiden. Gebackenes auf einer Platte anrichten, mit Salzflocken bestreuen, mit Sauce Trara, Salat und Zitrone servieren.

Tipps: Wichtige Infos zum Ausbacken/Frittieren (welches Fett/Öl, wie viel, Temperatur, Thermometer, wohin mit dem Frittierfett?) stehen auf S. 18.

Ich finde Kräuterseitlinge und Shiitake für diese Zubereitungsart nicht geeignet, weil zu fest/trocken. Wenn aber Steinpilzsaison ist: Die eignen sich perfekt. Ebenso Parasole, die sowieso nur gebacken gegessen werden.

Die Schüsseln von der Panierstraße zum Reinigen in kaltem Wasser einweichen, dann löst sich die Stärke viel leichter.

Vor allem der gebackene Zeller schmeckt auch am nächsten Tag samt Trara und ein paar Salatblättern hervorragend in einem hellen, flaumigen Weckerl als Sandwich.

Sauce Trara heißt natürlich Sauce tartare, ist aber eine so fest in der Alpenrepublik verankerte Saucengröße, dass ihr Spitzname ruhig auch mal als Titel in einem Kochbuch stehen darf.

Varianten: Zum Panieren eignen sich auch Kürbis (eher die glattfleischigeren Sorten, z.B. Butternuss oder Muskatkürbis, dünner schneiden und nicht vorgaren), Kohlrabi (wie Zeller behandeln) oder dicke Spargelstangen (nur kurz blanchieren).

Schwammerlsauce

mit Semmelknödeln

Am liebsten esse ich Eierschwammerl, wenn mein Mann sie selbst gesammelt hat (ich sehe sie nicht, selbst wenn ich direkt davorstehe). Das Rezept für die Schwammerlsauce ist fast genau jenes von Ewald Plachutta und Christoph Wagner, weil es daran nichts zu verbessern gibt.

Zutaten für 3-4 Portionen ⊕

ca. 500 g Eierschwammerl (am besten kleine, feste)
1 kleine Zwiebel (ca. 50 g)
30 g Butter
feines Salz
weißer Pfeffer aus der Mühle
Kümmelpulver
150 g Obers
100 g Sauerrahm
1 leicht gehäufter TL Weizenmehl (glatt) (ca. 5 g)
4–5 Zweige Petersilie
½ Zitrone

1 Rezeptmenge Semmelknödel S. 152

1 Knödel zubereiten (S. 152 Schritte 1–4).

2 Während die Masse rastet, Schwammerl verlesen und mit einem kleinen Messer putzen (unteres Ende knapp abschneiden, evtl. braune Stellen und Schmutz ausschneiden/abschaben), in einem Durchschlag kurz unter kaltem Wasser abbrausen (das beeinträchtigt weder Geschmack noch Konsistenz der späteren Speise).

3 Zwiebel schälen, längs halbieren, fein würfeln.

4 Für die Knödel Wasser zustellen (S. 152 Schritt 5).

5 In einer Stielkasserolle oder einem nicht zu großen Topf Butter aufschäumen, Zwiebel darin 1–2 Minuten glasig anschwitzen (auf keinen Fall bräunen). Schwammerl dazugeben, umrühren, mit mind. ½ TL Salz, Pfeffer und Kümmel würzen, zugedeckt ca. 10 Minuten dünsten lassen.

6 Knödel weiter zubereiten (S. 152 Schritte 6–8).

7 Schwammerl-Flüssigkeit nicht abgießen! Obers dazugeben, kurz offen einkochen.

8 Sauerrahm mit Mehl glatt rühren. 1 Löffel heiße Sauce einrühren, dann das Sauerrahmgmachtl in die Schwammerl rühren. Aufkochen, 2–3 Minuten köcheln lassen. Petersilie waschen, trocken tupfen, Blätter inkl. zarter Stängel abzupfen und fein hacken. In die Schwammerl rühren, mit Salz und mind. 1 TL Zitronensaft pikant abschmecken. Falls die Sauce zu dick wird, mit 1 Schuss Obers oder Wasser verdünnen, nochmal aufkochen und abschmecken.

9 Knödel mit einem Schaumlöffel oder Siebschöpfer aus dem Wasser heben, gut abtropfen lassen (s. Tipps S. 154), mit Schwammerlsauce servieren.

Tipp: Die Konsistenz der Schwammerlsauce ist Geschmackssache. Ein Teil geschlagenes Obers macht sie besonders mollig.

Varianten: Steinpilze oder Champignons statt Eierschwammerl verwenden.

Schwammerlsauce mit Bandnudeln statt mit Knödeln servieren.

Gebratene Steinpilze

Purer Luxus: schöne, kleine, feste, frische, wurmstichfreie Steinpilze. Die brauchen außer einer kleinen Wärmebehandlung genau gar nix. Doch: ungeteilte Aufmerksamkeit am Herd und bei Tisch.

Zutaten für 1 Portion

ca. 300 g kleine, feste Steinpilze
evtl. paar Tropfen frisch gepresster Zitronensaft
feines Salz
1 EL Butter
1 EL Pflanzenöl
2 Zweige Petersilie
Salzflocken

frisches Schwarzbrot (Roggensauerteigbrot aus dem Holzofen ist ideal)

1 Pilze putzen: Mit einem kleinen Messer evtl. Verschmutzungen vom Stiel schaben/schneiden, Stielende ganz knapp abschneiden, Pilze längs in ca. 0,5 cm dicke Scheiben schneiden, nach Geschmack evtl. mit wenigen Tropfen Zitronensaft beträufeln und in jedem Fall beidseitig leicht salzen.

2 In einer großen Pfanne (am besten gut eingebranntes Gusseisen) Butter und Öl erhitzen. Pilze nebeneinander einlegen. Bei hoher Hitze ca. 3 Minuten goldbraun braten, wenden, auf der zweiten Seite ebenso 2–3 Minuten goldbraun braten. Mit restlichen Pilzen wiederholen, falls die Pfanne nicht groß genug war.

3 Währenddessen Petersilie waschen, trocken tupfen, Blättchen inkl. zarter Stängel abzupfen und nicht zu fein schneiden, zum Schluss zu den Pilzen in die Pfanne geben und kurz mitbraten.

4 Steinpilze mit dem Bratfett anrichten, nach Geschmack Salzflocken darüberstreuen, mit Brot servieren.

Tipps: Wer nicht selbst Schwammerl suchen geht, sollte beim Einkauf nur halbierte Steinpilze kaufen. So sieht man, ob sie wurmfrei sind. Es gibt sie vom Frühsommer weg bis in den Herbst, wenn Temperatur und Niederschlag passen, am besten frühmorgens auf Märkten.

Pilze vor oder nach dem Braten pfeffern.

Blattsalat mit Estragondressing S. 59 passt gut dazu.

Varianten: Für **Schwammerlgröstl** milde Zwiebel mitrösten und evtl. zum Schluss verquirltes Ei darüberschlagen und gerade stocken lassen.

Eierschwammerl statt Steinpilzen verwenden.

IV. Teigwaren & salzige Mehlspeisen

Hascheehörnchen

Das ist gefährliches Terrain. Denn bis zur Arbeit an diesem Buch kannte ich Hascheehörnchen nur vom Hörensagen und fand sie von der Beschreibung her eher fad. Außerdem meint Haschee in Oberösterreich, woher ich stamme, etwas anderes als in Wien: eine Mischung aus schon zubereitetem Fleisch, meist vom Schwein (Geselchtes, Bratl, Würste). In Ostösterreich nimmt man eher frisch Faschiertes, oft nur vom Rind. Weil aber a) nicht in jeder Küche ein Fleischwolf vorhanden und b) seine Verwendung (und Reinigung) garantiert keine flotte Angelegenheit ist, habe ich beschlossen, meine Hascheehörnchen mit gekauftem Faschierten zuzubereiten, sie aber so zu würzen, wie (oberösterreichische) Hascheeknödel schmecken würden. Völkerverständigung auf die schnelle Tour.

Zutaten
für das Haschee (3–4 Portionen)

1 kleine Zwiebel (ca. 50 g)
1 Knoblauchzehe
ca. 50 g Bauchspeck (luftgetrocknet), im Ganzen oder in Scheiben, oder Selchspeck
feines Salz
1 EL mildes Pflanzenöl (Sonnenblume oder Rapskern)
1 EL Schweineschmalz (oder 1 weiterer EL Öl)
300–400 g gemischtes Faschiertes aus Schweine- und Rindfleisch, s. Tipps
½ TL Kümmelpulver
½ TL getrockneter Majoran
1–2 EL trockener Wermut (Noilly Prat)
einige Zweige Petersilie
schwarzer Pfeffer aus der Mühle

pro Portion

100 g Hörnchen
feines Salz

Chinakohlsalat oder Zuckerhut mit Gurkerldressing S. 59 (oder anderer knackig-kräftiger Blattsalat)

1 Zwiebel und Knoblauch schälen. Zwiebel längs halbieren, fein würfeln. Knoblauch fein hacken. Speck fein würfeln.

2 In einem Topf Salzwasser für die Nudeln zum Kochen bringen.

3 In einer weiten Pfanne (am besten Gusseisen) Öl und Schmalz auf mittlerer bis hoher Flamme erhitzen. Speck kurz auslassen, Zwiebel dazugeben und glasig anschwitzen, Fleisch und Knoblauch dazugeben und bei hoher Hitze unter öfterem Rühren wenige Minuten anbraten, bis das Fleisch rundum graubraun ist. Kümmel und zwischen den Handflächen gerebelten Majoran dazugeben. Mit Wermut ablöschen, mit ca. 125 ml Wasser aufgießen. Umrühren, leicht salzen und pfeffern, aufkochen und zugedeckt bei kleiner Flamme schmoren lassen, während die Nudeln kochen.

4 Nudeln im kochenden Salzwasser nach Packungsanweisung etwas zu bissfest garen.

5 Währenddessen Salat zubereiten.

6 Haschee abschmecken. Falls nicht die gesamte Menge benötigt wird, überschüssigen Teil aus der Pfanne nehmen (s. Tipps). Nudeln mit einem Siebschöpfer tropfnass zum Haschee geben, gut mischen und gemeinsam 1–2 Minuten braten.

7 Petersilie waschen, trocken tupfen, inkl. zarter Stängel nicht zu fein schneiden. Großteil unter die Hörnchen mischen.

8 Hascheehörnchen anrichten, mit restlicher Petersilie bestreuen und großzügig pfeffern. Mit Salat servieren.

Tipps: Üblicherweise wird Bio-Faschiertes in Packungen zu 300–400 g verkauft, deshalb basiert das Rezept auf dieser Menge. Wer eine Bio-Fleischerei hat, die frisch faschiert: noch besser. Ggf. vom fertigen Haschee ohne Nudeln jene Menge in einen TK-Behälter geben, die nicht sofort gegessen wird. Hält im Kühlschrank ein paar Tage, im Tiefkühler Monate.

Schmeckt auch mit reinem Schweinsfaschiertem, nur Rind finde ich nicht empfehlenswert, das eignet sich eher zum Kurzbraten (s. Faschierte Laibchen S. 186) oder für lang geschmortes Ragù. Auch Faschiertes mit einem Teil Pilze oder Gemüse funktioniert gut. Dann etwas mehr Fett verwenden.

Ich mag Hascheehörnchen eher trocken-ölig und den Salat dazu mit viel säuerlichem Dressing. Wer das Gericht lieber saftiger hat, ergänzt noch etwas Nudelkochwasser (Achtung wegen Salz).

Käse? Nein.

Wer eine Gusseisenpfanne hat, wird merken, dass die Nudeln ein bisschen anbrantscherln (knusprig gebräunte Stellen bekommen). Das macht sie noch besser.

Varianten: Wenn Stangensellerie zuhause ist (was er immer sein sollte): 1 Stange fein würfeln und mit dem Zwiebel anrösten. Gibt herrliches Aroma und noch saftigere Konsistenz.

Spiralen oder Orecchiette statt Hörnchen verwenden.

Das Haschee schmeckt auch statt Spinat als Fülle für **Überbackene Palatschinken** S. 104.

Topfenhaluschka

Ostösterreichischer Klassiker, der mit den böhmischen Halušky aus Erdäpfelteig nicht viel zu tun hat. Eine der schönsten Entdeckungen bei den Recherchen für dieses Buch, die mir als Oberösterreicherin davor nicht geläufig war.

Zutaten für 2 Portionen

feines Salz
200 g Eierteigwaren (Fleckerl oder Bandnudeln und Fleckerl zu gleichen Teilen)
70 g Bauchspeck
30 g Selchspeck (oder insg. 100 g Bauchspeck)
2–3 Zweige Dill
ca. 125 g trockener Bröseltopfen
ca. 50 g Sauerrahm + 2 EL zum Anrichten
viel schwarzer Pfeffer aus der Mühle

1 In einem Topf Salzwasser zum Kochen bringen. Nudeln darin nach Packungsangabe bissfest kochen (bei unterschiedlichen Garzeiten zuerst die länger garenden hineingeben, nach entsprechender Zeit die kürzer garenden dazugeben). Nudeln abseihen, aber nicht abschrecken.

2 Während die Nudeln kochen, beide Specksorten in 0,5 cm große Würfel schneiden. Dill waschen, trocken tupfen, die Büschelchen abzupfen und grob hacken.

3 In einer Pfanne bei mittlerer bis hoher Hitze Speckwürfel auslassen, bis sie leicht zu bräunen beginnen. Speckwürfel inkl. 1–2 EL Fett in eine kleine Schüssel herausheben.

4 In der Pfanne im restlichen Fett (s. Tipps) abgetropfte, heiße Nudeln 1–2 Minuten anrösten. Topfen und Sauerrahm dazugeben, ganz kurz unterrühren. Großteil vom Speck unterrühren, mit Salz und Pfeffer kräftig abschmecken.

5 Sofort anrichten. Mit je 1–2 EL glatt gerührtem ungesalzenem Sauerrahm beträufeln, mit restlichen Speckwürfeln samt ausgelassenem Speckfett und Dill bestreuen. Großzügig pfeffern.

Tipps: Dazu passt Grüner Salat S. 59 oder warmer Krautsalat S. 153.

Verzichten Sie möglichst nicht auf den Selchspeck! Das daraus ausgelassene Fett aromatisiert die gesamte Speise. Selchspeck hält wochenlang im Kühlschrank.

Falls der Speck zu mager ist, beim Anbraten der Nudeln 1 EL Pflanzenöl (oder Schweineschmalz) ergänzen.

Varianten: Schmeckt auch mit Grammeln (zusätzlich zum oder statt dem Speck).

Wer mag, kann mit dem Speck 1 kleine fein gehackte Knoblauchzehe mitbraten.

Für eine vegetarische Variante statt Speck knusprig gebratene Melanzaniwürferl und ein bisschen Knoblauch verwenden (erinnert mich an meine geliebte Pasta alla Norma aus Sizilien).

Wer Brimsen bekommt: Sehr gut, aber Achtung, der ist ebenso salzig wie der Speck.

Krautfleckerl

Klassiker der böhmischen Küche, für den ich bisher das Kraut in Fleckerl geschnitten und recht lang geschmort habe. Dann fand ich in „Das edle Kochen – Die böhmische Küche" das Rezept von Vratislav Krivák: Er schneidet das Kraut feinnudelig. So geht's viel schneller und schmeckt super. Ich nehme aber viel weniger Zucker als im Original vorgesehen.

Zutaten für 2 Portionen

ca. 400 g zartes Kraut, am besten Früh- oder Spitzkraut
feines Salz
1 kleine Zwiebel (ca. 50 g)
150 g Fleckerl
1 EL Kristallzucker
2 EL mildes Pflanzenöl
¼ TL Kümmelpulver
schwarzer Pfeffer aus der Mühle
1 TL Apfelessig

evtl. Sauerrahm zum Anrichten

1 Kraut putzen (benötigt werden ca. 350 g) und feinnudelig schneiden oder hobeln. Mit ¾ TL Salz kurz verkneten und stehen lassen. Zwiebel schälen, längs halbieren, fein würfeln.

2 In einem kleinen Topf Salzwasser für die Nudeln aufkochen. Fleckerl darin bissfest garen (dauert meist kürzer als angegeben). Abseihen, nicht abschrecken.

3 In einem weiten Topf Zucker durch Rütteln gleichmäßig verteilen. Bei hoher Hitze den Zucker karamellisieren lassen, dabei nicht umrühren. Wenn er hellbraun ist, sofort Öl und Zwiebeln dazugeben, umrühren, Kraut hinzufügen, mit Kümmel und Pfeffer würzen. 8–10 Minuten bei hoher Hitze unter häufigem Rühren rösten, bis das Kraut zusammenfällt, weich wird und an manchen Stellen zu bräunen beginnt. Mit Essig würzen, damit das Kraut einen zarten Säurekick bekommt.

4 Heiße Fleckerl dazugeben, durchmischen, mit Salz und reichlich Pfeffer abschmecken. Anrichten, evtl. 1 EL glatt gerührten Sauerrahm pro Portion daraufgeben, großzügig pfeffern.

Varianten: Schweineschmalz statt Öl verwenden.

Guten weißen Pfeffer (z.B. weißen Kampot-Pfeffer) statt schwarzem verwenden.

Tipp: Wenn Zeit ist, die doppelte Menge Kraut zubereiten und fertig abgeschmeckt ohne Nudeln einfrieren. Dann braucht man beim nächsten Mal nur mehr Fleckerl zu kochen und das Kraut aufzuwärmen.

Überbackene Schinkenfleckerl

Es war mir ein Anliegen, diese Lieblingsspeise in überschaubarer Zeit auf den Tisch zu bringen. Üblicherweise werden Schinkenfleckerl in einer Auflaufform in mehreren cm Höhe, oft mit Béchamel oder zumindest Eischnee, gebacken. Das dauert schon mal eine Dreiviertelstunde oder länger. Die Lösung: quick & dirty in flacheren, größeren Formen überbacken. Hat mehr Biss, aber ich mag das.

Zutaten für 2 Portionen

feines Salz
200 g Fleckerl
Butter und Semmelbrösel S. 271 für die Form/en
1 Zwiebel (50–70 g)
120–130 g Schinken oder Geselchtes (im Ganzen oder in Scheiben)
2–3 Zweige Petersilie
1 Ei (L)
100 g Sauerrahm
2 EL mildes Pflanzenöl
Muskatnuss
schwarzer Pfeffer aus der Mühle
1–2 TL Butter für Flöckchen

Grüner Salat mit Hollerblüten- oder Estragondressing S. 59

1 In einem Topf Salzwasser zum Kochen bringen, Fleckerl darin gar kochen (nicht al dente, sonst nehmen sie später noch zu viel Feuchtigkeit auf und werden trocken!), abseihen, dabei eine kleine Tasse Kochwasser auffangen.

2 Ofen auf 200 °C Ober-/Unterhitze vorheizen. Eine größere oder 2 kleinere flache feuerfeste Formen (s. Tipps) buttern und mit wenig Bröseln ausstreuen.

3 Zwiebel schälen, längs halbieren, fein würfeln. Ganzen Schinken in 0,5–0,7 cm große Würfel, Scheiben in 1 cm große Quadrate schneiden. Petersilie waschen, trocken tupfen, Blätter inkl. zarter Stängel abzupfen und fein schneiden. In einer kleinen Schüssel Ei gut verschlagen, Sauerrahm einrühren, leicht salzen.

4 In einer weiten Pfanne Öl erhitzen, auf mittlerer bis hoher Hitze Zwiebel darin 2 Minuten glasig anschwitzen, Schinken und Petersilie dazugeben, nur kurz braten, Fleckerl und 3 EL von deren Kochwasser dazugeben, sie sollen jetzt saftig wirken. Mit Salz, Muskatnuss und Pfeffer würzen. Sauerrahm (mit Ei) flott einrühren und Fleckerl sofort in der Form/den Formen verteilen. 1–2 TL Butter in kleinen Flöckchen darauf verteilen.

5 Im vorgeheizten Ofen auf mittlerer Schiene 7–8 Minuten backen, bis das Ei gestockt ist. Grill dazuschalten, Fleckerl auf die zweite Schiene von oben schieben und weitere ca. 5 Minuten backen, bis sie kleine knusprige braune Spitzerl bekommen.

6 Während die Schinkenfleckerl im Ofen sind, Salat zubereiten.

7 Schinkenfleckerl aus dem Ofen nehmen, kurz überkühlen lassen, pfeffern. Auf Tellern anrichten und mit Salat servieren.

Tipps: Die Fläche der Backform/en soll insgesamt ca. 400 cm² haben, dann geht sich das mit den Zeiten und Konsistenzen aus.

Man kann die Fleckerl vor dem Überbacken auch mit geriebenem nicht zu würzigem Käse (z.B. junger Emmentaler) bestreuen.

Evtl. die Schinkenfleckerl ohne Überbacken (dann auch ohne Ei und mit nur 1 EL Sauerrahm) als einfache Schinkenfleckerl servieren. Mir ist das zu fad.

Spaghetti mit Speck

& Weißwein

Gab's schon in meiner Kindheit, aber meine Mama kann sich auch nicht an die Quelle erinnern – es muss wohl ursprünglich ein Südtiroler Rezept gewesen sein. Machen wir gern dann, wenn keine frischen Zutaten da sind, denn für dieses Rezept haben wir immer alles zuhause. Lassen Sie sich nicht täuschen: Schaut unspektakulär aus, schmeckt aber richtig gut.

Zutaten für 2 Portionen

feines Salz

200–240 g beste Hartweizen- oder Kamut-Spaghetti (je nach Hunger und ob Salat im Haus ist oder nicht)

ca. 40 g Zwiebel (gern rot)

80 g luftgetrockneter Schinkenspeck (höchstens leicht/zart geräuchert, dünn aufgeschnitten)

Parmesan

1 EL Butter

1 EL Olivenöl nativ extra

125 ml trockener Weißwein mit kräftiger Säure (kann auch schon länger offen sein, z.B. Grüner Veltliner oder Welschriesling)

schwarzer Pfeffer aus der Mühle

davor, dazu oder danach passt Grüner Salat mit Estragondressing S. 59 oder Rotweinssig und Olivenöl

1 In einem ausreichend großen Topf mildes Salzwasser für die Spaghetti zum Kochen bringen. Spaghetti darin nach Packungsangabe (minus 1–2 Minuten) sehr al dente kochen.

2 Währenddessen Zwiebel schälen, klein, aber nicht ganz fein würfeln, die Zwiebel sorgt hier nicht nur für Geschmack, sondern auch für Konsistenz. Schinkenspeck in 5 mm breite Streifen schneiden. Parmesan fein reiben (3–4 EL, mehr nach Geschmack).

3 In einer höheren Pfanne Butter und Öl erhitzen, Speck darin glasig anschwitzen, dabei die einzelnen Blättchen möglichst trennen. Zwiebel dazugeben, glasig-weich braten, aber auf keinen Fall Farbe nehmen lassen. Mit Wein aufgießen, fast vollständig einkochen lassen. Ca. 125 ml Pastakochwasser dazugeben, pfeffern.

4 Nudeln direkt aus dem Kochwasser in die Pfanne heben (auf keinen Fall abschrecken!), energisch rühren (am besten mit einem Pfannenwender aus Holz oder einem Gummihund), ggf. etwas Pastakochwasser ergänzen. Die Pasta soll keinesfalls trocken, aber auch nicht suppig sein und immer noch bissfest. 1–2 EL Parmesan flott einrühren. Erst jetzt auf Salz kosten.

5 Anrichten, mit Parmesan bestreuen, kräftig pfeffern und sofort essen.

Tipps: Luftgetrockneter Schinkenspeck vom Bio-Freilandschwein ist leider selten zu bekommen. Wenn ja, dann ist das ein Festessen, für das es sonst nicht viel braucht. Schmeckt auch mit Prosciutto, Bauchspeck (luftgetrocknet oder Pancetta) oder Guanciale (luftgetrockneter Goderspeck), aber dann deutlich weniger Butter/Öl verwenden.

Erinnert an die ur-römischen Spaghetti alla gricia – für die allerdings weder Zwiebeln noch Wein verwendet werden.

Vorsicht mit dem Salz! Der Speck ist salzig, der Wein wirkt samt Säure wie ein Geschmacksbooster und auf den Parmesan darf man nicht verzichten.

Nockerl

Per se noch keine Mahlzeit, aber so ein wichtiges Rezept (als Basis für Eiernockerl, Kässpätzle und Schottnocken z.B.), dass ich ihm den gebührenden Platz einräumen möchte.

Zutaten für 4-5 Portionen

feines Salz
3 Eier (L)
ca. 120 g Milch
75 g Sauerrahm
1 gute Prise Muskatnuss
375 g Weizenmehl (universal oder griffig)

1 In einem großen weiten Topf reichlich gut gesalzenes Wasser aufkochen. Spätzlesieb samt Teigkarte bereitlegen.

2 Eier in eine Rührschüssel schlagen. Milch, Sauerrahm, 2 TL (ca. 12 g) Salz und Muskatnuss dazugeben, mit einer Gabel schlampig verrühren. Mehl dazugeben, mit dem Gummihund (oder einem Kochlöffel) rasch zu einem homogenen, relativ zähen, aber noch dick vom Gummihund „fließenden" Teig verrühren. Je nach Konsistenz löffelweise Milch ergänzen und nicht zu viel rühren, sonst werden die Nockerl zäh. Der Teig soll aber keinesfalls zu weich sein, sonst rinnt er durchs Spätzlesieb. Je fester der Teig ist, desto mehr Biss haben die Nockerl. Ich mag sie mit Biss.

3 Teig sofort (d.h. ohne Rasten) mit der Teigkarte mittels Streichbewegungen zügig nach und nach durch das auf den Topf gelegte Spätzlesieb ins kochende Wasser drücken. Sobald der Teig aufgebraucht ist, umrühren, das Wasser bei weiterhin großer Hitze aufwallen lassen, noch einmal umrühren und noch 1 Minute sieden lassen. Abseihen, abschrecken (außer für Kässpätzle S. 146).

4 Nockerl je nach Rezept weiterverwenden. Oder abgekühlt gut verschlossen im Kühlschrank aufbewahren oder einfrieren.

Tipps: Nicht mit dem Handmixer rühren, sonst wird zu viel Gluten ausgebildet und die Nockerl sind später zäh.

Die Nockerl sind auch in größerer Menge so schnell gemacht, dass wir immer die gesamte Menge zubereiten. Auf das zweite Mal freuen wir uns schon beim ersten.

Nockerl halten im Kühlschrank mehrere Tage und lassen sich gut einfrieren.

Nockerl sind die perfekte Beilage zum Paprikahendl S. 182.

Die gesamte Rezeptmenge ergibt 4-5 Portionen (à 200-250 g, in Summe ca. 1 kg gekochte Nockerl).

Varianten: Eiernockerl: S. 144.

Mit viel Käse und Röstzwiebeln: Kässpätzle S. 146.

Mit cremig-würzigem Käserahm: Schottnocken S. 150.

Eiernockerl

In unserem Haushalt eines jener Gerichte erster Wahl, wenn es besonders schnell gehen soll – aber unser Begehr trotzdem „echtes Essen" ist, sprich: warm, sättigend, befriedigend, ein Salat dazu. Und ein Gericht, das wie alle anderen Speisen aus aller Frauen Länder vor politischer Instrumentalisierung bewahrt gehört.

Für 2 Portionen

reichlich Schnittlauch

ca. ½ Rezeptmenge (ca. 500 g) frisch gekochte Nockerl S. 142 (oder welche vom Vortag)

2 EL Butter

feines Salz

2 Eier (bei sehr kleinen 3)

schwarzer Pfeffer aus der Mühle

viel Grüner Salat mit duftigem Dressing S. 59 (am liebsten mit Hollerblütenessig S. 268)

1 Salat waschen, trocken schleudern und Dressing zubereiten, Salat jedoch noch nicht marinieren. Schnittlauch waschen, trocken tupfen und in feine Ringe schneiden.

2 Falls die Nockerl frisch zubereitet werden, ist jetzt der Moment dazu (S. 142 Schritte 1–3): Salzwasser zustellen, Teig zubereiten, Nockerl kochen und abschrecken.

3 In einer großen, beschichteten Pfanne Butter aufschäumen, Nockerl darin gut durchschwenken, kosten und leicht salzen. Sie dürfen (für mich: sollen) ruhig ein bisschen bräunen und knusprige Stellen bekommen.

4 Salat marinieren.

5 Eier in einer Schüssel mit einer Gabel schlampig verquirlen, salzen und eventuell pfeffern. (Mutige bzw. Schnelle schlagen die Eier direkt auf die Nockerl und würzen nach dem Einrühren.) Eier über die Nockerl geben, mit dem Gummihund rasch verrühren, durchschwenken und sobald das Ei zu stocken beginnt, Eiernockerl sofort vom Herd nehmen und anrichten. Viel Schnittlauch draufstreuen und großzügig pfeffern. Reichlich Salat dazu essen.

Variante: Statt Grünem Salat passt auch sehr gut (und geht noch schneller) Rote-Rüben-Salat (aus dem Glas).

Vorarlberger Kässpätzle

Wer Käse liebt, wird Kässpätzle, Käsknöpfle oder Kasnocken lieben. Aber Achtung: Sie schmecken nicht mit jedem Käse gleich gut (es braucht die richtige Mischung aus Würze, Schmelz, Fett und Menge) und Timing ist alles! Wie Sie sie nennen, ist Nebensache.

Zutaten für 2 Portionen

max. ½ Rezeptmenge (400–500 g) frisch gekochte, heiße Nockerl S. 142

40–50 g mittelalter Bergkäse (sehr alter Bergkäse ist zu trocken)

40–50 g Emmentaler

40–50 g Räßkäse

evtl. schwarzer Pfeffer aus der Mühle

für die Röstzwiebeln

1 große Zwiebel (ca. 200 g)

50 g Butter

feines Salz

Grüner Salat S. 59 und/oder ungesüßtes, gutes Apfelmus (z.B. Topaz)

1 Zuerst die Röstzwiebeln zubereiten: Zwiebel schälen, längs halbieren, in 2–3 mm dicke Ringe oder Streifen schneiden. In einer Pfanne Butter aufschäumen, Zwiebel darin bei maximal mittlerer Hitze langsam (dauert 15–20 Minuten) unter öfterem Umrühren goldbraun rösten. Leicht salzen. Kurz bevor die gewünschte Bräunungsstufe erreicht ist, Hitze ausschalten und Pfanne zur Seite ziehen, die Zwiebeln bräunen noch etwas nach.

2 Ggf. Salat waschen und trocken schleudern. Dressing zubereiten, Salat jedoch noch nicht marinieren. Oder Apfelmus in Schüsserln anrichten.

3 Alle Käsesorten ohne Rinde möglichst fein reiben (schmilzt besser), in einer Schüssel vermischen.

4 Nockerl zubereiten (S. 142 Schritte 1–3), aber nicht abschrecken.

5 Eine Servierschüssel mit Nockerlkochwasser vorwärmen, Käse bereitstellen.

6 Sobald die Nockerl fertig sind, Servierschüssel ausleeren, Nockerl portionsweise mit einem Schaumlöffel aus dem kochenden Wasser direkt in die Servierschüssel heben (kann ruhig etwas tropfen). Auf jeden Schöpfer Nockerl eine Schicht Käse streuen. Obenauf restlichen Käse und Röstzwiebeln mit der gesamten Butter geben. Je nach Würze des Käses und Gusto pfeffern.

7 Ggf. Salat marinieren. Kässpätzle mit einem Holzspatel anrichten (Käse löst sich besser von Holz als von Edelstahl). Apfelmus und/oder Salat dazu essen.

→

Tipps: Räßkäse ist ein würzig-pikanter Vorarlberger Schnittkäse. Es gibt ihn in gut sortierten Käseläden und auf Wochenmärkten. Ich habe es bis zum direkten Vergleich auch nicht geglaubt, aber: Für den herrlich würzigen Geschmack ist er unverzichtbar. Eine Alternative wäre evtl. vollfetter, würziger Appenzeller. (Parmesan ist ungeeignet, weil er nicht gut schmilzt.)

Die Käsemischung schmeckt so gut, dass ich die doppelte Menge davon reibe und gut verschlossen im Kühlschrank für Käseomelett S. 78 und Käsetoast S. 85 bereithalte.

Man kann die Kässpätzle auch im vorgewärmten Ofen (80 °C Ober-/Unterhitze) warm halten, damit der Käse schön zart schmilzt und weich bleibt – beim Abkühlen wird er wieder fester.

Gut zu wissen: Traditionell werden Kässpätzle in Vorarlberg in einer Holzschüssel namens Gebse oder Brenta angerichtet. Es geht aber jede Auflaufform. Nur nicht direkt auf Speisetellern anrichten, da kühlen die Nockerl zu stark aus und der Käse schmilzt nicht so schön wie bei der größeren Menge in der Servierschüssel.

In Vorarlberg wird auch Erdäpfelsalat S. 186 dazu gegessen.

In Tirol heißen sie Käsespätzle oder Kasspatzln und werden ganz ähnlich zubereitet, manchmal auch mit Graukäse.

Im Pinzgau werden **Kasnocken** mit würfelig geschnittenem Bierkäse und etwas Suppe noch in der Pfanne vermischt und ein wenig anbraten gelassen, bis sie eine knusprige Kruste („Prinz") bilden. Ohne Röstzwiebeln servieren, mit viel Schnittlauch bestreuen.

Pinzgauer Schottnocken

Nockerl oder Spätzle mit Käse könnte man wahrscheinlich jeden Wochentag in einer anderen Kombination essen. Es gibt sie in Westösterreich in vielen regionalen Spielarten. Diese Version kommt aus dem Salzburger Pinzgau. Dort wird ein ganz spezieller Käse hergestellt: Schotten. Die geräucherten und getrockneten, sehr würzigen Kegel würden wohl auch Obelix eine Freude machen. Meine Sauce ist jedoch nicht die übliche. Sie basiert auf jener des Salzburger Kochs Roland Essl, der sie in meinem damaligen Salzburger Lieblingsgasthaus, dem sehr vermissten Weiserhof, zu Erdäpfelschottnockerln servierte.

Zutaten für 2 Portionen

max. ½ Rezeptmenge (400–500 g) Nockerl S. 142, frisch gekocht oder vom Vortag
1 EL Pflanzenöl
feines Salz

für die Sauce

200 g Obers
100 g Sauerrahm
1 TL getrocknetes Basilikum
feines Salz
Muskatnuss

reichlich frischer Schnittlauch
1 Kegel Pinzgauer Schotten (benötigt werden ein paar EL fein geriebener Schotten)
evtl. schwarzer Pfeffer aus der Mühle

1 Nockerl ggf. frisch zubereiten (S. 142 Schritte 1–3) und abschrecken.

2 Für die Sauce Obers, Sauerrahm und Basilikum in einer kleinen Schüssel mit einem kleinen Schnee- oder Spiralbesen glatt rühren, mit Salz und Muskatnuss würzen. Schnittlauch waschen, trocken tupfen, in Ringerl schneiden.

3 In einer weiten Pfanne Öl erhitzen, Nockerl darin anbraten, bis sie etwas Farbe bekommen. Leicht salzen. Sauce über die Nockerl gießen und kurz durchschwenken, nicht lange kochen, sonst werden sie zu trocken. Mit Salz (nicht zu viel, Käse ist auch salzig) abschmecken.

4 Anrichten, erst jetzt 1–2 EL fein geriebenen Schotten pro Portion mit einer feinen Reibe darüberreiben und den würzig-rauchigen Duft genießen. Mit viel Schnittlauch bestreuen, nach Gusto pfeffern. Wer mag, nimmt mehr Käse.

Gut zu wissen: Pinzgauer Schotten gibt's in Käsefachgeschäften oder online, am besten aber direkt aus dem Pinzgau mitgebracht. Er hält in einem Schraubglas im Kühlschrank im Prinzip jahrelang (selbst ausprobiert), weil er sehr trocken und geräuchert ist.

Unter „Schotten" versteht man in Tirol und Kärnten auch Topfen, früher wurde auch Molke so bezeichnet. Die ist das Ausgangsprodukt für den in diesem Rezept benötigten sehr harten, würzigen und geräucherten Pinzgauer Käse. Theoretisch könnte man auch anderen möglichst festen Räucherkäse verwenden. Ich habe das nicht ausprobiert – weil der Schottenkegel im Kühlschrank allzeit bereit ist.

Traditionell werden die Schottnocken im Pinzgau anders gemacht: Geriebenen Schotten in Butterschmalz oder Nussbutter kurz rösten, mit Rindssuppe und Obers aufgießen, sämig einkochen, gekochte Nockerl darin schwenken, mit viel Schnittlauch bestreut servieren.

Semmelknödel

An diesem Rezept habe ich länger herumgetüftelt, damit es wirklich so wenig Zeit wie möglich braucht, funktioniert und die Konsistenz passt. Übrig gebliebene schmecken super als Geröstete Knödel S. 156.

Zutaten für ca. 4 Portionen (12 kleine Semmelknödel) ⊕

200 g Knödelbrot
ca. 200 ml Milch
feines Salz
Muskatnuss
ca. 40 g Zwiebel
60 g Butter
2–3 Zweige Petersilie
2 Eier (lieber L als M)
1 EL Weizenmehl (universal) (ca. 15 g)

1 Knödelbrot in eine weite Schüssel geben. In einer Pfanne Milch erwärmen (soll nicht kochen), mit ½ TL Salz und Muskatnuss würzen, übers Knödelbrot leeren (dabei mit einem Gummihund die Pfanne gut „auswischen") und mit dem Gummihund sofort gründlich, aber behutsam umrühren.

2 Zwiebel schälen, sehr fein würfeln. In der Pfanne Butter aufschäumen, Zwiebel darin glasig anschwitzen.

3 Währenddessen Petersilie waschen, trocken tupfen, Blätter abzupfen und fein schneiden (in diesem Fall nur Blätter, Stängel würden im Knödel stören). Petersilie zur Zwiebel geben.

4 Zwiebel-Petersilien-Butter zum Knödelbrot geben, mit dem Gummihund mischen. Eier dazugeben, gründlich untermischen. Masse leicht flach drücken bzw. glätten (wenig Druck), mind. 10 Minuten rasten lassen.

5 In einem weiten großen Topf Salzwasser zum Kochen bringen. Eine kleine flache Schüssel mit kaltem Wasser und ein Brett bereitstellen.

6 Mehl vorsichtig in die Knödelmasse mengen (geht am besten mit der Hand). Mit ins kalte Wasser getauchten Händen aus je ca. 50 g Masse kleine Knödel formen, dabei zu Beginn beherzten Druck ausüben, damit die Masse zusammenhält, dann sorgfältig rund formen. Die stets wieder befeuchteten Hände schützen davor, dass zu viel Knödelmasse auf den Händen kleben bleibt, und verhelfen den Knödeln zu einer glatteren Oberfläche, wodurch sie gleichmäßiger garen und nicht so leicht ausfransen. Auf dem Brett ablegen.

7 Nur so viele Knödel mit einer Drehbewegung knapp über der Wasseroberfläche ins kochende Wasser gleiten lassen, dass sie Platz zum Aufgehen haben. Durch die Drehbewegung legen sie nicht am Topfboden an.

8 Knödel bei kleiner Hitze mit schräg aufgelegtem Deckel (durch den Dampf quellen sie gleichmäßiger auf) ca. 12 Minuten nur leicht wallend, keinesfalls sprudelnd kochen lassen.

9 Knödel mit einem Schaumlöffel aus dem Wasser heben, abtropfen lassen (s. Tipps S. 154). Restliche Knödel ebenso garen.

Gut zu wissen:

Man kann Semmelknödel auch aus altbackenen Semmeln oder anderem Kleingebäck machen. Je nach Anteil von Kruste und Krume, Konsistenz und Alter des Gebäcks wird unterschiedlich viel Milch benötigt, in jedem Fall weniger als in diesem Rezept für fertig gekauftes, trockenes Knödelbrot. Das Gebäck sollte mind. 1–2 Tage alt sein, damit die Knödel die richtige Konsistenz haben. Mit ganz frischem Gebäck werden sie quatschig.

Tiroler Knödel

Ob Sie Geselchtes, Speck oder Wurst in die Semmelknödelmasse packen, bleibt Ihnen überlassen. Mit brauner Butter und warmem Krautsalat (oder Sauerkraut oder Salat) wird jedenfalls eine schön runde Angelegenheit daraus.

Zutaten für 3–4 Portionen (12 kleine Tiroler Knödel) ⊕

200 g Knödelbrot
ca. 200 ml Milch
feines Salz
Muskatnuss
ca. 40 g Zwiebel
60 g Butter
2–3 Zweige Petersilie
ca. 150 g Geselchtes, Schinken, Bauchspeck oder Braunschweiger/Dürre im Ganzen
2 Eier (lieber L als M)
1 EL Weizenmehl (universal) (ca. 15 g)

für den Krautsalat

feines Salz
1 Schuss weißer Balsamico
ca. 1 kg Kraut (am besten Spitzkraut)

für die Marinade

100 ml weißer Balsamico
100 ml Wasser
2 TL ganzer Kümmel
½ TL feines Salz

für die braune Butter

ca. 100 g Butter

1 Knödelbrot in eine weite Schüssel geben. In einer Pfanne Milch erwärmen (soll nicht kochen), mit ½ TL Salz und Muskatnuss würzen, übers Knödelbrot leeren (dabei mit einem Gummihund die Pfanne gut „auswischen") und mit dem Gummihund sofort gründlich, aber behutsam umrühren.

2 Zwiebel schälen, sehr fein würfeln. In der Pfanne Butter aufschäumen, Zwiebel darin glasig anschwitzen.

3 Währenddessen Petersilie waschen, trocken tupfen, Blätter abzupfen und fein schneiden (in diesem Fall nur Blätter, Stängel würden im Knödel stören). Fleisch oder Wurst in ca. 0,5 cm große Würferl schneiden. Mit der Petersilie zur Zwiebel geben. Falls Speck verwendet wird, kurz durchrösten, sonst nur umrühren.

4 Zwiebel-Fleisch/Wurst-Mischung zum Knödelbrot geben, mit dem Gummihund mischen. Eier dazugeben, gründlich untermischen. Masse leicht flach drücken bzw. glätten (wenig Druck) und mind. 10 Minuten rasten lassen.

5 Währenddessen für den **Krautsalat** in einem großen, weiten Topf Salzwasser mit 1 Schuss weißem Balsamico zum Kochen bringen.

6 Kraut putzen, halbieren, ohne Strunk fein hobeln oder mit einem großen Messer feinnudelig schneiden (ergibt 700–800 g), im Salzwasser wenige Minuten bissfest kochen. Abseihen, in eine Schüssel geben.

→

7 Für die Kraut-Marinade in einem kleinen Topf Balsamico mit Wasser, Kümmel und Salz aufkochen, übers Kraut leeren, umrühren, auf Salz und Säure kosten. Der Salat soll zart salzig und deutlich säuerlich schmecken.

8 Für die Knödel im Krauttopf wieder Salzwasser zum Kochen bringen. Eine kleine flache Schüssel mit kaltem Wasser und ein Brett bereitstellen.

9 Mehl vorsichtig in die Knödelmasse mengen (geht am besten mit der Hand). Mit ins kalte Wasser getauchten Händen aus je ca. 60 g Masse kleine Knödel formen, dabei zu Beginn beherzten Druck ausüben, damit die Masse zusammenhält, dann sorgfältig rund formen. Die stets wieder befeuchteten Hände schützen davor, dass zu viel Knödelmasse auf den Händen kleben bleibt, und verhelfen den Knödeln zu einer glatteren Oberfläche, wodurch sie gleichmäßiger garen und nicht so leicht ausfransen. Auf dem Brett ablegen.

10 Nur so viele Knödel mit einer Drehbewegung knapp über der Wasseroberfläche ins kochende Wasser gleiten lassen, dass sie Platz zum Aufgehen haben. Durch die Drehbewegung legen sie nicht am Topfboden an.

11 Knödel bei kleiner Hitze mit schräg aufgelegtem Deckel (durch den Dampf quellen sie gleichmäßiger auf) ca. 12 Minuten nur leicht wallend, keinesfalls sprudelnd kochen lassen. Restliche Knödel ebenso garen.

12 Während die Knödel garen, Butter in einem kleinen Reinderl unter häufigem Schwenken zuerst aufschäumen, dann köcheln lassen, bis sie leicht zu bräunen und zu duften beginnt. Salzen und sofort in einen kleinen Krug umleeren, weil die Butter sonst zu dunkel wird. Krautsalat umrühren und nochmals abschmecken.

13 Knödel mit einem Schaumlöffel aus dem Wasser heben, abtropfen lassen (s. Tipps). Mit Krautsalat anrichten, Knödel mit brauner Butter beträufeln.

Tipps: Fertige Knödel am besten so abtropfen lassen: In einen Suppenteller eine Untertasse verkehrt hineinstellen, rundum die Knödel setzen, so liegen sie nicht im eigenen Kochwasser, werden nicht quatschig und können besser abtropfen.

Die Knödel halten ausgekühlt und gut verschlossen gelagert mehrere Tage im Kühlschrank und eignen sich auch für Geröstete Knödel mit Ei S. 156 oder Saure Knödel S. 63.

Varianten: Statt Krautsalat passt auch Sauerkraut S. 166, Chinakohlsalat mit Gurkerldressing S. 59 oder Blattsalat mit Estragondressing S. 59 zu den Knödeln.

Man kann den Krautsalat auch abschmalzen (zur Marinade 1–2 EL Schweineschmalz oder Bratlfettn, falls vorhanden, geben) oder mit ausgelassenen Speckwürfeln oder Grammeln ergänzen. Ich mag ihn zu diesen Knödeln wegen der braunen Butter lieber ohne jegliches Fett.

Geröstete Knödel mit Ei

Es soll Menschen geben, die wegen Gusto auf geröstete Knödel extra Semmelknödel machen, genauso wie jene, die wegen Gusto auf Bröselknöderl S. 106 eine Hendlsuppe zustellen. Manchmal vereinen sich solche Menschen in einem einzigen – die Autorin dieses Buches ist so einer.

Für 1 Portion

2–3 gekochte Semmelknödel S. 152
1 EL Butter
1 EL mildes Pflanzenöl
reichlich frischer Schnittlauch
1 Ei (L)
feines Salz
schwarzer Pfeffer aus der Mühle

Grüner Salat mit Hollerblüten- oder Estragondressing S. 59 oder Paradeisersalat S. 81 (Tipp)

1 Salat waschen und trocken schleudern. Dressing zubereiten, Salat jedoch noch nicht marinieren. Oder Paradeisersalat zubereiten.

2 Knödel halbieren, in 3–4 mm dicke Scheiben schneiden.

3 In einer (beschichteten) Pfanne Butter und Öl erhitzen, Knödel darin ca. 10 Minuten unter manchmaligem Wenden schön goldbraun braten.

4 Währenddessen Schnittlauch waschen, trocken tupfen, in feine Ringe schneiden. Salat marinieren.

5 Ei evtl. in eine kleine Schüssel schlagen und mit einer Gabel schlampig verschlagen, mit Salz und Pfeffer würzen. Oder, wenn's ganz schnell gehen soll, Ei direkt auf die fertig gebratenen Knödel schlagen. Sofort durchschwenken, salzen, pfeffern und anrichten. Das Ei stockt durch die Hitze der Knödel und der Pfanne, es muss (und soll) nicht mehr bei eingeschalteter Flamme braten, sonst wird es zu trocken.

6 Geröstete Knödel mit reichlich Schnittlauch bestreuen, nach Gusto nochmal pfeffern, mit Salat servieren.

Tipps: Wer Zwiebel dazu mag (ich nicht, sie sind ja schon in den Knödeln): in feine Streifen oder Würfel geschnittene Zwiebel als Erstes anschwitzen, dann die Knödel dazugeben (umgekehrt würden die Zwiebeln nicht gleichmäßig garen).

Geröstete Knödel kann man natürlich auch aus anderen übrig gebliebenen Knödeln machen.

Grenadiermarsch

Ist trotz des martialischen Titels nichts anderes als eine beliebte und sehr dankbare Restlverwertung von Erdäpfeln und Teigwaren. Nicht beim Fett sparen!

Zutaten für 2 Portionen

ca. 200 g gekochte Nudeln (evtl. vom Vortag, z.B. Spiralen, Fleckerl, Hörnchen ...) oder weniger Nudeln und stattdessen gekochte Nockerl S. 142 vom Vortag, s. Tipps

ca. 400 g gekochte Erdäpfel vom Vortag (bevorzugt speckige)

1 Zwiebel (ca. 70 g)

70 g Bauch-, Selch- oder Paprikaspeck

1 EL Schweineschmalz

frische Kräuter, z.B. je 2–3 Zweige Petersilie, Thymian, Majoran (oder getrockneter Majoran)

feines Salz

schwarzer Pfeffer aus der Mühle

edelsüßes Paprikapulver

Salat nach Gusto, s. Tipps

Tipps: Für 200 g gekochte Nudeln braucht man ca. 100 g trockene.

Dazu passen z.B. Rote-Rüben-Salat (gern mit Kren) oder je nach Saison auch Chinakohlsalat mit Gurkerldressing S. 59, Grüner Salat (z.B. Zuckerhut oder Endivien) S. 59 oder Paradeisersalat S. 81 (Tipp).

Varianten: Das Verhältnis von Erdäpfeln zu Nudeln ist abhängig von den vorhandenen Restln, die Nockerl sind natürlich kein Muss. Es passen auch Knödelreste aller Art.

Bratenreste, Wurst (Braunschweiger/Dürre) oder Leberkäse sind ebenso üblich statt oder zusätzlich zum Speck.

Geht auch vegetarisch, dann Öl und Räucherpaprika verwenden.

1 Evtl. Nudeln in Salzwasser bissfest kochen und abseihen.

2 Evtl. Paradeiser- oder Chinakohlsalat zubereiten. Oder grünen Salat waschen, trocken schleudern. und Dressing zubereiten, grünen Salat jedoch noch nicht marinieren.

3 Erdäpfel schälen und in 1,5 cm große Stücke schneiden. Zwiebel schälen, längs halbieren und fein würfeln. Speck in ca. 3 mm große Würfel schneiden.

4 In einer weiten Pfanne (bevorzugt beschichtet oder gut eingebranntes Gusseisen) Speck im Schmalz glasig anschwitzen, Zwiebel dazugeben, 2–3 Minuten hell anbraten. Erdäpfel und Teigwaren dazugeben, bei hoher Hitze 5–7 Minuten braten, dabei immer wieder leicht anlegen lassen, damit sie etwas bräunen und an manchen Stellen leicht knusprig werden.

5 Währenddessen ggf. Kräuter waschen, trocken tupfen, abzupfen, ggf. grob schneiden. Ggf. grünen Salat marinieren.

6 Grenadiermarsch mit Salz, Pfeffer und Paprikapulver würzen. Mit frischen Kräutern oder mit 1 guten Messerspitze zwischen den Handflächen gerebeltem getrocknetem Majoran beduften.

7 Heiß anrichten, großzügig pfeffern. Mit Salat servieren.

Topfenreinkalan

Sie heißen auch Kasreinkalan und sind der saftig-topfigen, minzduftigen Fülle von Kärntner Kasnudel sehr ähnlich, nur nicht aufwendig in Teig gehüllt und gekrendelt, sondern in Windeseile in der Pfanne zu goldenen Talern gebraten. Ich habe sie erst bei den Recherchen für dieses Buch entdeckt und in meiner Version (die Minze ist bei den klassischen Reinkalan nicht üblich) sofort zu einer neuen Lieblingsspeise erkoren. Sie erinnern mich an die in Stücke geschnittenen, in Butter gebratenen Kasnudel meiner Kärntner Tante Erna.

Zutaten für 2–3 Portionen (8 Stück)

250 g gekochte Erdäpfel vom Vortag (bevorzugt mehlige, geht aber auch mit speckigen)

250 g trockener (Kärntner) Bröseltopfen s. Gut zu wissen

1 Ei (Größe egal)

ca. 50 g Weizenmehl (universal) + Mehl zum Arbeiten

1 TL feines Salz

½ EL getrocknete Nudelminze (braune Minze, Kärntner Minze, s. Gut zu wissen)

3 EL Butterschmalz S. 268

evtl. frische Nudelminze

Häuptelsalat mit Hollerblütendressing und Liebstöckel S. 59

Gut zu wissen: (Kärntner) Bröseltopfen ist sehr trocken und kann nicht durch bröselig wirkenden, aber viel zu feuchten Hüttenkäse ersetzt werden. Der Reiz des Bröseltopfens ist auch, dass er sich nicht ganz homogen mit den gepressten Erdäpfeln verbindet, was das Essen viel aufregender macht.

Nudelminze wird auch braune Minze oder Kärntner Minze genannt. Sie ist sehr würzig (erinnert ein wenig an Kümmel), aber nicht mentholig. Es gibt sie im Frühling in vielen auf Kräuter spezialisierten Gärtnereien oder auf Jungpflanzenmärkten als Topfpflanze oder vermehrt auch getrocknet zu kaufen. Auf keinen Fall Pfefferminze als „Ersatz" verwenden, dann lieber ganz weglassen.

1 Erdäpfel schälen und durch die Wiegepresse passieren. In eine Schüssel geben.

2 Topfen, Ei, Mehl, Salz und mit den Handflächen gerebelte Minze dazugeben, mit dem Gummihund gründlich vermischen, aber nicht kneten.

3 Laibchen daraus formen: Masse in 8 Teile unterteilen. Mit bemehlten Händen je 1 Teigstück zu einem Kugerl formen, zu gut fingerdickem Taler flach drücken. Den Rand rundum schön formen, damit er beim Braten nicht ausfranst. Laibchen auf einem bemehlten Brett ablegen.

4 In einer großen beschichteten Pfanne 2 EL Butterschmalz erhitzen. Laibchen bei mittlerer Hitze 5–6 Minuten goldbraun braten, wenden, restlichen EL Butterschmalz dazugeben und die Laibchen weitere 5–6 Minuten auf der zweiten Seite goldbraun knusprig braten (je nach Pfannengröße evtl. in 2 Partien braten, dafür das Fett aufteilen).

5 Währenddessen Salat waschen, trocken schleudern. Dressing zubereiten. 1–2 Liebstöckelblätter mit einem sehr scharfen Messer in hauchdünne Streiferl schneiden. Mit dem Dressing unter den Salat mischen.

6 Topfenreinkalan heiß servieren, evtl. mit frischer Nudelminze bezupfen (die durch die Wärme einen herrlichen Duft verbreitet) und mit Salat servieren.

Tipp: Lassen sich ausgekühlt hervorragend einfrieren und bei Bedarf langsam in der Pfanne auftauen/braten.

Varianten: Geht auch mit einem anderen Verhältnis von Erdäpfeln und Topfen, z.B. doppelt so viel Erdäpfel wie Bröseltopfen.

Meine Reinkalan sind innen saftig-weich und zart, aber außen schön knusprig. Wer den Teig fester will, nimmt mehr Mehl.

Wer frischen Kerbel hat: Einige Zweige fein hacken und mit der Minze in den Teig mischen.

Statt Salat passen auch Letscho S. 112 oder Dillfisolen S. 111 super dazu.

Schmecken auch als süße Hauptspeise (wie eine Art gebratene Topfennockerl), dann etwas weniger Salz verwenden und die Nudelminze weglassen. Die gebratenen Reinkalan anzuckern und mit Apfelkompott S. 267 oder -mus und/oder Preiselbeeren servieren.

Erdäpfelteig

Basis für Schupfnudeln, Grammelknödel und Mohnnudeln und viel einfacher, als man denkt. Sind gekochte Erdäpfel vom Vortag da (und das sind sie bei uns – absichtlich – oft), ist Erdäpfelteig nämlich im Handumdrehen gemacht. Da er gar nicht rasten soll (weil er sonst Feuchtigkeit zieht, klebrig wird und man mehr Mehl verwenden muss), ist er der ideale Kandidat für dieses Buch. Bei der Recherche fiel mir auf, dass es zig Varianten mit Ei oder nur Dotter, mit beidem, mit Butter oder ohne, mit Grieß und Stärke gab. Allen gleich war nur die Verwendung mehliger Erdäpfel, Ei in irgendeiner Form, Mehl und Salz. Nach einigen Versuchen samt Blindverkostung war klar: Keep it simple, es hängt von der Qualität der Erdäpfel und nicht zu viel Mehl ab. Ein super Basisteig.

Zutaten für 4 Portionen Schupfnudeln oder Grammelknödel oder Mohnnudeln als Hauptspeise (oder 8 als Nachspeise)

ca. 600 g am Vortag in der Schale gekochte große mehlige Erdäpfel, s. Tipp
1 Ei (Größe egal)
1 TL feines Salz (6–7 g)
1 gute Prise Muskatnuss
evtl. Abrieb von ½ Zitrone
ca. 100 g Weizenmehl (universal) + evtl. mehr

Tipps: Erdäpfel nach dem Kochen abgießen und mit Küchenpapier unter dem Deckel einfach heraußen auskühlen lassen. Sie lassen sich viel besser verarbeiten, wenn sie noch nicht im Kühlschrank waren (das geht aber nur, wenn Sie wissen, dass Sie sie gleich am nächsten Tag verarbeiten, länger als über Nacht sollten Erdäpfel nicht heraußen stehen bleiben).

Je nach Erdäpfelsorte und -alter braucht der Teig kein zusätzliches Mehl (weil gar nichts klebt) oder eine leicht bemehlte Arbeitsfläche oder gut bemehlte Hände auf einer bemehlten Arbeitsfläche. Oder zusätzlich teelöffelweise Mehl.

1 Erdäpfel schälen und abwiegen, es sollen ca. 500 g geschälte Erdäpfel sein.

2 Erdäpfel durch die Wiegepresse (s. Bild) passieren, auseinanderbreiten.

3 Ei, Salz und Muskatnuss (und evtl. Zitronenschale) darauf verteilen, mit der Teigkarte mit dem Erdäpfel„schnee“ vermengen, bis kein flüssiges Ei mehr zu sehen ist.

4 Mehl darauf verteilen, mit der Teigkarte in die Erdäpfel eher von oben „hineinstechend“ einarbeiten. Sobald der Teig homogen bröselig wirkt, mit bemehlten Händen flott (sonst wird er zäh und klebrig), aber sorgfältig zu einem glatten Teig verkneten. Der Mehlbedarf kann dabei sehr unterschiedlich sein, s. Tipps. Der Teig soll weich, aber gut formbar sein.

5 Teig sofort weiterverarbeiten, er wird sonst feucht, klebrig und zu weich. Entweder für Schupfnudeln S. 164, Grammelknödel S. 166, Zwetschkenknödel S. 242 (Variante) oder Mohn- oder Nussnudeln S. 242 verwenden oder in anderen Formen (s. Varianten) verarbeiten.

Varianten: Man kann diesen Teig auch in ca. 1 cm dicke Rollen formen, davon kleinere Wuzerl, Baunzerl oder Nockerl abstechen oder -schneiden und kochen, das geht noch schneller als Schupfnudeln (s. Bild links) zu formen.

Aus kleinen gekochten Nockerln (wie kleine Gnocchi) Schottnockerl S. 150 machen.

Oder kleine Nockerl mit Paradeissauce servieren.

Oder die Teigstücke (welcher Form auch immer) roh langsam in reichlich Butterschmalz knusprig braun braten, so hat meine Oma kleinfingerdicke Erdäpfelwuzerl gemacht. Die wurden dann mit Blaukraut gegessen oder mit einem Sauerrahmgmachtl überbacken und mit Sauerkraut S. 166 verspeist.

Schupfnudeln mit Sauerkraut

Die Größe hängt von Zeit und Übung ab, der Geschmack der zuerst gekochten, dann in der Pfanne knusprig gebratenen Erdäpfel„nudeln" ist immer gleich köstlich.

Zutaten für 2 Portionen

½ Rezeptmenge Sauerkraut S. 166 (oder nach Geschmack etwas weniger)
feines Salz
½ Rezeptmenge Erdäpfelteig S. 162 (gesamte Menge zubereiten, Rest z.B. tiefkühlen, s. Tipps)
2–3 EL Butter
evtl. frische Petersilie
schwarzer Pfeffer aus der Mühle

1 Falls kein fertiges Sauerkraut im Kühlschrank sitzt, dieses zuerst zustellen. Oder fertiges Sauerkraut erwärmen.

2 In einem großen, weiten Topf Salzwasser zum Kochen bringen.

3 Erdäpfelteig zubereiten (S. 162 Schritte 1–4).

4 Schupfnudeln formen: Auf leicht bemehlter Arbeitsfläche mit bemehlten Händen Teig in 8 Stücke teilen. Jedes Stück zu einer kleinfingerdicken und ca. 25 cm langen Rolle rollen, mit der Teigkarte 3–4 cm lange Stücke abstechen (je länger, desto schneller geht's, aber desto größer werden die fertigen Schupfnudeln). Diese Stücke längs mit der Handfläche (parallel zu den Fingern) mit leichtem Druck auf der nur ganz wenig bemehlten Arbeitsfläche (s. Bild S. 163) zu Schupfnudeln formen. Diese sind dann ca. 1 cm dick und mind. 10–12 cm lang. Auf ein bemehltes Brett oder Tablett setzen.

5 Schupfnudeln vom Brett/Tablett flott ins kochende Wasser gleiten lassen, mit einem Holzkochlöffel ggf. voneinander und vom Topfboden lösen, nach dem Aufwallen 3–4 Minuten bei kleiner Hitze offen zart wallend kochen. Sie gehen dabei deutlich auf und werden außen ein bisschen glasig. Fertig gegart müssen sie innen heiß sein.

6 In einer großen, weiten Bratpfanne (am besten beschichtet) Butter aufschäumen. Schupfnudeln mit dem Schaumlöffel aus dem Wasser heben, gut abtropfen lassen, in die Pfanne zur Butter geben. Darin 4–5 Minuten bei hoher Hitze braten und nicht zu oft wenden, damit sie schön goldbraun und stellenweise knusprig werden.

7 Währenddessen evtl. Petersilie waschen, trocken tupfen und inkl. zarter Stängel grob schneiden. Sauerkraut unter die Schupfnudeln mischen und sofort anrichten. Evtl. mit Petersilie bestreuen und pfeffern.

Tipps: Restlichen Teig nach Wunsch formen (s. S. 163, Varianten), nach dem Aufkochen nur 1 Minute garen. In einem Durchschlag kalt abschwemmen, sonst picken die Stücke fest aneinander. Auf Küchenpapier nur kurz abtropfen lassen, sonst bekommt man das Papier nicht mehr herunter. Entweder im Kühlschrank aufbewahren oder fürs Tiefkühlen auf Tabletts ohne (!) Papier nebeneinander über Nacht einfrieren, dann erst in beschriftete Sackerl füllen. Tiefgekühlt ins Kochwasser geben, je nach Dicke nach dem Aufwallen 4-5 Minuten kochen.

Je nach Größe ergibt das Rezept 12-16 Schupfnudeln pro Portion. Wer mehr Zeit und Muße (oder Übung) hat, kann kleinere Stücke abstechen und kürzere, dünnere Nudeln formen. Die Kochzeit ist etwas kürzer.

Grammelknödel

Gibt es mit verschiedenen Teigen und selbst die Grammeln können von gar nicht bis stark gewürzt variieren. Hier eine Version, wie sie mich am ehesten an jene aus meiner Kindheit erinnert. Das Sauerkraut nennen wir Kompromiss-Sauerkraut, weil ich als Kind am liebsten nur erwärmtes, also sehr knackiges unpasteurisiertes Sauerkraut mochte, mein Mann die Wienerische Variante, die mit Zwiebel, Apfel und ja, auch Zucker, lang weich gekocht wird. Dieses hier mögen wir beide.

Zutaten für 4–5 Portionen (12 Knödel) ☾ ⊕

1 Rezeptmenge Erdäpfelteig S. 162
feines Salz
200–250 g Grammeln
2 EL Schweineschmalz (ca. 20 g)
1 Knoblauchzehe
½ TL edelsüßes Paprikapulver
evtl. frische Petersilie

für das Sauerkraut

1 kleine Zwiebel (ca. 50 g)
2 EL Pflanzenöl oder Schweineschmalz
feines Salz
1 aromatischer Apfel
ca. 2 TL Kristallzucker (je nach Säure des Krautes)
500 g Sauerkraut (am besten unpasteurisiert, gern mit Wacholderbeeren und/oder Kümmel)
500 ml Wasser

1 Für das **Sauerkraut** Zwiebel schälen, längs halbieren, fein würfeln, in einem Topf in Öl/Fett 2–3 Minuten anschwitzen, leicht salzen. Währenddessen Apfel waschen, schälen, halbieren, Kerngehäuse entfernen, Apfel in kleine Würferl schneiden. Zur Zwiebel geben, kurz mitrösten, Zucker dazugeben, umrühren. Kraut und Wasser hinzufügen, aufkochen. Auf Salz kosten, nicht zu viel salzen. Sauerkraut ca. 20 Minuten zugedeckt auf kleiner Flamme dünsten. Es soll dann relativ weich sein und fast der gesamte Saft absorbiert. Abschmecken. Falls es sehr sauer ist, mit 1 weiteren Prise Zucker gegensteuern.

2 Während das Kraut kocht, für die **Knödel** Erdäpfelteig zubereiten (Seite 162 Schritte 1–4). In einem großen, weiten Topf Salzwasser zustellen.

3 Für die Fülle Grammeln bei Bedarf feiner hacken, in einer Schüssel mit Schmalz, gepresster Knoblauchzehe, Paprikapulver und Salz (Achtung, manche Grammeln sind stark gesalzen!) gründlich vermischen und abschmecken. Rasch mit den Händen mit festem Druck 12 gleich große Kugerl formen, auf einem kleinen Tablett oder Brett ablegen.

4 Erdäpfelteig mit der Teigkarte oder einem Messer vierteln, jedes Stück in 3 gleich große Stücke teilen (ich mache das mit der Waage), das ergibt 12 Stück à ca. 50 g. Teigstücke auf bemehlter Arbeitsfläche leicht flach drücken, je 1 Grammelkugel daraufsetzen. Mit bemehlten Händen Teig über der Fülle zusammenschieben und sorgfältig verschließen. Zwischen den Handflächen rund formen, auf einem bemehlten Brett oder Tablett ablegen.

5 Knödel je nach Topfgröße in 2–3 Partien ins kochende Salzwasser geben, aufkochen, bei schräg aufgelegtem Deckel ca. 12 Minuten leicht wallend köcheln. Evtl. Petersilie waschen, trocken tupfen, abzupfen und grob schneiden.

6 Sauerkraut anrichten, Knödel mit einem Schaumlöffel aus dem Wasser heben, gut abtropfen lassen, aufs Kraut setzen (so rutschen sie nicht davon). Evtl. mit Petersilie bestreuen.

Tipp: Ich mag bei Grammelknödeln lieber etwas mehr Teig, darum sind meine Grammelknödel dickwandiger als meine Hascheeknödel (s. Variante).

Varianten: Grammelknödel schmecken auch mit warmem Krautsalat S. 153, Chinakohl-, Zuckerhut- oder Endiviensalat S. 59.

Für (nicht so schnelle) **Hascheeknödel** ca. 400 g Fleisch und Wurst (z.B. nicht zu mageres Geselchtes, kalter Schweinsbraten, Braunschweiger/Dürre, Osterkrainer ...) mit der mittleren Scheibe faschieren und mit 1 großen, fein gewürfelten Zwiebel (ca. 120 g), die in 2 EL Schweineschmalz goldig geröstet wurde, vermischen, mit Knoblauch, Petersilie, Salz, Pfeffer, Majoran würzen, zu 12 Kugeln formen. Weiter wie links ab Schritt 4.

V. Fisch, Fleisch & Wurst

Reinanke Müllerin

Mein Lieblingsfisch in meiner Lieblingsfischzubereitung: im Ganzen gebraten, mit Butter, Petersilerdäpfeln und viel grünem Salat. Schmeckt natürlich auch mit z.B. Saibling und Forelle. Das ist eines jener Rezepte, bei denen es auf ein bisschen Übung ankommt, sonst braucht man – außer bestmöglichen Fisch – nicht viel.

Zutaten für 2 Portionen

2–3 Reinanken (je nach Größe, pro Portion 250–300 g ganzer Fisch), alternativ 2 nicht zu große Saiblinge oder Forellen
feines Salz
3–4 EL Weizenmehl (glatt)
2 EL Butterschmalz S. 268
2 EL mildes Pflanzenöl

für die Petersilerdäpfel

300–400 g ähnlich große, nicht zu große speckige Erdäpfel (oder gekochte vom Vortag)
feines Salz
3–4 Zweige Petersilie
2 EL Butter

Häuptelsalat mit z.B. Hollerblütendressing S. 59

1 Evtl. rohe Erdäpfel waschen und mit lauwarmem Salzwasser zustellen, aufkochen und je nach Größe 15–20 Minuten weich kochen (eine schmale Küchenmesserspitze muss problemlos bis in die Mitte der Knolle gleiten). Abgießen, mit Küchenpapier unter dem Deckel ausdampfen lassen.

2 Salat waschen, trocken schleudern. Dressing zubereiten, Salat jedoch noch nicht marinieren. Petersilie für die Erdäpfel waschen, trocken tupfen, inkl. zarter Stängel abzupfen und grob schneiden.

3 Fische außen und innen kalt abschwemmen, mit Küchenpapier abtupfen. Außen und innen gut salzen, außen rundum mit Mehl bestreuen, Mehl mit den Fingern gut verstreichen.

4 In einer großen beschichteten Pfanne oder Fischpfanne (s. Tipps S. 172) Butterschmalz und Öl erhitzen, Fische sanft schütteln (um überschüssiges Mehl zu entfernen) und einlegen. Bei mittlerer bis hoher Hitze 4–5 Minuten goldbraun braten. Fische mit 2 Pfannenwendern aus Holz behutsam wenden, auf der zweiten Seite weitere 4–5 Minuten fertig braten.

5 Währenddessen Erdäpfel schälen, ggf. in Stücke schneiden. In einer kleinen Pfanne oder Sauteuse Butter aufschäumen, Erdäpfel darin bei mittlerer Hitze anbraten (es sollen sich braune Stellen bilden), salzen, gegen Ende Petersilie dazugeben und gut durchschwenken.

6 Salat marinieren. Reinanken mit Petersilerdäpfeln anrichten. Bratfett und Salat dazu servieren.

→

Tipps: Kaufen Sie nicht zu große Fische, denn die haben in kaum einer Pfanne Platz. Wir braten sie auf dem Herd in einer beschichteten rechteckigen Auflaufform mit ziemlich dickem Boden. Da gehen auch etwas längere Exemplare hinein und garen gleichmäßig, ohne abstehende Flossen oder Köpfe. Der Tipp kam von der Chefin eines Haushaltswarenladens.

Widerstehen Sie der Versuchung, den Fisch zu lang zu garen, er wird dadurch nur trocken.

Kann man auch mit Filets machen, aber erstens sind die immer teurer und zweitens sind „Portionsfische" im Ganzen gebraten (viel) besser.

Bei Tisch den Fisch mit dem Messer (muss kein Fischmesser sein) entlang des Rückgrats einschneiden, hinter den Kiemen einschneiden, oberes Filet mit dem Messer längs von den Gräten abheben. Mittelgräte von der Schwanzflosse weg abheben und samt Kopf entfernen (nicht vergessen die köstlichen Bäckchen zu verspeisen).

Wurzelwaller mit Kümmelerdäpfeln

Aus dem Wurzelgemüsesud kennt man eher Schweinefleisch oder wenn Fisch, dann Karpfen. Aber der ist wegen seiner lästigen Y-förmigen Gräten meiner Erfahrung nach nicht der ideale Kandidat für diese Zubereitungsart. Dicke Wallerfilets eignen sich viel besser. Der Fisch wird in einem würzigen Sud ohne Fett pochiert, das Gericht ist daher ganz leicht.

Zutaten für 2 Portionen ⊕

je ca. 70 g Karotten, gelbe Rüben (oder mehr Karotten), Stangensellerie und Lauch

350–400 g möglichst dickes Wallerfilet (Wels, egal ob weiß- oder rotfleischig) ohne Haut

für den Sud

500 ml Wasser

100 ml trockener, nicht zu mächtiger Weißwein

30 ml (2 EL) trockener Wermut (Noilly Prat)

15 ml (1 EL) Estragonessig S. 268

ca. 1 TL feines Salz

1 (möglichst frisches) Lorbeerblatt

1 kleiner Zweig Liebstöckel

5 weiße Pfefferkörner

für die Kümmelerdäpfel

400–500 g speckige Erdäpfel

feines Salz

½ TL ganzer Kümmel

frische Krenwurze

→

1 Für die **Kümmelerdäpfel** Erdäpfel waschen, schälen, in gleich große Stücke (längs halbiert oder geviertelt) schneiden, in einem kleinen Topf mit Wasser bedecken, salzen und Kümmel dazugeben. Aufkochen und dann auf kleiner Flamme zugedeckt je nach Größe 10–15 Minuten gar kochen (eine schmale Küchenmesserspitze muss problemlos hineingleiten). Abseihen, dabei geht ein Teil des Kümmels verloren, aber sein Aroma hat er längst abgegeben. Mit Küchenpapier unter dem Deckel ausdampfen lassen, bis der Fisch fertig ist.

2 Während die Erdäpfel garen, Karotten, gelbe Rüben, Stangensellerie und Lauch waschen, putzen, Julienne (s. Bild S. 173) schneiden: längs in 2–3 mm dünne Streifen schneiden, diese dann in gleich dicke Stifte. Die Stifte 4–5 cm lang schneiden.

3 Fisch kalt abschwemmen, abtupfen, je nach Dicke in 3–4 cm große Stücke schneiden.

4 Für den Sud in einem nicht zu großen Topf Wasser, Weißwein, Wermut, Essig und Salz mit eingerissenem Lorbeerblatt, Liebstöckel und Pfeffer aufkochen. Gemüsestreifen hineingeben, aufkochen, 3 Minuten köcheln lassen, mit einem Schaumlöffel auf einen tiefen Teller herausheben. Evtl. mittransportierte Kräuter/Gewürze wieder in den Sud geben. Diesen auf Salz kosten (evtl. etwas nachsalzen). Fischstücke hineingeben. Bei kleinster Hitze (der Sud soll nicht mehr als 75–80 °C erreichen) 7–8 Minuten pochieren, bis der Fisch eine Kerntemperatur von 60–65 °C hat.

5 Währenddessen Krenwurze gründlich waschen, mit einem Sparschäler nur das ungefähr benötigte Stück schälen.

6 Gemüse wieder in den Topf zum Fisch geben, abschmecken.

7 Fisch und Gemüse in tiefen Tellern anrichten, Sud darüber verteilen. Erdäpfel dazusetzen. Kren nach Geschmack darüberreiben.

Gebackener Karpfen mit Rahmgurkensalat

Erst durch Meisterkoch Meinrad Neunkirchner, mit dem ich drei Kochbücher schreiben durfte, habe ich Karpfen lieben gelernt. Aus dem Waldviertel kommt Top-Bio-Ware. Und da er ein Friedfisch ist, der keine anderen Fische als Futter braucht, wäre er auch ökologisch eine gute Wahl. Das Rezept basiert auf jenem von Meinrad, weil es (und er) unbedingt auch in diesem Buch verewigt gehört.

Zutaten für 2–3 Portionen ⊕

400–500 g geschröpfte Karpfenfilets (besser von kleineren als von größeren Karpfen)

1–2 EL frisch gepresster Zitronensaft (von ca. ½ Zitrone)

feines Salz

2–3 Msp. Currypulver

¼ TL getrockneter, gerebelter Oregano

750 ml bis 1 l hoch erhitzbares Pflanzenöl zum Ausbacken, s. Infos S. 18

2 Handvoll Weizenmehl (universal oder griffig)

für den Gurkensalat

1 Gurke ca. 300 g (oder Minigurken)

feines Salz

1 sehr kleine frische Knoblauchzehe

1 EL Hollerblütenessig S. 268 (alternativ weißer Balsamico)

2 EL (ca. 50 g) Sauerrahm

weißer Pfeffer aus der Mühle

3 Zweige Dill

1 EL mildes Sonnenblumenöl

Salzflocken

Zitronenschnitze

Tipps: Der Zitronensaft hilft, die durch das Schröpfen klein geschnittenen Gräten aufzuweichen und so beim Essen beinahe unspürbar zu machen.

Meinrad ließ den Karpfen meist über Nacht (zusätzlich mit 1 feinst geschnittenen Schalotte) marinieren.

1 Karpfenfilets kalt abschwemmen und mit Küchenpapier abtupfen. In Stücke zu 50–60 g schneiden. Mit Zitronensaft gründlich einreiben, und zwar vor allem auf der Fleischseite in den Einschnitten. Mit Salz, Curry und zwischen den Handflächen gerebeltem Oregano bestreuen, gut einreiben.

2 Gurke waschen, je nach Qualität und Geschmack schälen, längs halbieren, ggf. Kerne mit einem scharfkantigen Löffel auskratzen. Gurke in 3–5 mm dicke Scheiben schneiden, mit ¼ TL Salz vermischen und 15 Minuten stehen lassen. Für die Marinade Knoblauchzehe schälen, evtl. Keim entfernen, Knoblauch feinst hacken, mit Essig, Sauerrahm und Pfeffer verrühren. Dill waschen, trocken tupfen, abzupfen, fein schneiden und dazugeben. Öl einrühren.

3 In einem hohen, nicht zu weiten Topf Öl auf 180 °C erhitzen. Mehl in einen tiefen Teller geben, Fischstücke gründlich mehlieren, leicht abschütteln, portionsweise ins heiße Öl gleiten lassen. 2–3 Minuten hell goldgelb backen, bis sie sich aufwölben. Mit einem Schaumlöffel herausheben, gut abtropfen lassen, auf Küchenpapier ablegen.

4 Gurken abgießen, mit der Marinade verrühren, mit Salz abschmecken.

5 Fisch heiß servieren, mit Salzflocken bestreuen, wer mag, beträufelt mit Zitronensaft. Rahmgurkensalat extra dazu servieren.

Zander mit Gewürzlinsen

Die Linsen sind bissfest gegart, saftig und wunderbar würzig, ein Klassiker in unserer Küche. Ich esse sie auch sehr gern pur mit einer Scheibe frischem Brot oder kalt als Salat. Deshalb koche ich immer mehr davon. Zu elegantem Zander passen sie ganz besonders gut.

Zutaten für ca. 2/4 Portionen ⊕
für die Gewürzlinsen (ca. 4 Portionen)
200 g grüne Linsen (z.B. Puy- oder Delikatess-)
1 (möglichst frisches) Lorbeerblatt
3 Thymianzweige
1 Knoblauchzehe
feines Salz
1 EL Olivenöl nativ extra oder mildes Pflanzenöl
600 ml Wasser
je ca. 30 g Karotte, Stangensellerie, rote Zwiebel
1 Knoblauchzehe
2–3 EL mildes Sonnenblumenöl
½ TL edelsüßes Paprikapulver
1 TL Tomatenmark
1 EL Estragonessig S. 268
schwarzer Pfeffer aus der Mühle
½ TL geschrotetes Brotgewürz (alternativ je 1 gute Msp. Korianderpulver und Kümmelpulver)

Abrieb von 1 Zitrone

für den Zander (2 Portionen)
300 g Zanderfilet mit Haut
feines Salz
1 EL Weizenmehl (glatt)
2–3 EL mildes Pflanzenöl
ein paar Thymianzweige

evtl. Salzflocken

1 Linsen in einem Sieb waschen, in einen Topf geben, eingerissenes Lorbeerblatt, Thymian, geschälte Knoblauchzehe, ¼ TL Salz, Öl und Wasser dazugeben. Aufkochen, auf kleiner Flamme nach Packungsangabe 15–25 Minuten zugedeckt bissfest garen (die Linsen müssen in der Mitte durch sein, dürfen keinen hart-mehlig-hellen Kern mehr haben).

2 Währenddessen Karotte und Sellerie waschen, Zwiebel schälen. Alles in sehr kleine Würfelchen schneiden. Knoblauch schälen und sehr fein hacken. In einer Sauteuse oder hohen Pfanne Öl erhitzen, alle Gemüse darin bei mittelhoher Hitze 2–3 Minuten anschwitzen. Von der Hitze nehmen, Paprika und Tomatenmark einrühren, sofort mit Essig ablöschen. Sobald die Linsen gar sind, inkl. gesamtem Sud und Kräutern zum Gemüse gießen und einrühren. Mit ½ TL Salz, Pfeffer und Brotgewürz würzen. Auf Säure (evtl. etwas mehr Essig) und Salz abschmecken. Zum Schluss Zitronenabrieb einrühren. Die Konsistenz soll sämig-saftig, aber nicht zu suppig sein. Ggf. etwas Wasser ergänzen und wieder abschmecken.

3 Zander auf Gräten überprüfen und die Gräten ggf. mit einer Pinzette herausziehen. Fisch kalt abschwemmen, mit Küchenpapier abtupfen, halbieren. Auf der Hautseite mit einem an der Spitze sehr scharfen Messer parallel ein paar Mal einritzen (s. Bild), so wird die Haut besonders knusprig. Fisch zart salzen, auf der Hautseite mit Mehl bestreuen, Mehl mit den Fingern verstreichen.

→

4 In einer kleinen Pfanne Öl erhitzen, überschüssiges Mehl vom Zander abschütteln, Zander mit der Hautseite nach unten in die Pfanne legen, Thymianzweige dazugeben. Auf mittlerer bis hoher Hitze 4–5 Minuten knusprig goldbraun braten. Dabei immer wieder mit einem Esslöffel heißes Fett über die Fischstücke gießen, damit sie auch auf der Fleischseite garen (Wenden nicht nötig). Der Fisch soll außen weiß und fest sein, innen heiß, aber noch leicht glasig (ist er durch und durch weiß, wurde er zu lang gebraten und wird trocken).

5 Linsen in tiefen Tellern anrichten, Fisch mit der Hautseite nach oben darauflegen, evtl. mit etwas vom Bratöl beträufeln, wer mag, bestreut mit Salzflocken.

Tipp: Ich mag grüne Linsen am liebsten, natürlich gehen auch andere Sorten. Achten Sie auf die Garzeitangabe auf der Verpackung, sie bietet eine ungefähre Orientierung. Ich hatte aber schon Garzeiten zwischen knapp 15 und 40 Minuten, man muss immer probieren.

Varianten: Übrig gebliebene Gewürzlinsen schmecken auch am nächsten oder übernächsten Tag aufgewärmt (evtl. mit 1 Schuss Wasser verdünnt) und erneut abgeschmeckt sehr gut.

Für **Linsensalat** die ausgekühlten Linsen mit etwas Rotweinessig, Dijon- oder Estragonsenf und Olivenöl und z.B. in Streifen geschnittenem Chicorée und gewürfeltem Apfel vermischen.

Die Gewürzlinsen schmecken auch hervorragend mit Semmelknödeln S. 152, Polenta S. 112 (Tipps) oder einfach mit gutem Brot und evtl. 1 Klacks Sauerrahm.

Statt Zander passt auch auf der Haut gebratenes Lachsforellen- oder Saiblingsfilet sehr gut zu den Linsen. Oder gekochte Frankfurter.

Wer die Linsen noch pikanter mag, kann entweder etwas Sardellenpaste zum Abschmecken verwenden und/oder kleine gebratene Speckwürfelchen zum Schluss dazugeben.

Paprikahendl mit Nockerln

Dieses Hendlgulasch habe ich erst durch meinen Wiener Mann kennen- und lieben gelernt. Das ist unsere flott gemachte Version des Klassikers.

Zutaten für 2 Portionen

1 Zwiebel (70–80 g)
1 kleine Knoblauchzehe
1 Zitrone
2 EL mildes Pflanzenöl (Sonnenblume, Rapskern)
ca. 400 g ausgelöstes Hühnerkeulenfleisch
feines Salz
2–3 TL edelsüßes Paprikapulver
1 TL Tomatenmark
1 TL einfacher, heller Essig (z.B. Apfel, Weißwein, weißer Balsamico)
3 EL Sauerrahm (60–70 g)
1 EL Speisestärke

300–400 g (je nach Appetit ca. ⅓ Rezeptmenge oder mehr) Nockerl S. 142
evtl. 1 EL Butter oder mildes Pflanzenöl

evtl. ein paar Zweige Petersilie

1 Zwiebel und Knoblauch schälen. Zwiebel längs halbieren, fein würfeln. Knoblauch fein hacken. Zitrone waschen.

2 In einem Topf oder einer hohen Pfanne mit Deckel Öl erhitzen, Zwiebel und Knoblauch unter häufigem Rühren ein paar Minuten hellgelb rösten und leicht salzen.

3 Hühnerfleisch evtl. waschen und abtupfen, in nicht zu kleine Stücke (4–5 cm) schneiden. Fleisch salzen, zur Zwiebel geben, bei kräftiger Hitze rundum ca. 2 Minuten anbraten. Von der Flamme ziehen, Paprikapulver und Tomatenmark einrühren, sofort mit Essig ablöschen, mit ca. 300 ml Wasser auffüllen (das Fleisch soll gerade bedeckt sein). Mit dem Sparschäler 1 breiten Streifen Schale von der Zitrone ablösen und dazugeben, leicht salzen.

4 Aufkochen und zugedeckt bei kleiner Hitze ca. 15 Minuten garen.

5 Falls die Nockerl frisch zubereitet werden, ist jetzt der Moment dazu (S. 142 Schritte 1–3): Salzwasser zustellen, Teig zubereiten, Nockerl kochen und abschrecken, mit wenig Butter wieder in den Topf geben und zudecken. Wer Nockerl vom Vortag hat, wärmt diese erst kurz vor Fertigstellung des Hendls in einer Pfanne in etwas Öl oder Butter auf.

6 Für das Hendl Sauerrahm mit Speisestärke glatt rühren. Fleisch aus dem Topf auf einen Teller heben. 1–2 EL vom heißen Saft in den Rahm rühren, diesen erst dann mit einem Schnee- oder Spiralbesen in den gesamten Saft rühren, aufkochen und 1 Minute kochen lassen. Wenn die Konsistenz passt, mit Salz und ein paar Tropfen Zitronensaft pikant abschmecken, Fleisch wieder einlegen.

7 Evtl. Petersilie waschen und trocken tupfen, inkl. zarter Stängel fein schneiden.

8 Paprikahendl heiß mit viel Sauce und Nockerln anrichten, evtl. mit Petersilie bestreuen.

Tipps: Keine Hühnerbrust verwenden, die ist zu mager, hat zu wenig Geschmack und wird zu trocken. Wer mehr Zeit hat und ein wenig mehr Fett nicht scheut: ganze Hühnerkeulen mit Haut verwenden und vor dem Fertigstellen der Sauce auslösen.

Natürlich kann man die Menge problemlos verdoppeln, das Hendlgulasch ist genauso schnell zubereitet, hält im Kühlschrank mehrere Tage und lässt sich sehr gut portionsweise einfrieren.

Wer's pikanter mag, nimmt einen Teil (nicht alles, sonst fehlt das fruchtige Aroma) scharfes Paprikapulver.

Falls der Sauce zum Schluss trotz Salz und Zitrone etwas fehlt, was bei recht magerem Fleisch oder nicht besonders aromatischem Paprika sein kann: Ein paar Tropfen Sojasauce helfen.

Wenn die Sauce zu dünn ist, ggf. mit weiterer in ganz wenig Flüssigkeit angerührter Stärke binden. Ich finde dünne Sauce besser als zu dicke.

Varianten: Statt Nockerl schmecken auch Spiralen, frische Handsemmerl oder cremige Polenta S. 112 (Tipps).

Brathendl mit Risibisi

Ich liebe den Geruch von Brathendl, aber überall dort, wo es danach riecht, kann ich es üblicherweise nicht essen: auf Märkten, bei Hendlbratereien – weil das arme Turbohendln sind, die ich seit Jahrzehnten boykottiere. Ein ganzes Bio-Brathendl dauert ziemlich lang (und ich mag keine Brust), 2 Keulen hingegen gehen sich sogar in der Pfanne aus. Wenn man zwei Tricks des von mir sehr geschätzten legendären franko-amerikanischen Kochs Jacques Pépin berücksichtigt: am Knochen entlang einschneiden und zugedeckt unberührt auf der Hautseite braten. Funktioniert verlässlich und wird schön knusprig!

Zutaten für 2 Portionen

2 große Hühnerkeulen mit Haut (insg. ca. 500 g)
feines Salz
schwarzer Pfeffer aus der Mühle
2 Msp. edelsüßes Paprikapulver
evtl. 1–2 Zweige Petersilie

für das Risibisi

ca. 30 g Zwiebel
30 g Butter
100 g Basmatireis
1 EL trockener Wermut (Noilly Prat)
250 ml kochendes Wasser
½ TL feines Salz
100 g Erbsen (TK)

1 Für das **Brathendl** Keulen mit einem kleinen scharfen Messer am Gelenk in Unter- und Oberkeulen teilen. Mit der Hautseite nach unten auflegen, auf der Fleischseite rechts und links entlang der Knochen einschneiden, aber nicht durchschneiden – so gart das Fleisch gleichmäßig. Hendl beidseitig mit Salz, Pfeffer und wenig Paprika einreiben.

2 Eine beschichtete Pfanne mit gut sitzendem Deckel erhitzen, Hendlkeulen währenddessen mit der Hautseite nach unten einlegen. 2–3 Minuten bei hoher Hitze offen anbraten, Deckel daraufgeben, auf kleiner Flamme 15–20 Minuten braten. Nach einigen Minuten sollte sich schon Fett ausgebraten haben und das Hendl darin brutzeln. Das Hendl nicht wenden. Nach 15 Minuten Farbe und Temperatur kontrollieren. Am Ende der Garzeit soll es an der dicksten Stelle nahe am Knochen eine Kerntemperatur von mind. 80 °C (idealerweise nicht mehr als 85 °C) haben und auf der Hautseite knusprig goldbraun sein.

3 Sobald das Hendl in der Pfanne ist, Zwiebel für das **Risibisi** schälen, sehr fein würfeln. Butter in einer Sauteuse oder einem Topf (jeweils mit gut sitzendem Deckel) aufschäumen, Zwiebel darin 1–2 Minuten glasig anschwitzen. Reis in einem Sieb gründlich waschen, zur Zwiebel geben, kurz durchrösten, mit Wermut ablöschen, mit kochendem Wasser auffüllen, salzen, Erbsen (noch gefroren) dazugeben, umrühren und aufkochen. Sofort Deckel draufgeben, Risibisi auf kleinster Flamme 12 Minuten garen. Hitze ausschalten, mit Küchenpapier unter dem Deckel 5–10 Minuten ausdampfen lassen. Erst jetzt mit einer Gabel vorsichtig auflockern.

4 Brathendl und Risibisi anrichten, Hendl mit Bratensaft beträufeln, evtl. mit grob geschnittener Petersilie bestreuen und pfeffern.

Varianten: Rosmarinzweig zum Hendl geben. 1 Zitronenhälfte mit dem Hendl mitbraten und bei Tisch den Saft darüber auspressen.

Wenn Zeit ist: Blattsalat mit Hollerblüten- oder Estragondressing S. 59 passt sehr gut dazu.

Statt Risibisi passen auch Rahmgurken- S. 176 und/oder Paradeisersalat S. 81 (Tipp) und Weißbrot dazu.

Faschierte Laibchen

mit Erdäpfelsalat

Fleischlaberl schmecken warm wie kalt, mit Beilagen oder ohne, kleinen wie großen Menschen, aber wichtig ist: Erst das eingeweichte Semmerl macht sie so saftig-flaumig – und sie müssen gut gewürzt sein. Was den Erdäpfelsalat betrifft: Erstaunlicherweise geht er sich in gut einer halben Stunde ohne Qualitätseinbußen aus. Wichtig ist, ihn heiß zu marinieren, viel und leicht süß-senfige Marinade sowie geduldiges Rühren für die Bindung.

Zutaten für 3–4 Portionen ⊕ (12 faschierte Laibchen)

1 Semmel (frisch ca. 60 g oder 1–2 Tage alt)
1 Zwiebel (ca. 60 g)
1 frische Knoblauchzehe
2–3 EL Pflanzenöl
3 Zweige Petersilie
300 g faschiertes Rindfleisch
1 TL Estragonsenf + evtl. Senf zum Servieren
½ TL getrockneter Majoran
1 TL feines Salz
schwarzer Pfeffer aus der Mühle
1 Ei, s. Tipps S. 188 (Größe egal)
3–4 EL Semmelbrösel S. 271 zum Wälzen

für den Erdäpfelsalat

ca. 800 g gleich große speckige Erdäpfel
feines Salz

für die Marinade

200 ml Wasser
1 TL feines Salz
3 EL Apfelessig
1 TL Estragonsenf
2 TL Kristallzucker
schwarzer Pfeffer aus der Mühle
ca. 20 g (bevorzugt rote) milde Zwiebel
4 EL mildes Sonnenblumenöl

1 Für den **Erdäpfelsalat** Erdäpfel waschen, in einem Topf mit lauwarmem Salzwasser zustellen, aufkochen, zugedeckt je nach Größe 15–20 Minuten gar kochen (eine schmale Küchenmesserspitze muss problemlos bis in die Mitte der Knolle gleiten).

2 Sobald die Erdäpfel zugestellt sind, Semmel für die **faschierten Laibchen** in grobe Stücke reißen oder schneiden, in lauwarmem Wasser einweichen. Zwiebel schälen, längs halbieren, fein würfeln, in einer kleinen Pfanne in 1 EL Öl 1–2 Minuten glasig anschwitzen. Knoblauch schälen und sehr fein hacken, Petersilie waschen, trocken tupfen, abzupfen, fein hacken. Knoblauch und Petersilie zur Zwiebel geben, umrühren.

3 Semmel fest und gründlich ausdrücken (s. Tipps S. 188), in eine Schüssel geben, Faschiertes, Zwiebel, alle Gewürze (Senf, zwischen den Handflächen gerebelten Majoran, Salz und Pfeffer) und Ei dazugeben. Alles gründlich mit der Hand vermischen und durchkneten. Fleischmasse 5 Minuten rasten lassen.

4 Währenddessen Marinade für den Erdäpfelsalat machen: Wasser, Salz, Apfelessig, Senf, Zucker und Pfeffer in einer Schüssel gründlich verrühren. Zwiebel schälen, sehr fein würfeln, dazugeben.

→

5 Fleischmasse mit nassen Händen (Schale mit kaltem Wasser bereitstellen) in ca. 12 Laibchen (à knapp 50 g) formen (Ø ca. 6 cm, ca. 2 cm dick, nicht zu flach drücken). Brösel in einen tiefen Teller geben, Laibchen behutsam darin wenden und Brösel mit der flachen Hand etwas andrücken.

6 In einer großen Pfanne 1–2 EL Öl erhitzen, Laibchen vorsichtig abschütteln, damit nicht zu viele lose Brösel in der Pfanne verbrennen, auf mittlerer Hitze ca. 4 Minuten knusprig braun braten. Laibchen wenden und auf der zweiten Seite ebenfalls 3–4 Minuten braten. Herausnehmen, auf Küchenpapier ablegen.

7 Während des Bratens Erdäpfel abgießen, kurz offen ausdampfen lassen, heiß schälen, in 3–4 mm dicke Scheiben schneiden, in eine große Schüssel geben. Marinade umrühren, über die Erdäpfel leeren, mit einem Kochlöffel oder Gummihund (nichts Scharfkantiges) behutsam rühren, bis der Salat den Großteil der Marinade aufgesogen und eine sämige Bindung hat. Evtl. mit Salz und Essig kräftig abschmecken, erst jetzt das Öl einrühren, bis der Salat emulgiert.

8 Faschierte Laibchen mit lauwarmem Erdäpfelsalat und evtl. Senf servieren.

Tipps: Eine frische Semmel kann 50–70 g oder sogar noch mehr wiegen, üblich sind 60–65 g. Das Verhältnis Fleisch zu eingeweichtem, ausgedrücktem Brot sollte ca. 2:1 betragen. D.h. auf 300 g Fleisch kommen ca. 150 g eingeweichte, ausgedrückte Semmel.

Wenn Sie die Masse gründlich verkneten, ist kein Ei notwendig, die Fleischlaberl halten auch so.

Fleischlaberl schmecken auch sehr gut kalt mit Ketchup.

Wer einen hat, kocht die Erdäpfel im Schnellkochtopf.

Der Erdäpfelsalat kann auch gut aus am Vortag gekochten, bei Raumtemperatur gelagerten Erdäpfeln zubereiten werden. Dann heißes Wasser für die Marinade verwenden.

Aus übrig gebliebenem Erdäpfelsalat (der nach einem Aufenthalt im Kühlschrank nie so gut schmeckt wie frisch gemacht) kann man Einbrennte Erdäpfel S. 120 machen.

Varianten: Zu den faschierten Laibchen passt auch Erdäpfelpüree S. 198, evtl. mit Röstzwiebeln S. 146 und/oder Erbsen.

Alternativ **Erbsenpüree**, dafür TK-Erbsen in wenig Salzwasser weich garen, abseihen, großzügig Butter dazugeben, mit dem Stabmixer je nach gewünschter Textur gröber oder glatter mixen, mit Salz und 1 Spritzer Zitronensaft abschmecken. Wer mag, ergänzt mit fein geschnittener frischer grüner Minze und/oder kleinen Kapern.

Sehr gut schmeckt auch die Variante „alla stimpirata" unseres Freundes Dieter, der sie von Marcella Hazan hat: in 3 EL Olivenöl nativ extra 4 EL fein gewürfelte Zwiebel und 6 EL fein gewürfelten Stangensellerie anschwitzen, 2 EL Kapern dazugeben, mit 4 EL Weißweinessig (oder Estragonessig S. 268) ablöschen und kurz stark einkochen. Auf den Laibchen anrichten (oder diese kurz darin spazieren führen). Dazu passt Erdäpfelpüree S. 198.

Zu den Faschierten Laibchen passen auch Einbrennte Erdäpfel S. 120 oder Rote-Rüben-Salat.

Statt Rindsfaschiertem gemischtes Faschiertes (mit Schweinefleisch) oder Lamm- oder Wildschweinfaschiertes verwenden.

Für **Erdäpfel-Vogerl-Salat** zum Schluss gründlich verlesenen, gewaschenen und trocken geschleuderten Vogerlsalat unterheben.

Aus dem Erdäpfelsalat wird mit Mayonnaise S. 269 statt Öl **Mayonnaisesalat** (falls der Salat sehr suppig wirkt, vor dem Dazugeben der Mayonnaise evtl. etwas Marinade abgießen), der wiederum gut zum gebackenen Karpfen S. 176 und zur gebackenen Leber S. 202 (Variante) passt.

Augsburger mit Kohlrabigemüse

Bei uns im oberösterreichischen Traunviertel wurden die Würste über Kreuz eingeschnitten, in anderen Landesteilen werden sie eher parallel fein geschröpft. Welches Muster Sie schnitzen (unser Freund Claus hat erfreut „Igelwurscht!" ausgerufen, als er das Foto zu diesem Rezept sah), ist egal, es dient nur der Vergrößerung der knusprig gebratenen Oberfläche. Der mild-süße, buttrige Kohlrabi nach dem Rezept meiner Mama, ganz ohne Einbrenn oder Rahm, macht sich hervorragend dazu. Das ist die Kombi aus meiner Kindheit.

Zutaten für 2 Portionen

1 Pariser-Kranzl (ca. 250 g) (oder 1 Paar Augsburger)
2–3 EL mildes Pflanzenöl (Sonnenblume, Rapskern)

für das Kohlrabigemüse

2 Kohlrabi à ca. 250 g, wenn möglich mit schönen Blättern
2 EL Butter
Muskatnuss
1 Spritzer frisch gepresster Zitronensaft
feines Salz

1 Dampfgarer vorheizen oder einen Topf mit Dämpfeinsatz mit Wasser bis knapp unter den Einsatz zustellen. Kohlrabiblätter abreißen und zur Seite legen. Kohlrabi rundum großzügig schälen, bis sich nichts mehr faserig anfühlt oder aussieht. In kleinfingerdicke Scheiben schneiden, diese quer in Stifte.

2 Kohlrabi bei geschlossenem Deckel 15–20 Minuten dämpfen, bis eine schmale Küchenmesserspitze mühelos hineingleitet. Zu bissfest schmeckt der Kohlrabi nicht, erst wenn er weich wird, erschließt sich sein fein-süßes Aroma.

3 Während der Kohlrabi dämpft, die Blätter waschen, abtupfen, Mittelrippe entfernen, Blätter feinnudelig schneiden.

4 Wursthaut abziehen. Wurst längs halbieren und in 2–3 Stücke schneiden. Auf der runden Seite über Kreuz oder parallel einige mm tief einschneiden.

5 In einer Pfanne (beschichtet oder gut eingebranntes Gusseisen) Öl erhitzen. Würste bei mittlerer Hitze zuerst ca. 5 Minuten auf der glatten Seite langsam braun braten, wenden, auf der zweiten Seite ebenfalls ca. 5 Minuten braun braten.

6 Kohlrabi vom Dampf nehmen, Wasser bis auf 1 kleine Tasse voll abgießen. Im Topf (Auswaschen nicht nötig) Butter aufschäumen, Kohlrabi darin schwenken. Mit 1 guten Prise Muskatnuss, 1 Spritzer Zitronensaft und Salz abschmecken, Blätter einschwenken. Evtl. etwas Kochsud ergänzen.

7 Würste mit Kohlrabigemüse anrichten.

Varianten: Der Kohlrabi schmeckt auch ohne Wurst mit gekochten Erdäpfeln.

Frische (oder auch TK-)Erbsen passen wunderbar zum Kohlrabi: die letzten 5 Minuten mitdämpfen.

Die gebratenen Würste passen auch zu Erdäpfelpüree S. 198 und Erbsen, zu Kochsalat mit Erbsen S. 106, zu Einbrennten Erdäpfeln S. 120 oder zu Spinat mit gerösteten Erdäpfeln S. 103.

Statt Augsburgern/Pariser-Kranzl schmeckt auch gebratener Leberkäse. Als Kind mochte ich am liebsten Wurstschüsserl aus kleinfingerdicken Kalbspariserscheiben.

Gut zu wissen: Ich habe mit Bio-Fleischern in Salzburg, Ober-, Niederösterreich und Wien gesprochen: Augsburger sind beinahe ausgestorben. Sie werden anders als die heute oft verwendeten Knacker nicht geräuchert, schmecken also deutlich milder. Das hat mich zum ungeräucherten Pariser-Kranzl geführt.

Bratwürstel mit Erdäpfeln & Salat

Bratwürstel mit Sauerkraut und Brot sind der Christkindlmarkt-Klassiker, wir essen sie aber noch lieber mit mitgebratenen Erdäpfeln, viel Salat, Chutneys und Senf. Und zwar das ganze Jahr über. Besonders gern haben wir Lammbratwürstel (und deren nordafrikanisch gewürzte Spielart Merguez) oder italienisch mit viel Fenchel und Pfeffer gewürzte Salsicce. Wann immer wir bei unseren vertrauenswürdigen Bio-Fleischern frische (d.h. rohe) Bratwürste, egal ob dick oder dünn, von Schwein oder Lamm, sehen, greifen wir zu und frieren auch welche ein.

Zutaten für 1 Portion ☾ ⊘

1 EL Pflanzenöl

1 Paar dünne Bratwürstel oder 1 dicke Bratwurst (Schwein, Lamm, Rind, Wild oder gemischt)

ca. 200 g gekochte Erdäpfel vom Vortag (am besten speckige)

feines Salz

knackiger Blattsalat der Saison (besonders gern Endivien, Radicchio, Zuckerhut, Grazer Krauthäuptel)

Estragondressing (je nach Wurst auch Dressing mit Rotweinessig und Olivenöl, z.B. bei Salsicce) S. 59

Senf (gern grober oder Dijonsenf, Estragonsenf geht immer, bei scharfen Würsten auch süßer)

Ajvar (besonders zu kräftig gewürzten Würsten mit Lamm- oder Rindfleischanteil)

fruchtiges Chutney (am liebsten Apfel-, Zwetschken-, Birnen- oder Quitten-)

1 In einer Pfanne (beschichtet oder gut eingebranntes Gusseisen) Öl erhitzen. Würste auf mittlerer Hitze langsam braun braten, dabei immer wieder wenden. Geduld! Wer die Hitze zu hoch dreht, riskiert angebrannte Würste. Dauert je nach Wurstdicke und -kälte pro Seite mind. 5 Minuten.

2 Erdäpfel schälen, in Stücke schneiden, bald zu den Würsten geben und mitbraten, manchmal (nicht zu oft, sonst bräunen sie nicht) wenden. Die Erdäpfel ein wenig salzen.

3 Salat waschen, trocken schleudern, Dressing zubereiten, Salat marinieren und anrichten.

4 Bratwürste und Erdäpfel heiß mit Senf, Ajvar und Chutney servieren.

Tipps: Tiefgekühlte Würste im Sackerl in eine Schüssel mit (kaltem) Wasser legen, so tauen sie am schnellsten auf. Das dauert bei dünnen Bratwürsten keine Viertelstunde.

Käsekrainer unbedingt vorher „stupfen", d.h. mit einer sehr feinen Gabel oder einem Spieß mehrmals einstechen, damit der Käse dort auslaufen und knusprig braten kann. Nicht so oft wenden.

Varianten: Natürlich schmeckt auch Sauerkraut S. 166 statt Erdäpfeln und Salat, am besten zu Schweinsbratwürsteln.

Bei uns zuhause gab's Erdäpfelschmarrn (sehr klein zerdrückte Erdäpfel) ähnlich S. 103 zu Bratwürsten.

Im Sommer mögen wir **Maisgemüse** aus frischem Zuckermais (mit weißer Zwiebel, Paprika, Chili und Petersilie oder Basilikum) dazu.

Im Winter essen wir sehr gern blanchierten Grün- oder Schwarzkohl oder Rahmkohl (aka Rahmwirsing) zu Bratwürsten.

Blunzengröstl

Im Gasthaus oft so fett und schwer (und die Blunze meist ohnehin nicht von anständig gehaltenen Schweinen), dass man sich danach zum Verdauen hinlegen muss. Wer wie ich den Geschmack von knusprig gebratener Blutwurst und Erdäpfeln trotzdem liebt, aber keine Schwerarbeiterin ist, voilà.

Zutaten für 2 Portionen ☾

ca. 400 g gekochte speckige Erdäpfel vom Vortag
1,5 EL Schweineschmalz
1 EL mildes Pflanzenöl (Sonnenblume, Rapskern)
feines Salz
1 Zwiebel (ca. 70 g)
¼ TL ganzer Kümmel
¼–½ TL getrockneter Majoran (Menge hängt von der Würzung der Blutwurst ab)
ca. 250 g Blutwurst zum Braten
frische Krenwurze
schwarzer Pfeffer aus der Mühle
evtl. frischer Majoran

Chinakohl- oder Zuckerhutsalat mit Gurkerldressing S. 59 oder Rote-Rüben-Salat aus dem Glas

1 Ofen auf ca. 100 °C Ober-/Unterhitze vorheizen. Erdäpfel schälen, in max. 0,5 cm dicke Scheiben schneiden.

2 In einer großen Pfanne (beschichtet oder gut eingebranntes Gusseisen) je 1 gestrichenen EL Schmalz und Öl erhitzen, Erdäpfel bei hoher Hitze 5–10 Minuten goldbraun rösten, salzen. Immer ein wenig liegen lassen, bis sie Farbe bekommen, dann erst wenden.

3 Währenddessen Zwiebel schälen, längs halbieren und fein würfeln. Zum Schluss mit den Erdäpfeln 2–3 Minuten mitrösten, mit Kümmel und zwischen den Händen gerebeltem Majoran würzen. Auf einen Teller geben und im Ofen warm halten.

4 Von der Blunze die Haut abziehen, Wurst in ca. 1 cm dicke Scheiben schneiden.

5 In der Pfanne (auswaschen nicht nötig) ½ EL Schmalz erhitzen, Blunzenscheiben nebeneinander einlegen, je nach Konsistenz 2–3 Minuten bei mittelhoher bis hoher Hitze anbraten lassen, mit Pfannenwender wenden, wieder liegen und anbraten lassen, bis sie sehr dunkel und jedenfalls knusprig sind. Das muss man kosten, weil es optisch nicht erkennbar ist. Falls die Wurst sehr weich ist, kann es sein, dass sie sich zu einer Art Schmarrn klumpt, das ist egal und dauert evtl. ein wenig länger, Hauptsache am Ende knusprig.

6 Während Erdäpfel und Blunze braten, um den Salat kümmern: Salat waschen, trocken schleudern. Dressing zubereiten, Salat marinieren. Krenwurze waschen, mit einem Sparschäler nur das ungefähr benötigte Stück schälen.

7 Wenn die Blunze knusprig gebraten ist, die Erdäpfel wieder dazugeben, vorsichtig mischen, mit Salz und Pfeffer und ggf. Majoran abschmecken. Anrichten, Kren darüberreiben und evtl. frischen Majoran daraufzupfen, mit Salat servieren.

Tipps: Wer mag, nimmt im Verhältnis mehr Blunze (bis zu 1:1 Blunze und Erdäpfel).

Je nach Blutwurst kann das Gröstl eine einzige fast schwarze Masse werden (wenn das Blutwurst-Brät sehr weich ist) oder ebenso akkurate Taler bleiben, die ihre Form nicht verlieren (wenn das Brät sehr fest ist, siehe Bild). Beides schmeckt.

Varianten: Säuerlich-knackige Apfelspeigerl mitbraten. Mit Bratenresten statt Blunze wird **Tiroler Gröstl** daraus, mit Teigwaren Grenadiermarsch S. 159.

Zunge mit Püree & Erbsen

Gab's in meiner Kindheit zu meiner Freude öfter. Wann immer ich geselchte Schweinszüngerl bei einem Bio-Freilandschweine-Betrieb sehe, kaufe ich sie (am liebsten alle, die's gibt) und friere sie ein. Entschuldigung, falls Sie deshalb keines mehr erwischen!

Zutaten für 2 Portionen

1 Rezeptmenge Erdäpfelpüree S. 198

feines Salz

ca. 300 g gekochte Zunge oder noch viel besser Selchzunge (Schwein, Rind oder Kalb)

200 g Erbsen (TK)

1 TL Butter

1 Für das Püree Erdäpfel zustellen (S. 198, Schritt 1).

2 In einem Topf, in dem die ganze Zunge Platz hat, Salzwasser zum Kochen bringen (auch, wenn die Zunge geselcht ist). Zunge einlegen und auf kleinster Flamme je nach Dicke 10–15 Minuten mehr ziehen als kochen lassen. Die Zunge soll eine Kerntemperatur von knapp 70 °C haben, sie ist bereits gegart, muss nur mehr heiß werden.

3 Für die Erbsen in einem kleinen Topf wenig Salzwasser zum Kochen bringen, Erbsen direkt aus dem Tiefkühler darin aufkochen und ca. 5 Minuten köcheln lassen. Wasser abgießen, 1 TL Butter einrühren, mit Salz abschmecken.

4 Püree fertigstellen (S. 198, Schritt 4).

5 Zunge aus dem Wasser nehmen, abtropfen lassen, in nicht zu dünne Scheiben schneiden und mit Püree und Erbsen anrichten.

Tipp: Tiefgefrorene Zunge über Nacht im Kühlschrank auftauen lassen.

Variante: Wer keine Zunge mag (ist übrigens keine echte Innerei, sondern Muskelfleisch): Zu Erbsen und Püree schmeckt natürlich alles Geselchte, üblicherweise sogenanntes „Teilsames", das sind Stücke aus Schulter oder Schlögel, außerdem Schopf oder auch Karree.

Ein Klassiker zu Püree und Erbsen sind **Wurstschüsserl**, in kleinfingerdicke Scheiben geschnittene und gebratene Kalbspariser. Oder gebratener Leberkäse.

Geröstete Kalbsleber mit Apfel & Püree

Ich liebe Leber, immer schon, egal ob von Kalb, Lamm oder Reh. Geröstete Leber zuzubereiten war früher auch für mich ein Angstgegner, weil es ja immer heißt, dass sie so schnell hart wird, und man unbedingt Kalbsfond oder Suppe für die Sauce braucht. Nicht notwendigerweise. Ist nämlich ganz einfach und ein Festessen, das würzig und fruchtig, rustikal und duftig schmeckt.

Zutaten für 2 Portionen
1 nicht zu kleiner knackig-säuerlicher Apfel (z.B. Topaz)
1 Zwiebel (bevorzugt rot, ca. 100 g)
2 EL mildes Sonnenblumenöl
evtl. 1 Prise Kristallzucker
feines Salz
schwarzer Pfeffer aus der Mühle
2 Msp. getrockneter Majoran
1 EL Butter
300 g Kalbsleber, geputzt und vom Fleischer geschnetzelt oder selbst ca. 1 cm breit geschnitten
3–4 EL Madeira (oder Marsala)
evtl. helle Sojasauce
Salzflocken
evtl. frischer Majoran

für das Püree
500 g mehlige Erdäpfel (bevorzugt große)
feines Salz
ca. 80 ml Milch
ca. 80 ml Obers
1 EL Butter
Muskatnuss

1 Für das **Püree** Erdäpfel waschen, schälen, in 1–2 cm große Würfel schneiden. In einem kleinen Topf mit lauwarmem Salzwasser zustellen, aufkochen, in 10–15 Minuten richtig weich kochen.

2 Apfel waschen, schälen, vierteln, Kerngehäuse mit einem Kugelausstecher entfernen, Apfel auf Säure kosten. Viertel je nach Größe halbieren oder dritteln. Zwiebel schälen, halbieren, längs in 4–5 mm breite Streifen schneiden.

3 In einer beschichteten Pfanne 1 EL Öl erhitzen, Zwiebel darin bei hoher Hitze ca. 5 Minuten leicht braun braten, Apfelspalten zwischen die Zwiebelstreifen legen, bei hoher Hitze beidseitig braten, bis sie leicht braun und weich werden, aber noch nicht zerfallen. Falls der Apfel sehr sauer ist, vor dem Wenden 1 Prise Kristallzucker auf den Spalten verteilen. Mit Salz, Pfeffer und zwischen den Handflächen gerebeltem Majoran würzen. Auf einen Teller geben.

4 Erdäpfel abseihen, mit Küchenpapier unter dem Deckel kurz ausdampfen lassen. Entweder im Topf fein stampfen oder durch eine Wiegepresse passieren. Im Topf mit Milch, Obers und Butter aufkochen, oder, falls die Erdäpfel heraußen passiert wurden, jetzt wieder dazugeben. Mit Muskatnuss und Salz würzen, mit dem Gummihund rühren, bis das Püree cremig ist (ich mag es lieber fester als zu flüssig). Zudecken und zur Seite ziehen, sonst brennt es an.

5 In der Pfanne 1 EL Butter und 1 EL Öl erhitzen, **Leber** darin bei maximaler Hitze ca. 2 Minuten rundum anbraten, salzen, pfeffern und, wenn sie gut gebräunt und quasi fertig ist, auf nach wie vor höchster Hitze Madeira dazugeben, Achtung wegen evtl. Stichflammen. Schwenken und auf Salz kosten. Falls Komplexität und Tiefe fehlen sollten, statt mit mehr Salz mit ein paar Tropfen (!) heller Sojasauce abschmecken. Apfel-Zwiebel-Mischung dazugeben, kurz durchschwenken und sofort mit dem Püree anrichten. Leber mit Salzflocken und Pfeffer und evtl. mit frischem Majoran bestreuen.

Tipps: Schmeckt nur frisch zubereitet, weil die Leber beim Aufwärmen hart wird.

Große Erdäpfel sind schneller geschält, und weil sie sowieso geschnitten werden, hat ihre Größe keinen Einfluss auf die Garzeit.

Varianten: Statt Majoran Salbei und statt Erdäpfelpüree cremige oder knusprige Polenta S. 112 (Tipps), und schon wird's italienisch.

Die Leber schmeckt auch, wen wundert's, mit Zitronenabrieb und Kapern.

Wiener Schnitzel

Bis zu diesem Buch gab's diese Speise ein bis zwei Mal im Jahr als Festessen und nie nach Rezept. Jetzt „musste" ich es aufschreiben, und das ist gut so, denn es kursieren unzählige Mythen drum. Es kommt wie immer auf Zutaten und Sorgfalt an, schnell gehen tut's so oder so.

Zutaten für 2 Portionen ⊕ 🛍

1 Handvoll Weizenmehl (universal oder griffig)

1 Ei (L) oder 2 Eier (M)

feines Salz

ca. 100 g Semmelbrösel S. 271

2 Kalbsschnitzerl à ca. 150 g aus Kalbsschlögel, üblicherweise Schale (Kaiserteil), Frikandeau oder Nuss, s. Tipps S. 202

100–150 g Butterschmalz S. 268 und ca. 500 ml hoch erhitzbares Pflanzenöl zum Ausbacken, s. Tipps S. 202

für die Petersilerdäpfel

300–400 g ähnlich große, nicht zu große speckige Erdäpfel (oder gekochte vom Vortag)

feines Salz

3–4 Zweige Petersilie

2 EL Butter

Häuptelsalat mit z.B. Hollerblütendressing S. 59

Zitronenschnitze

Preiselbeeren mit hohem Fruchtanteil (mind. 60 %)

1 Rohe Erdäpfel waschen und mit lauwarmem Salzwasser zustellen, aufkochen und zugedeckt je nach Sorte und Größe 15–20 Minuten gar kochen (eine schmale Küchenmesserspitze muss problemlos bis in die Mitte der Knolle gleiten). Abgießen und mit Küchenpapier unter dem Deckel ausdampfen lassen.

2 Salat waschen, trocken schleudern. Dressing zubereiten, Salat jedoch noch nicht marinieren.

3 Petersilie für die Erdäpfel waschen, trocken tupfen, inkl. zarter Stängel abzupfen und grob schneiden. Zitronenschnitze und Preiselbeeren anrichten. Falls nicht alle Schnitzel in einer Pfanne Platz haben, Ofen auf 80 °C Ober-/Unterhitze vorheizen.

4 Panierstraße (das heißt in der Gastronomie wirklich so!) herrichten: 3 große tiefe Teller, im 1. Mehl, im 2. gründlich verschlagene Eier, leicht gesalzen, im 3. Brösel (s. Bild S. 203). Schnitzel mit Frischhaltefolie bedecken, mit einem Plattiereisen (keinesfalls mit der gezahnten Seite eines Fleischklopfers) oder dem abgerundeten Boden eines schweren Reindls/einer Sauteuse plattieren. Es soll gleichmäßig ca. 0,5 cm dick sein, nicht dünner.

5 Erdäpfel schälen, ggf. in Stücke schneiden. In einer kleinen Pfanne oder Sauteuse Butter aufschäumen, Erdäpfel darin langsam bei mittlerer Hitze anbraten (es dürfen sich braune Stellen bilden), leicht salzen. Gegen Ende Petersilie dazugeben und gut durchschwenken.

→

6 In einer weiten Pfanne mit hohem Rand Butterschmalz und Öl mind. 2–3 cm hoch (das Schnitzel muss schwimmen, sonst legt es an und verbrennt an diesen Stellen) auf 170 °C erhitzen.

7 Jetzt erst Schnitzel beidseitig zart salzen und flott panieren: nacheinander zuerst sorgfältig im Mehl wenden. Dann mit Hilfe einer Gabel durchs Ei ziehen, auch hier muss alles benetzt sein. Mit der Gabel in die Brösel bugsieren, mit den Fingern gründlich rundum bebröseln, dabei Brösel behutsam andrücken. Schnitzel hochheben, lose Brösel abschütteln, Schnitzel auf einem Brett ablegen. Mit dem zweiten Schnitzel wiederholen.

8 Beide Schnitzel vorsichtig ins heiße Fett gleiten lassen. Temperatur kontrollieren, sie sollte zwischen 160 und 170 °C bleiben. Pfanne, ohne sie hochzuheben, auf der Platte ganz leicht hin und her oder kreisend bewegen, dabei sehr vorsichtig und konzentriert vorgehen. So schwappt das heiße Fett über die Schnitzel, sie bräunen gleichmäßig und soufflieren (die Panier hebt sich ab und geht auf). Nach maximal 2 Minuten Schnitzel wenden, weitere 1–2 Minuten goldbraun (weder zu bleich noch zu dunkel, ein wenig dunkelt die Panier nach) backen. Falls weitere Schnitzel zu backen sind, die fertigen kurz auf Küchenpapier abtupfen und dann auf einem Gitter (ohne Papier) nebeneinander (sonst weicht die Panier auf) im Ofen warm halten.

9 Salat marinieren. Heiße Schnitzel mit Petersilerdäpfeln anrichten, Salat, Preiselbeeren und Zitronenschnitze dazu servieren.

Tipps: Fleisch vom Fleischer je nach Größe einfach oder im Schmetterlingsschnitt schneiden lassen – falls es mehrere kleinere Stücke sind: auch kein Problem, gibt mehr Panier.

Ich verwende so gut wie immer selbst geriebene Brösel S. 271. Ich mag kein entrindetes frisches Brot, wie es in der gehobenen Gastronomie oft zum Schnitzelpanieren verwendet wird, es ist mir zu weich und zu fad.

In reinem Butterschmalz auszubacken finde ich verschwenderisch, in Schweineschmalz (was die traditionelle Art fürs Wiener Schnitzel wäre) ist mir der Schmalzgeschmack zu dominant. Ich finde das Verhältnis Butterschmalz zu Öl ca. 1:4–1:5 gut.

Wichtige Infos zum Ausbacken/Frittieren (welches Fett/Öl, wie viel, Temperatur, Thermometer, wohin mit dem Frittierfett?) stehen auf S. 18.

Varianten: Statt Kalbsschnitzel Schweinsschnitzel – oder solche vom Reh, Hirsch, Wildschwein oder Lamm – verwenden. Muss dann „Schnitzel Wiener Art“ heißen, aber nur, wenn Sie ein Lokal haben.

In Wien ist die übliche Beilage zum Wiener Schnitzel Erdäpfelsalat S. 186. Da ich aber in Salzburg aufgewachsen bin, ist meine Default-Kombi jene mit Petersilerdäpfeln, grünem Salat und unbedingt Preiselbeeren, gern auch despektierlich „Zillertaler Ketchup“ genannt.

Für **Gebackene Leber** beste Bio-Freilandschweins- oder Kalbsleber vom Fleischer zugeputzt und in gleichmäßige Schnitzel geschnitten verwenden, dazu passen Mayonnaisesalat (Variante S. 188) oder auch Petersilerdäpfel und Salat.

Kaiserschnitzerl mit Kapern & Zitrone

Schnitzel müssen nicht immer gebacken sein, auch als Naturschnitzel machen sie Freude. In dieser pikanten Version mit Kapern und Zitrone ganz besonders.

Zutaten für 2 Portionen
2 Schnitzerl vom Kalb oder Schwein à 130–150 g, s. Tipp
feines Salz
schwarzer Pfeffer aus der Mühle
1–2 EL Weizenmehl (glatt)
2 EL mildes Pflanzenöl
1–2 EL trockener Wermut (Noilly Prat)
150 ml Wasser
1 EL Butter
2 gehäufte EL Sauerrahm (ca. 50 g)
erbsengroß Sardellenpaste
1–2 TL kleine Kapern in Lake
evtl. helle Sojasauce
1 Zitrone

für die Nudeln
feines Salz
150 g Spiralen
1 TL Butter

1 In einem Topf Salzwasser zum Kochen bringen. Nudeln darin bissfest garen, abseihen, im heißen Topf mit Butter verrühren und zudecken.

2 Ofen auf 80 °C Ober-/Unterhitze vorheizen.

3 Schnitzel je nach Form und Größe dritteln. Rundum am Rand ein paar Mal wenige mm einschneiden. Mit Frischhaltefolie bedecken, mit einem Plattiereisen (keinesfalls mit der gezahnten Seite eines Fleischklopfers) oder dem abgerundeten Boden eines schweren Reindls/einer Sauteuse plattieren, es soll gleichmäßig ca. 0,5 cm dick sein, nicht dünner.

4 Schnitzel beidseitig salzen, pfeffern, auf einer Seite mehlieren.

5 In einer schweren beschichteten Pfanne (oder Edelstahl oder gut eingebranntes Gusseisen) Öl erhitzen. Schnitzel mit der bemehlten (abgeschüttelten) Seite nach unten einlegen. Bei hoher Hitze ca. 2,5 Minuten braten, wenden, weitere 2,5 Minuten braten. Sie sollen nicht mehr farblos, sondern an einigen Stellen gut gebräunt sein. Herausheben und auf einem Teller im Ofen warm halten.

6 Bratenrückstand mit Wermut ablöschen, Achtung wegen evtl. Stichflammen! Mit Wasser auffüllen, aufkochen, 1–2 Minuten bei starker Hitze ein wenig einreduzieren lassen, Butter einschwenken.

7 1 leicht gehäuften TL Mehl mit Sauerrahm in einer kleinen Schüssel glatt rühren, etwas Bratensaft da-

zugeben. Gmachtl in die Pfanne leeren, unter kräftigem Rühren aufkochen, 2–3 Minuten köcheln lassen. Mit Sardellenpaste, einem Teil der abgetropften Kapern und evtl. ein paar Tropfen (!) Sojasauce und/oder Zitronensaft pikant abschmecken. Die Sauce soll cremig, aber nicht zu dick sein, ggf. mit 1 kleinen Schuss Wasser verlängern. Schnitzel einlegen, auf kleiner Flamme nochmal erwärmen, wenden und 1–2 Minuten ziehen lassen.

8 Schnitzel mit der Sauce anrichten, mit restlichen Kapern bestreuen, Zitronenzesten mit dem Zestenreißer darüberreißen, Spiralen dazu servieren.

Tipp: Schnitzel werden aus dem Schlögel geschnitten, bei größeren Fleischstücken einfach, bei kleineren im Schmetterlingsschnitt und dann auseinandergeklappt. Für dieses Rezept spielt das keine Rolle, weil das Fleisch ohnehin in ein paar kleinere Schnitzelchen geschnitten wird.

Varianten: Statt Teigwaren passt auch Erdäpfelpüree S. 198 oder Risibisi S. 184.

Zwiebelrostbraten

Für mich früher der Hauptgrund, in ein Wiener Beisl oder ein gutbürgerliches Landgasthaus zu gehen, weil ich die Kombi aus kräftig angebratenem, saftigem Rind, knusprigen Erdäpfeln, Röstzwiebeln und Gurkerl so sehr mag. Das Frittieren von Zwiebeln und Erdäpfeln ist ein (auch olfaktorischer) Zirkus, aber zuhause wissen Sie (und ich) einfach ganz genau, was aus welcher Herkunft Sie essen – und was nicht.

Zutaten für 2 Portionen ☾ ⊕

feines Salz
2 dünne Scheiben gut gereifter Rostbraten à 150–170 g (Rumpsteak)
schwarzer Pfeffer aus der Mühle
Estragonsenf
3–4 EL Madeira (oder Marsala)
evtl. helle Sojasauce
1–2 EL Butter
2–4 große Essiggurken

für die Zwiebelringe

1 große Zwiebel (mind. 250 g)
1 Handvoll Weizenmehl (glatt)
250–300 ml hoch erhitzbares Pflanzenöl zum Ausbacken, s. Infos S. 18
feines Salz

für die gebackenen Erdäpfel

400 g gekochte speckige Erdäpfel vom Vortag
Öl von den Zwiebeln zum Ausbacken
feines Salz

1 Ofen auf 80 °C Ober-/Unterhitze vorheizen.

2 In einem kleinen Topf Öl auf ca. 160 °C erhitzen. Währenddessen für die **Zwiebelringe** Zwiebel schälen, quer in 3–4 mm dicke Ringe schneiden. In einer Schüssel mit Mehl mit den Händen gründlich wenden, sodass sich die einzelnen Zwiebelringe voneinander trennen und jeder Ring von Mehl ummantelt ist.

3 Ringe gut abschütteln und in 2 Partien ins heiße Fett geben. Temperatur überprüfen. Mit einer Fleischgabel ständig bewegen und 4–5 Minuten goldbraun ausbacken (sie dunkeln heraußen noch nach). Mit einem Schaumlöffel herausheben, gut abtropfen lassen. Auf einen Teller mit Küchenpapier nebeneinander auflegen, sofort leicht salzen. Im Ofen warm halten.

4 Erdäpfel schälen, in grobe Stücke schneiden, im heißen Zwiebelöl bei ca. 160 °C ca. 5 Minuten ausbacken, bis sie an den Kanten leichte Farbe bekommen. Mit dem Schaumlöffel herausheben, ebenfalls auf Küchenpapier ablegen, leicht salzen und zu den Zwiebeln in den Ofen stellen.

5 **Rostbraten** vor allem am Fettrand, aber am besten rundum ein paar Mal wenige mm mit einem scharfen Messer einschneiden, damit er sich beim Braten nicht zu sehr aufwölbt. Mit Frischhaltefolie bedecken, mit der (glatten) Unterseite eines schweren Reindls oder einem Plattiereisen (nicht mit der gezahnten Seite eines Fleischklopfers) leicht plattieren, damit das Fleisch gleichmäßig dick wird.

→

Auf beiden Seiten salzen und pfeffern, auf einer Seite dünn mit Senf einstreichen (mit der Rückseite eines Esslöffels oder den Fingern), diese Seite leicht bemehlen (mit dem Mehl von den Zwiebeln).

6 In einer Gusseisenpfanne (oder einer schweren beschichteten Pfanne) 2 EL Öl auf höchster Stufe erhitzen. Fleisch mit der bemehlten Seite nach unten einlegen und bei großer Flamme auf beiden Seiten jeweils max. 2 Minuten scharf und braun anbraten. Fleisch auf ein kleines Gitter oder einen Teller legen und im Ofen rasten lassen.

7 Falls viel Fett in der Pfanne ist, einen Teil davon von der Oberfläche mit zusammengeknülltem Küchenpapier auftunken (ca. 1 EL kann in der Pfanne bleiben). Den Bratrückstand mit Madeira ablöschen, Achtung wegen evtl. Stichflammen, verkochen, mit ca. 100 ml Wasser aufgießen, kurz bei hoher Hitze einkochen. Evtl. in eine kleine Schüssel seihen und zurück in die ausgewischte Pfanne leeren (wenn die Flankerl vom Mehl/Anbraten nicht stören, diesen Schritt weglassen). Salzen (oder alternativ mit ein paar Tropfen (!) heller Sojasauce abschmecken), pfeffern, kalte Butter einschwenken.

8 Fleisch (sollte eine Kerntemperatur zwischen 55 und maximal 60 °C haben) samt Fleischsaft, der sich beim Rasten gebildet hat, mit der Senf-Mehl-Seite nach unten einlegen, eine halbe Minute ziehen lassen, wenden.

9 Gurkerl längs mit einem scharfen kleinen Messer in engen Abständen ein-, aber nicht ganz durchschneiden (Fächergurkerl).

10 Fleisch mit Safterl anrichten, Zwiebel darauf türmen, Erdäpfel danebensetzen, evtl. nochmal leicht salzen, Gurkerl dazulegen. Sofort servieren.

Tipps: Eine Gusseisenpfanne zahlt sich wirklich aus, wenn Sie gern kurz gebratenes Fleisch essen. Kruste und Geschmack sind viel besser.

Wenn Sie gerade Rindssuppe oder -fond zuhause haben: damit statt mit Wasser aufgießen.

Varianten: Schmeckt auch mit Erdäpfelpüree S. 198 statt Braterdäpfeln.

Geht auch mit anderen – unbedingt durchzogenen, nicht zu mageren – Teilstücken vom Rind, z.B. Beiried. Mit einem dicken Ribeye-Steak (ca. 400 g) für 2 Personen dauert zwar das Braten etwas länger, aber das Fleisch ist dafür besonders aromatisch und saftig. Nach dem Rasten in Streifen schneiden und auf die Teller verteilen.

VI. Warm & süß

Palatschinken

Gehen schneller als Pasta und sind daher oft Retterinnen in der (vermeintlichen) Hungersnot. Die besten auswärtigen hatten wir vor Jahrzehnten beim Moar Sepp in Andrichsfurt im Innviertel: sehr dünn, aber trotzdem weich und flaumig, an den Rändern knusprig, insgesamt brennheiß und mit nicht zu viel supersauberer Marillenmarmelade gefüllt. Gerti Fuchs hatte uns in ihrer Küche, die so niedrig war, dass mein Mann den Kopf einziehen musste, ihre Geheimnisse verraten: Rahm (von den eigenen Kühen) im Teig, Butterschmalz (detto) in der brennheißen Gusseisenpfanne. Mein Rezept basiert auf dem von Meinrad Neunkirchner aus unserem Buch „Österreich vegetarisch", weil es geschmacklich und von der Teigkonsistenz perfekt (und immer schon mit Obers – wenn auch leider nicht von der eigenen Kuh – im Teig) ist. Ich nehme trotzdem eine beschichtete Pfanne, weil mir die Gusseisenpfanne zu schwer für das Handling in der Luft ist. Unsere Palatschinken sind trotzdem top, wie Meinrad gesagt hätte.

Zutaten für 2 Portionen als Hauptspeise oder 4 als Nachspeise (8–10 kleine Palatschinken à 20 cm Ø)

200 g Milch
40 g Obers
knapp ½ TL feines Salz (max. 3 g)
80 g Weizenmehl (glatt)
2 Eier (L)

1–2 EL Butterschmalz S. 268

Lieblingsmarmelade, die eine gewisse Säure ins Spiel bringen sollte, bei uns: Marille, manchmal auch Josta, schwarze Ribisel, Dirndl oder Preiselbeeren oder auch selbst gemachte Pomeranzenmarmelade (Rezept auf esskultur.at)
evtl. 1 kleiner Schuss echter brauner Rum
Staubzucker

1 In einem Mixbecher oder einer kleinen Rührschüssel Milch und Obers mit Salz und Mehl mit einem Spiralbesen gründlich verrühren. Eier dazuschlagen, gründlich verquirlen.

2 Teig durch ein kleines, nicht zu feines Sieb in einen Krug passieren. 5–10 Minuten rasten lassen. Langen Löffel zum Umrühren drinnenlassen.

3 Vor dem Backen der Palatschinken Marmelade in einen kleinen Topf geben (pro Palatschinke dieser Größe ca. 1 gehäufter EL), evtl. wenig Rum dazugeben, verrühren und auf kleiner Flamme erhitzen. Evtl. Ofen auf 80 °C Ober-/Unterhitze vorheizen.

4 In einer Pfanne (ca. 24 cm Ø, beschichtet oder gut eingebranntes Gusseisen) ca. ½ TL Butterschmalz auf mittelhoher bis hoher Hitze erhitzen, mit einem feuerfesten (Silikon-)Pinsel geschwind über den gesamten Pfannenboden verteilen. Pfanne über der Hitzequelle in eine Hand nehmen, in die andere den Krug mit dem vor jeder Palatschinke umgerührten Teig. Teig in nicht zu dickem Strahl unter gleichzeitigem Schwenken der Pfanne im Kreis in eine Richtung eingießen, bis der Pfannenboden gerade eben bedeckt ist (s. Bild links oben). Evtl. größere Löcher flott mit ein paar Tropfen Teig auffüllen (deshalb der Krug).

→

Erst jetzt wieder auf die Flamme stellen und 1–2 Minuten backen, bis die Unterseite zu bräunen beginnt. Dann mit einem flachen Pfannenwender (oder durch beherztes Schupfen) wenden und auf der zweiten Seite ebenso 1–2 Minuten backen. Mit dem Pfannenwender auf einen großen flachen Teller stürzen. Somit ist die „schöner" gebräunte erste Seite wieder unten – und beim Einrollen der Palatschinke außen. Gestapelte Palatschinken evtl. im Ofen warm halten.

5 Mit restlichem Teig wiederholen, diesen vor jeder Palatschinke umrühren. Pro Palatschinke ca. ½ TL Butterschmalz zum Backen verwenden.

6 Heiße Palatschinken sofort dünn ganzflächig mit heißer Marmelade bestreichen (geht am besten mit der Rückseite eines großen Suppenlöffels, s. Bild S. 212 oben rechts), eher flach und locker zusammenklappen (nicht eng rollen), nach Geschmack anzuckern und am besten sofort in der Küche im Stehen verschlingen, denn siehe Einleitung: je heißer, desto besser.

7 Die letzte Palatschinke esse ich immer mit 1 Prise frisch geriebener Muskatnuss und ein paar Salzkörnderln. Was ist Ihr Ritual?

Tipps: Früher habe ich den Teig nicht durchpassiert, aber es zahlt sich aus, weil sowohl eventuelle Mehl- als auch Eiweißklümpchen zurückbleiben und die Palatschinken noch schöner werden.

Meine Blindverkostung hat ergeben: Es reicht, den Teig 5–10 Minuten rasten zu lassen, damit er sich gut verarbeiten lässt und beim Wenden der Palatschinken nicht reißt. Außerdem ist die Textur der Palatschinken besser, als wenn der Teig länger gerastet hätte.

Manchmal liest man in Rezepten, dass man überschüssigen Teig aus der Pfanne wieder zurückgießen soll. Das würde ich nicht empfehlen, denn das ergibt bei der nächsten Palatschinke gern Klümpchen.

Es ist nicht nötig, die Pfanne zwischen 2 Palatschinken auszuwischen. Die Palatschinke „frisst" durch das Schwenken und Wenden das Fett in der Pfanne.

Wir haben eine Pfanne, die wir seit Jahren ausschließlich für Palatschinken (und manchmal für Schneeomelett S. 218) verwenden, damit es nie zu diplomatischen Verstimmungen (Zwiebelgeruch auf Marillenpalatschinke) kommen kann. Das zahlt sich aus, wenn Sie, wie wir, gern und oft Palatschinken essen.

Übrige Palatschinken auf dem Teller übereinandergestapelt auskühlen lassen, so trocknen sie nicht aus. Mit Frischhaltefolie bedeckt im Kühlschrank lagern. Wenn sie nicht zu Spinatpalatschinken S. 104 werden, dann einfach in einer heißen Pfanne beidseitig kurz erhitzen und nach Geschmack füllen.

Gut zu wissen: Mein Rezept ist so konzipiert, dass Sie es problemlos halbieren (aber wozu?) oder hinaufrechnen können: pro 1 Ei (L) 90–100 g Milch, 20 g Obers, 40 g glattes Mehl und knapp ¼ TL (1,5 g) feines Salz.

Varianten: Für **Böhmische Palatschinken** mit Powidl (gewürzt, s. S. 232) füllen, mit Mohnzucker und evtl. flüssiger Butter und 1 Löfferl glatt gerührtem Sauerrahm und/oder Bröseltopfen servieren.

Für einfache **Nusspalatschinken** hauchdünn mit Marillenmarmelade bestreichen, mit frisch geriebenen besten Walnüssen füllen, mit Schokosauce S. 216 und Schlagobers servieren.

Eispalatschinken

Die Kombi aus flaumig-elastischen warmen Palatschinken, bestem cremigem Vanilleeis, kühl-luftigem Schlagobers und heißer Schokosauce ist zwar keine Schönheit (googeln Sie mal nach Bildern), aber dermaßen geil (entschuldigen Sie), dass sie einfach festgehalten werden muss. Macht auch Gästen großen Spaß, was wir für dieses Buch sicherheitshalber mehrfach überprüft haben.

Zutaten für 2 Portionen

1 EL Mandelblättchen
2 Palatschinken S. 213, frisch gemacht oder vom Vortag
ca. 100 ml Obers
bestes Vanilleeis

für die Schokosauce

40 g (Zart-)Bitterkuvertüre (55–70 % Kakaogehalt)
50 g Obers
1 Prise feines Salz

1 Mandelblättchen in einer Pfanne ohne Fett bei mittlerer Hitze unter häufigem Rütteln hellbraun rösten, auf einen Teller geben.

2 Palatschinken zubereiten oder kurz in der Pfanne aufwärmen (sie müssen nicht brennheiß, dürfen aber keinesfalls kühlschrankkalt sein).

3 Obers steif schlagen (nicht süßen!).

4 Für die **Schokosauce** Kuvertüre gleichmäßig fein hacken. Obers in einem kleinen Reinderl mit 1 zarten Prise Salz erhitzen, bis es dampft bzw. gerade einmal aufkocht. Vom Herd ziehen, Schokolade dazugeben und schmelzen lassen. Wenn die Schokolade geschmolzen ist, mit einem kleinen Schnee- oder Spiralbesen gründlich verrühren.

5 Palatschinken zu einem Halbkreis zusammenfalten, diesen nochmal halbieren. Je 1 große Kugel Vanilleeis zwischen die erste und zweite Schicht setzen. Schlagobersnockerl darauf- oder danebensetzen. Mit einem Esslöffel Schokosauce großzügig über Palatschinke und Obers verteilen. Mandelblättchen darüberstreuen. Sofort genießen.

Tipps: Wir holen uns im Sommer alle paar Wochen bei unserer Lieblings-Eisdiele eine Box Vanilleeis. So sind wir allzeit bereit für Eispalatschinken oder Eiskaffee S. 253.

Kuvertüre hat einen höheren Kakaobuttergehalt als normale Tafelschokolade und schmilzt daher besser bzw. wird die Sauce damit flüssiger. Je höher der Kakaomassegehalt (in %) in Schokolade, desto dicker wird die Sauce, evtl. teelöffelweise mit Obers die richtige Konsistenz einstellen. Süßen ist nicht nötig, das Eis ist süß genug. Übrige Schokosauce kann man langsam wiedererwärmen oder kühlschrankkalt mit dem Löffel wie Eiskonfekt naschen.

Variante: Ersetzen Sie die Palatschinken durch Kompott-Birnen S. 267 und schon haben Sie **Birne Helene.**

Schneeomelett mit Himbeeren

Ein Lieblingsgericht aus meiner Kindheit. Davor musste immer „etwas Saures gegen den Hunger" gegessen werden, weil das Schneeomelett sonst innerhalb weniger Sekunden inhaliert worden wäre. Das Rezept hat mir Frau Stöger vom gleichnamigen Gasthaus in Pichlern bei Sierning, das es leider schon lang nicht mehr gibt, verraten. Bitte keine Vanille, keine Zitrone, keine Spirituosen dazugeben – das Rezept ist perfekt.

Zutaten für 2 Portionen als Hauptspeise oder 4 als Nachspeise

4 Eier (L)
ca. ⅛ TL feines Salz
30 g Kristallzucker
30 g Weizenmehl (glatt)
1 EL Butter

ca. 150 g Himbeeren (TK oder frisch)
ca. 50 g Kristallzucker
ca. 150 ml Obers
Staubzucker zum Bestreuen

1 Timing ist essenziell! Ofen auf 170 °C Umluft (alternativ 190 °C Ober-/Unterhitze) vorheizen.

2 Eier trennen: Eiweiß in eine größere, Dotter in eine kleinere Rührschüssel. Eiweiß mit Salz und der Hälfte des Zuckers mit den Quirlen des Handmixers steif schlagen. Dotter mit restlichem Zucker 2–3 Minuten mit den Quirlen des Handmixers hellcremig mixen, das Volumen soll dabei deutlich zunehmen.

3 In einer ofenfesten Pfanne mit ca. 24 cm Ø die Butter aufschäumen.

4 Die schaumige Dottermasse mit dem Gummihund behutsam unter den Schnee rühren. Wenn nur mehr kleine Schneeklümpchen zu sehen sind, Mehl durch ein Sieb nach und nach zufügen und mit dem Gummihund sehr vorsichtig unterheben.

5 Die heiße Butter durch Schwenken auch auf dem Rand der Pfanne verteilen. Den hellgelben Schneeberg in die Pfanne bugsieren, bis zum Rand verteilen, aber nicht extra glatt streichen.

6 Im vorgeheizten Ofen auf mittlerer Schiene ca. 15 Minuten goldbraun backen. Auf Fingerdruck gibt das Omelett elastisch nach, knirscht aber kaum mehr.

7 Währenddessen Himbeeren mit Zucker (je nach Süße der Himbeeren evtl. weniger) in einem Reinderl bei mittlerer Hitze aufkochen, mit einem Esslöffel behutsam umrühren, bis die Beeren zu zerfallen beginnen, dann zur Seite ziehen. Keinesfalls Wasser dazugeben!

8 Obers steif schlagen, nicht süßen. Teller und Staubzucker bereitstellen. Ggf. Gäste zu Tisch bitten.

9 Omelett brennheiß auf die Teller verteilen. Heiße Himbeeren und ein großzügiges Nockerl Obers daraufgeben. Anzuckern und sofort genießen.

Tipps: Zwischen aus dem Ofen nehmen und erstem Bissen darf auf keinen Fall mehr als 1 Minute vergehen.

Natürlich geht's auch mit frischen Himbeeren zur Saison, aber sie sind kein Muss, weil sie sowieso aufgekocht werden. Ich friere jedes Jahr kiloweise reife Himbeeren für Winter/Frühling ein.

Varianten: Zur Saison großzügig frische Walderdbeeren (kurz mit etwas Staubzucker mariniert, damit sie Flüssigkeit ziehen) statt heißer Himbeeren verwenden.

Frau Stöger hat auch heiße Waldheidelbeeren oder Preiselbeeren empfohlen.

Marmelade ist zu süß und zu „trocken".

Kaiserschmarrn

In unserem Haushalt ist mein Mann, Opernsänger Horst Lamnek, der Kaiserschmarrnmeister. Jahrzehnte hat er ihn ohne Rezept, nur nach Gefühl gemacht. Und zwar so, wie ich ihn liebe: sehr flaumig und saftig, aber schön braun gebacken. Für eine Geschichte in der Süddeutschen Zeitung habe ich ihm endlich die Mengenangaben entlockt bzw. unter der Hand nachgewogen. Das hat mir/uns einen der schönsten Leserbriefe beschert: Burg-Schauspieler Michael Heltau hat sich als großer Fan unseres Rezeptes entpuppt.

Zutaten für 2 Portionen als Hauptspeise oder 4 als Nachspeise

4 Eier (L)
ca. ⅛ TL feines Salz
30 g Kristallzucker
1 Msp. Vanillepulver
Abrieb von ½ Zitrone
ca. 80 g Sauerrahm
ca. 40 g Milch
80 g Weizenmehl (glatt)
1 gehäufter EL Butter oder Butterschmalz S. 268
1–2 EL Rosinen (oder Rumrosinen S. 271)

Staubzucker zum Bestreuen
Röster (Zwetschke, Marille S. 269) oder Kompott (Apfel S. 267, Kriecherl, Kirschen, Weichsel)

Tipp: Klassisch wäre Kaiserschmarrn ohne Sauerrahm, aber die Frische und leichte Säure passt so gut und macht ihn besonders saftig.

Varianten: Für **Topfenschmarrn** statt Sauerrahm 125 g Topfen (20 % Fett) einmixen, danach 40 g Milch.

Man kann auch Früchte wie Kirschen, Apfelstücke oder -würfel oder Waldheidelbeeren in die Masse geben. Oder Mohn (dann mit 1 Löfferl Powidl ergänzen), fein geriebene Schokolade oder Nüsse. Oder in Stücke gehackte Walnüsse mit etwas Zucker beim Zerteilen dazugeben und kurz karamellisieren lassen.

1 Ofen auf 180 °C Ober-/Unterhitze (alternativ 160 °C Umluft) vorheizen. Eier trennen. Eiweiß mit Salz und der Hälfte des Zuckers in einer Rührschüssel mit den Quirlen des Handmixers steif schlagen.

2 In einer zweiten Schüssel Dotter mit restlichem Zucker, Vanille und Zitronenabrieb mit den Quirlen des Handmixers schaumig mixen. Sauerrahm und Milch einmixen. Mehl ganz kurz ebenso. Eischnee mit dem Gummihund unterziehen.

3 In einer großen (26–28 cm Ø) beschichteten ofenfesten Pfanne Butter aufschäumen. Masse eingießen, glatt streichen. In einem Sieb kurz heiß abgeschwemmte und gut abgetropfte Rosinen oder abgetropfte Rumrosinen aufstreuen. Auf mittlerer Schiene in den vorgeheizten Ofen schieben und ca. 12 Minuten backen, bis er schön aufgegangen ist und an der Oberseite leicht zu bräunen beginnt.

4 Herausnehmen (Achtung, heißer Pfannengriff!) und auf die heiße Herdplatte stellen. Schmarrn mit einem Pfannenwender (oder, noch besser, 2 Pfannenwendern) vierteln, auf Bräunung kontrollieren und ggf. noch ein paar Sekunden braten lassen, dann die Viertel flott wenden, kurz bräunen, mit dem Pfannenwender schlampig in kleinere Stücke zerreißen. Keine Zeit vergeuden, sonst wird der Schmarrn trocken.

5 Auf Tellern anrichten, anzuckern, sofort mit Röster oder Kompott servieren.

Grießschmarrn

Gab's immer dienstags in der Volksschule, mit dem bunten Dosenkompott (dass das Beste daran die Pfirsiche und Ananas waren und die Kirschen und faden Birnen niemand mochte, darin sind wir uns hoffentlich einig). Oder noch besser mit sehr vielen braunen Brantscherln von meiner Oma. Normalerweise würde man ihn sehr langsam im Ofen knusprig backen, es geht aber auch schneller: in der Pfanne. Noch heute ist mein liebstes Kompott dazu Pfirsich, allerdings selbst gemachtes.

Zutaten für 2–3 Portionen als Hauptspeise oder 4–5 als Nachspeise

500 ml Milch
½ TL feines Salz
¼ TL Vanillepulver
100 g Butter
200 g Weizengrieß (am besten Weizenvollgrieß)
1 Zitrone
evtl. 1–2 EL Rosinen (oder Rumrosinen S. 271)
1 EL Kristallzucker

Kristallzucker
Kompott (Pfirsich, Apfel S. 267, Birne S. 267, Kriecherl, Weichsel, Rhabarber, Ribisel), Röster (Marille S. 269, Holler, Zwetschke) oder Apfelmus

Tipps: Wenn Sie groben Weizenvollgrieß (Holzhackergrieß) bekommen, dauert's zwar ein wenig länger, schmeckt aber ganz besonders herzhaft-aromatisch.

Eignet sich auch kurz in der Pfanne erwärmt als Frühstück (was diese Speise ja auch lange war).

Variante: Weizengrieß zum Teil oder ganz durch feine Polenta ersetzen. Heißt dann in Vorarlberg Riebel und wird gern mit Apfelmus gegessen. Oder Sterz (aus Polenta: Türkensterz) in der Steiermark.

1 In einem Topf (im Idealfall beschichtet) Milch mit Salz, Vanille und der Hälfte der Butter aufkochen. Grieß unter Rühren mit einem Spiral- oder Schneebesen flott einrieseln lassen. Unter Rühren mit dem Gummihund 2–3 Minuten bei kleiner Hitze garen lassen. Die Masse ist relativ fest und glatt. Zur Seite ziehen, Zitronenabrieb (nach Geschmack von ½ oder der ganzen Zitrone) einrühren.

2 In einer weiten Pfanne (beschichtet oder sehr gut eingebranntes Gusseisen) die Hälfte der verbliebenen Butter aufschäumen. Masse darin mit dem Gummihund verteilen und leicht andrücken, bei mittlerer bis hoher Hitze 5–7 Minuten braten. Mit dem Gummihund (oder einem Pfannenwender) in engem Abstand ein„stechen", so entweicht Dampf besser. Obenauf falls gewünscht in einem Sieb kurz heiß abgeschwemmte und gut abgetropfte Rosinen oder abgetropfte Rumrosinen und 1 EL Zucker streuen. Schmarrn wenden (jetzt werden es schon kaiserschmarrnartige grobe Stücke), restliche Butter dazugeben. Weitere 5–7 Minuten bei mittlerer bis hoher Hitze braten, dabei ein paar Mal „zerstechen" und immer wieder liegen und „anbrantscherln" lassen. Fertig ist der Schmarrn dann, wenn er in kleine Stückerl zerbröselt und diese zumindest teilweise braun und knusprig sind.

3 Anrichten, mit Kristallzucker (für den Knirsch!) bestreuen, Kompott oder Röster dazu servieren.

Grießkoch

Die süße Antwort auf schnellstmöglich warmes Essen. Ich mag's eher dicker und fester, und ganz wichtig: Das Grießkoch selbst darf nicht gesüßt sein, denn der knusprig knirschende Kristallzucker mit Zimt obenauf macht den eigentlichen Reiz dieser ganz einfachen (und uralten) Mahlzeit aus. Ich kann mich trotzdem meist nicht entscheiden, ob ich es mit Zimtzucker oder doch lieber mit geriebener Schokolade mag – dann bestreue ich jede Hälfte anders und löffle abwechselnd.

Zutaten für 1 Portion

300 ml Milch
gut ⅛ TL feines Salz
1 TL Butter
40 g Weizengrieß (am besten Weizenvollgrieß)

zum Anrichten

1 kleine Rippe (Zart-)Bitterschokolade
oder/und
1 EL Butter
1 EL Zimtzucker S. 271

Varianten: Den Grieß kann man zum Teil oder ganz durch feine Polenta (oder ausnahmsweise sogar Minuten-Polenta) ersetzen. Grobe Polenta braucht deutlich länger zum Garen.

Die Buttermenge für obenauf auf 1,5 EL erhöhen und in einem Mini-Reinderl unter häufigem Schwenken/Rühren zu Nussbutter bräunen.

Sehr gut passt Kompott dazu – vor allem aus Weichseln, Kirschen oder Kriecherln oder Apfel- oder Birnenkompott S. 267 mit wenig Saft – bzw. in der Pfanne mit etwas Kristallzucker und Butter kurz karamellisierte Apfelspalten, mit 1 Schuss Most (oder Wein oder Saft) abgelöscht.

Für **Schoko-Nuss-Grießkoch** gleich nach dem Grieß 1 EL fein geriebene geröstete Haselnüsse und 2–3 Stückerl (Zart-)Bitterschokolade einrühren, mit Zimt abschmecken.

1 Evtl. Schokolade fein reiben (ca. 2 EL).

2 In einem kleinen Topf oder Reinderl (eine beschichteter Topf oder eine Sauteuse mit innen abgerundetem Boden ist ideal) Milch mit Salz und Butter aufkochen.

3 Grieß einrieseln lassen, mit einem Spiralbesen bei kleiner Hitze unter Rühren 3–5 Minuten köcheln, bis der Grieß weich und die Konsistenz wie gewünscht ist. Wer es fester/dicker mag (wie ich), steigt nach dem Einrühren des Grießes gleich auf den Gummihund um. Das Grießkoch zieht auch am Teller noch an (wird fester), daher eine Spur flüssiger/weicher halten als gewünscht.

4 In einem tiefen Teller anrichten, dabei eine kleine Mulde formen. Butter sofort in die Mulde geben, damit sie schmilzt. Mit Zimtzucker und/oder geriebener Schokolade bestreuen.

Milchreis

Liebt man oder eben gar nicht, für die erste Fraktion ist dieses Rezept. Ich mag ihn besonders gern mit Weichsel- oder Kriecherlkompott, schön fruchtig-säuerlich als Ergänzung zur mollig-milden Cremigkeit.

Zutaten für 2 Portionen als Hauptspeise oder 4 als Nachspeise

500 ml Milch

knapp ¼ TL feines Salz

30 g (2 EL) Kristallzucker

1 breite (mit einem Sparschäler abgeschälte) Zeste Zitrus (Orange, Pomeranze, Zitrone)

70 g Milchreis (kein anderer!)

Weichselkompott oder anderes, nicht zu süßes Kompott

1 Milch mit Salz, Zucker und Zitruszeste in einem (bevorzugt beschichteten) Topf oder einer Sauteuse aufkochen. Reis ungewaschen (!) dazugeben, aufkochen lassen, auf kleinster Flamme ca. 30 Minuten zugedeckt köcheln lassen. Dabei nach 10 und 20 Minuten jeweils einmal energisch umrühren, damit sich die Stärke gut löst.

2 Ab 20 Minuten kosten und je nach gewünschter Konsistenz offen weiterkochen oder, falls er jetzt noch viel zu suppig wirkt, sogar nochmal aufkochen (der Milchreis zieht aber schon beim Anrichten deutlich an, sollte also bis zum Ende der Garzeit genügend Flüssigkeit haben).

3 Wenn der Reis weich ist, Zitruszeste herausfischen, Milchreis in tiefen Tellern anrichten. Kompott direkt drauf (meine bevorzugte Variante) oder extra dazu servieren.

Tipp: Dieser Milchreis schmeckt auch kalt, er ist dann zwar nicht mehr cremig, aber auch nicht hart. Wer ihn aufwärmen will, gibt 1 Schuss Milch dazu und kocht ihn (am besten in einem beschichteten Reinderl) nochmals kurz auf.

Varianten: Statt oder zusätzlich zur Zitruszeste ½ Vanilleschote, längs halbiert mit dem ausgekratzten Mark oder ⅛ TL Vanillepulver zur Milch geben.

Fertigen Milchreis evtl. mit wenigen Tropfen Zitrussaft abschmecken.

Mit etwas Zimtzucker S. 271 servieren, schmeckt auch ohne Kompott.

Topfenknöderl

mit Butterbröseln

Wer liebt sie nicht? Flaumige, frische, saftige und nicht zu süße Topfenknöderl mit reichlich buttrigen, keinesfalls trockenen, goldbraun gerösteten Bröseln und süßsäuerlich-fruchtigem Röster dazu, im Idealfall aus Marillen. Schon lange ein Lieblingsrezept.

Zutaten für 3 Portionen als Hauptspeise oder 6 als Nachspeise (ca. 12 kleine Knöderl)

250 g Topfen (20 % Fett)
1 Ei (Größe egal)
Abrieb von ½ Zitrone
¼ TL feines Salz + Salz zum Kochen
20 g weiche Butter (oder streichfähige Butter mit kleinem Pflanzenölanteil, s. Tipps S. 36)
50 g Semmelbrösel S. 271

für die Butterbrösel

75 g Butter
1 Prise feines Salz
100 g Semmelbrösel S. 271
1 Msp. Ceylon-Zimtpulver

Staubzucker zum Bestreuen
Marillenröster S. 269

1 Evtl. Marillenröster zubereiten.

2 Für den Teig Topfen in ein frisch gewaschenes, nach nichts riechendes Geschirrtuch geben, die Enden darüber zusammendrehen und gründlich ausdrücken. Der ausgedrückte Topfen soll ca. 200 g wiegen.

3 Topfen in eine Rührschüssel geben, Ei, Zitronenabrieb, Salz, Butter und Brösel dazugeben und mit den Quirlen des Handmixer kurz mixen. Teig 10 Minuten im Kühlschrank rasten lassen.

4 Währenddessen in einem weiten Topf Salzwasser zum Kochen bringen.

5 **Butterbrösel** zubereiten: In einer Pfanne Butter aufschäumen, zart salzen, Brösel einstreuen, gründlich verrühren und auf mittlerer Hitze unter häufigem Rühren sehr geduldig goldbraun rösten (das dauert ca. 10 Minuten), Zimt einrühren. Vom Herd ziehen, und auch dann noch ab und zu umrühren, weil die Brösel nachdunkeln.

6 Aus dem Teig mit nassen Händen (Schale mit kaltem Wasser bereitstellen) ca. 12 kleine, walnussgroße Knöderl formen, auf einem Brett ablegen.

7 Knödel mit einer Drehbewegung knapp über der Wasseroberfläche ins kochende Wasser gleiten lassen (das verhindert das Anlegen). 7–8 Minuten offen leicht wallend mehr ziehen als köcheln lassen.

8 Mit einem Schaumlöffel aus dem Wasser heben, dabei gut abtropfen lassen. Auf 2 Partien in den Bröseln wälzen, mit reichlich Bröseln anrichten, anzuckern. Mit Röster servieren.

→

Tipps: In beinahe jedem Rezept für Topfenteig steht, dass er rasten muss: eine halbe Stunde, 1 ganze oder gar 2. Wir haben es sicherheitshalber mehrmals für dieses Buch ausprobiert: Dieser Teig, der keinen Grieß (der tatsächlich quellen müsste) und kein Mehl enthält, kann problemlos nach kurzer Rast im Kühlschrank verarbeitet werden.

Verzichten Sie keinesfalls auf das Ausdrücken des Topfens. Nur dann bekommt der Teig die richtige flaumige Konsistenz. Ist der Topfen zu feucht, wird der Teig zu schwer und patzig und man ist versucht, viel zu viel Brösel (oder Mehl) dazuzugeben.

Die Brösel hier sind ebenso wie der Teig nicht gesüßt, gemeinsam mit dem süßen, dichten Röster dazu und Zucker obenauf finde ich die Knöderl perfekt.

Wenn nicht alle Knöderl sofort gegessen werden, die überzähligen (noch nicht in den Bröseln gewendeten) auf Küchenpapier abtropfen lassen und gut verschlossen im Kühlschrank lagern. Fertige Brösel separat im Kühlschrank lagern. Getrennt aufwärmen (Knöderl am besten über Dampf, Brösel in einer Pfanne), schmecken genauso gut wie frisch zubereitet.

Oder, weil sie ja weder Zucker noch süße Gewürze enthalten, zu Kochsalat mit Erbsen S. 106 servieren.

Varianten: Natürlich passen auch andere Röster (Zwetschke, Holler), Kompott (Kriecherl, Weichsel, Kirsche, Rhabarber) oder Himbeersauce S. 238 (Tipp) sehr gut zu den Topfenknöderln.

Wer mag, kann in die Brösel gegen Ende des Röstens auch 1–2 EL geriebene Haselnüsse oder Mandeln (am besten schon geröstete) geben.

Für **Topfenknöderl mit Mohnbutter** (ähnlich S. 242) die Knöderl wie Mohnnudeln in flüssiger Butter wenden und mit Mohnzucker statt Butterbröseln servieren.

Alternativ statt Knöderl **Topfennockerl** formen: Aus der Masse Nockerl (mit 2 in kaltes Wasser getauchten Löffeln dreikantig wie Grießnockerl) stechen und kochen.

Für **Marillenknödel** statt der Brösel im Teig 90 g Weizenmehl (universal oder glatt) verwenden, dieses erst nach den anderen Zutaten einmixen. Teig 10 Minuten im Kühlschrank rasten lassen. In 8 Portionen à 40–45 g teilen, mit bemehlten Händen rund um kleine, reife Marillen drücken und schieben und gut verschließen, zwischen den Handflächen behutsam rund formen und glätten. In Salzwasser 12–15 Minuten offen leicht wallend kochen, in den Bröseln wälzen, mit reichlich (! es ist weder Zucker im Topfenteig noch in den Bröseln) Kristallzucker bestreuen und/oder die Brösel schon beim Rösten leicht zuckern. In Wien kommt je 1 Teelöfferl Nussbutter in die geöffneten Knödel.

Powidl-Pofesen

Schon lustig, dass in jedem Frühstückslokal, das was auf sich hält, French Toast auf der Karte steht. Warum nicht öfter einmal die alte, aber besonders aromatische österreichische Version, Pofesen mit Powidl, die in manchen alten Kochbüchern sogar lautmalerisch-wienerisch Parfesen geschrieben werden? Hätte ich gern auch hier als Titel gehabt, erlaubt mir aber meine Lektorin nicht.

Zutaten für 2 Portionen als Hauptspeise oder 4 zum Frühstück

4 ca. 2 cm dicke Scheiben (insg. ca. 200 g) Striezel oder Brioche, 1–3 Tage alt
3–4 EL Powidl, s. Tipps
etwas Zitronenabrieb
1 Msp. Ceylon-Zimtpulver
evtl. paar Tropferl echter brauner Rum
evtl. etwas Staubzucker
2 Eier (Größe egal)
100–125 ml Milch (je frischer der Striezel, desto weniger wird benötigt)
1 Prise feines Salz
2 EL Butter
1–2 EL Zimtzucker S. 271
1–2 EL Sauerrahm

1 Die dicken Striezelscheiben waagrecht genau in der Mitte fast ganz durchschneiden, so dass sie an einer Seite noch ein wenig zusammenhängen.

2 Powidl mit Zitronenabrieb, Zimt, evtl. Rum und Zucker pikant, aber nicht zu süß abschmecken.

3 Striezelscheiben aufklappen, Powidl auf je einer Seite davon verteilen und bis zum Rand streichen.

4 In einer flachen Schale, in der alle 4 „Sandwiches" Platz haben, Eier gut verquirlen, Milch und Salz einrühren. Pofesen einlegen, je nach Alter des Striezels ein paar Minuten oder ein paar mehr einweichen, bis sich der Eiermilchspiegel etwas gesenkt hat. Pofesen mit einer Gabel wenden und einweichen, bis die Eiermilch fast ganz (oder ganz) aufgesogen ist. Falls das Brot recht trocken ist, mit einer Gabel einige Löcher einstechen.

5 In einer beschichteten Pfanne, in der alle 4 Pofesen Platz haben, 1 EL Butter aufschäumen. Pofesen einlegen, 2–3 Minuten auf mittlerer Hitze goldbraun braten. 1 weiteren EL Butter dazugeben, Pofesen wenden und weitere 2–3 Minuten braten. Nicht zu heiß braten, sonst verbrennen die Pofesen, bevor sie durch und durch heiß sind.

6 Zimtzucker in einem Suppenteller ausbreiten.

7 Pofesen aus der Pfanne direkt in den Zimtzucker legen, wenden, evtl. auf einem kleinen Brett durchschneiden (damit man die dunkel leuchtende Fülle sieht) und anrichten. Sofort mit glatt gerührtem (aber ungesüßtem) Sauerrahm und nach Wunsch mehr Zimtzucker servieren.

Tipps: In alten Rezepten wird das Weißbrot für Pofesen oft entrindet, ich finde das bei nur zähem, aber nicht hartem Weißbrot unnötige Verschwendung.

Falls der Powidl sehr fest ist, evtl. in Schritt 2 mit einer anderen, weicheren Marmelade aus derselben botanischen Großfamilie (Kriecherl, Marille) geschmeidiger rühren, notfalls mit tropferlweise Wasser.

Varianten: Schmeckt auch mit Toast oder Weißbrot, dann aber die Eiermilch zart süßen.

Schmeckt auch mit anderen aromatischen süßsäuerlichen Marmeladen, z.B. Ribisel, schwarze Ribisel, Josta, Himbeer, Marille oder Weichsel.

Schmeckt auch mit Mohnzucker, vor allem in der Kombination mit Powidl oder Weichselmarmelade.

Kipferlschmarrn / Semmelschmarrn

Die fast vergessene geniale Kombination aus dem Geschmack und der flaumigen Konsistenz von Scheiterhaufen (im Bruchteil der Zeit) ebenso wie jenem von French Toast, der Optik eines Kaiserschmarrns und Restlverwertung (von altem Gebäck). Habe ich oft in alten Kochbüchern gelesen, aber nie gemacht – bis ein Twitter-Kollege ein Foto vom perfekt aussehenden Semmelschmarrn seiner Mama gepostet hat. Rezept war ihr keines zu entlocken, weil „das macht man nach Gefühl". So „musste" ich ein paar Versuche machen, um die richtige Flaumigkeit und Konsistenz hinzubekommen. Jetzt ist er ein Fixpunkt in unserer Küche. Könnte sogar sein, dass ich extra dafür ab und zu ein mürbes Kipferl oder Semmerl mehr einkaufe ...

Zutaten für 1 Portion als Hauptspeise oder 1–2 zum Frühstück

100–150 g altbackenes, zähes, aber nicht hartes Gebäck (ideal: mürbe Kipferl, Briochekipferl, Striezel, Brioche, Handsemmerl)
1 Ei (je mehr Gebäck, desto größer)
100–150 g Milch (ca. selbes Gewicht wie Gebäck)
1 Prise feines Salz
evtl. 1 EL Rosinen
ca. 2 EL Butter

1–2 EL Zimtzucker S. 271
Apfelkompott S. 267 oder anderes saftig-mildes Kompott (Birne, Zwetschke, Kirsche)

1 Gebäck in ca. 0,5 cm dicke Scheiberl schneiden. Kipferl dafür ggf. vorher längs halbieren. Semmeln zuerst in dicke Streifen schneiden, erst dann quer in Scheiberl.

2 In einer Schüssel Ei mit einer Gabel gründlich verschlagen, mit Milch, Salz und ggf. ein paar heiß abgespülten Rosinen verrühren, Gebäckscheiberl dazugeben, behutsam umrühren, 5–10 Minuten (je nach Alter des Gebäcks) weichen lassen.

3 In einer Pfanne (mit Deckel) Butter aufschäumen. Wenn das Gebäck die Flüssigkeit ganz oder fast aufgesogen hat, die Masse in die Pfanne geben, 2 Minuten bei mittlerer Hitze anbraten. Wenden, Deckel draufgeben, 2 Minuten goldbraun braten, nochmal wenden, 2 Minuten offen fertig braten. Der Schmarrn soll goldbraun sein, die Stücke flaumig-saftig.

4 Anrichten, mit Zimtzucker bestreuen, Apfelkompott dazu servieren.

Tipps: Durch den Deckel und den darunter gehaltenen Dampf souffliert das Ei, d.h. die eingeweichten Stücke plustern sich ein wenig auf, die Konsistenz wird flaumiger.

Man kann die Eiermilch auch süßen und/oder würzen (Zimt, Vanille, Kletzenbrotgewürz), ich mache das aber nie, weil ich lieber den mild-milchigen puren Geschmack habe und die Würze extra durch den Zimtzucker. So schmeckt nicht alles gleich, sondern jeder Bissen ein wenig anders.

Gebackene Apfelradel

Wer liebt sie nicht? Eben. Ich finde Scheiben mit Loch in der Mitte nicht nur attraktiver, der Backteig hält auch besser als auf den schiefen Spalten. Preiselbeerobers heißt in Kärnten Grantenschleck, das sollten Sie wissen, damit die schönen Wörter nicht verloren gehen.

Zutaten für 4 Portionen ⊕

für den Weinbackteig

1 Ei (L)
gut ¼ TL feines Salz
1 EL mildes Pflanzenöl
1 EL Staubzucker
1 Prise Ceylon-Zimtpulver
100 g trockener Weißwein
100 g Weizenmehl (glatt)

3–4 aromatische, säuerliche, knackige Äpfel (z.B. Topaz)
Saft von ½ Zitrone
4–5 EL Zimtzucker S. 271
ca. 500 ml hoch erhitzbares Pflanzenöl (oder 100–150 g davon Butterschmalz S. 268) zum Ausbacken, s. Infos S. 18

für das Preiselbeerobers

ca. 100 ml Obers
1–2 EL Preiselbeeren mit hohem Fruchtanteil (mind. 60 %)

1 Für den Backteig Ei trennen. Eiweiß mit Salz in einem kleinen Mixbecher mit den Quirlen des Handmixers steif schlagen. In einer nicht zu kleinen Rührschüssel Dotter mit Öl, Zucker, Zimt und Weißwein mixen, Mehl kurz einmixen, Schnee mit dem Gummihund unterziehen. Backteig 10 Minuten rasten lassen.

2 Äpfel waschen, schälen, Kerngehäuse ausstechen. Äpfel in 1 cm dicke Scheiben schneiden, je nach Geschmack mit etwas Zitronensaft beträufeln.

3 Zimtzucker in einem Suppenteller ausbreiten.

4 Für das Preiselbeerobers Obers mit den Quirlen des Handmixers steif schlagen, Preiselbeeren entweder schlampig mit dem Löffel einrühren oder kurz einmixen.

5 Öl in einem kleinen Topf auf 170 °C erhitzen. Apfelscheiben mit einer Fleischgabel durch den Backteig ziehen, gut abtropfen lassen (s. Bild S. 238) und ins heiße Öl gleiten lassen. 1,5–2 Minuten goldgelb backen, mit einem Essstäbchen aus Holz oder einem Holzspießchen wenden, weitere 1,5–2 Minuten backen. Die Apfelringe dunkeln heraußen noch ein wenig nach, d.h. zwar schon hell goldbraun, aber keinesfalls zu dunkel backen. Herausheben, gut abtropfen lassen, auf einem Teller mit Küchenpapier kurz abtupfen, dann aber sofort im Zimtzucker wenden, sonst hält er nicht.

6 Sofort mit Preiselbeerobers servieren.

7 Mit den anderen Apfelscheiben wiederholen. Aus restlichem Teig Mäuse backen (s. Tipp S. 238).

→

Tipp: Falls etwas Teig übrig bleibt (tut er bei uns immer) diesen esslöffelweise ins heiße Fett gleiten lassen und ausbacken. Das werden köstliche „falsche“ **Gebackene Mäuse** (weil üblicherweise aus Germteig), bauchig und mit kleinen knusprigen „Schwanzerln“. Schmecken besonders gut in Zimtzucker gewälzt, aufgespießt und in **Himbeersauce** (mit etwas Staubzucker kurz marinierte Himbeeren, egal ob frisch oder TK, aufgekocht und durch ein Sieb passiert) getunkt (s. Bild rechts).

Varianten: Statt Preiselbeerobers schmecken auch nur saftiges Preiselbeerkompott oder Kompotte aus Früchten, die gut zu Apfel passen, wie Rhabarber, Weichsel oder Zwetschken. Oder Himbeersauce wie links im Tipp beschrieben.

Statt Zimtzucker süße Gewürzmischungen (Kletzenbrotgewürz, Lebkuchengewürz) verwenden.

Statt Apfelradeln Birnenspalten, Bananenstücke, Ananasstücke oder im Frühling für **Gebackene Hollerstrauben** saubere, reife Hollerblütendolden mit dem Stiel nach oben (dient als „Griff“) ausbacken.

Moosbeernocken

Heißen je nach Region auch Schwarzbeernocken oder, wie bei meiner Oma, Heidelbeerdatschkerl. Doch egal auf welchen Namen sie hören: Wichtig ist, dass Waldheidelbeeren die Hauptzutat sind. Nur dann bekommen sie das Aroma, die Saftigkeit und die tiefdunkelblauviolette Farbe, die sie so unverwechselbar machen. Das ist das Rezept meiner Schwiegermama, sie hat es aus dem Salzburger Pinzgau.

Zutaten für 2 Portionen als Hauptspeise oder 4 als Nachspeise

250 g Waldheidelbeeren (frisch oder TK, Letztere sind besonders gut geeignet, weil saftiger)
1 Ei (Größe egal)
1 EL Kristallzucker
⅛ TL Vanillepulver
⅛ TL feines Salz
ca. 70 g Weizenmehl (universal oder glatt)
3–4 EL Butterschmalz S. 268
ein paar EL Kristallzucker zum Braten und Bestreuen

1 Heidelbeeren ggf. in einer Schüssel vollständig auftauen lassen. Oder frische Heidelbeeren verlesen und waschen. Mit Hilfe eines Schöpfers beherzt zerdrücken, der Großteil der Beeren muss aufplatzen und die Beeren müssen flüssig wirken.

2 Ei, Zucker, Vanille und Salz einrühren. Nach und nach so viel Mehl einrühren, dass ein zäher Teig entsteht, der nicht mehr rinnt. (Das kann weniger oder deutlich mehr Mehl als angegeben sein, hängt von Reife und Saftigkeit der Beeren ab.)

3 In einer beschichteten (oder gut eingebrannten „süßen“ gusseisernen) Pfanne 1 EL Butterschmalz erhitzen, mit einem Esslöffel Masse in die Pfanne setzen, dabei ein paar cm Abstand halten. Die Masse soll nicht zu sehr auseinanderrinnen (ggf. teelöffelweise Mehl ergänzen und gut einrühren).

4 Nocken 1–2 Minuten bei mittelhoher Hitze braten, auf die Oberseite ein wenig Kristallzucker (gute Messerspitze pro Nocke) streuen, mit einem flachen Pfannenwender umdrehen, auf der zweiten Seite weitere 1–2 Minuten braten. Zweite Seite mit Zucker bestreuen, nochmal wenden und auf der ersten Seite kurz karamellisieren lassen. Herausnehmen. Vereinzelte Beeren aus der Pfanne picken (sie verbrennen sonst), pro Partie wieder je 1 EL Butterschmalz in der Pfanne erhitzen.

5 Fertige Moosbeernocken sofort servieren. Mit knirschendem Kristallzucker bestreuen.

Tipp: Die tiefblauen, kleinen Waldheidelbeeren sind mit Kulturheidelbeeren nicht verwandt. Der echte Stoff aus dem Wald schmeckt viel intensiver und färbt kräftig blauviolett. Wenn Sie schöne Ware auf einem Bauernmarkt sehen, greifen Sie zu! Verlesen, waschen und gut auf Küchenpapier trocknen lassen. In Einheiten zu 250 g einfrieren.

Mohnnudeln

Duftender, reichhaltiger Klassiker in der kalten Jahreszeit. Wenn Sie den besonders eleganten und aromatischen Graumohn bekommen, greifen Sie zu!

Zutaten für 2 Portionen als Hauptspeise oder 4 als Nachspeise ☾ ⊕

40 g Grau- oder Blaumohn, gequetscht
20 g Staubzucker
feines Salz
½ Rezeptmenge Erdäpfelteig S. 162 (gesamte Menge zubereiten, Rest z.B. tiefkühlen, s. Tipps S. 164)
60 g Butter

Staubzucker zum Anzuckern
Röster oder Kompott mit Säure (z.B. Kriecherlkompott (am Bild), Zwetschkenröster, Weichselkompott) oder Apfelmus (mir ist das aber zu fad dazu)

1 Mohn und Staubzucker mischen.

2 In einem weiten Topf Salzwasser zum Kochen bringen.

3 Erdäpfelteig zubereiten (S. 162 Schritte 1–4).

4 Schupfnudeln in der gewünschten Größe formen und kochen (S. 164 Schritte 4–5).

5 In einer weiten Pfanne Butter aufschäumen, Schupfnudeln mit dem Schaumlöffel aus dem Kochwasser heben und tropfnass in der Butter wenden (ein wenig nicht zu salziges Kochwasser ist hilfreich, damit die Schupfnudeln nicht zusammenkleben), Mohnzucker dazugeben, durchschwenken.

6 Mohnnudeln sofort anrichten, nach Geschmack anzuckern und mit Röster oder Kompott essen.

Tipp: Mohn wird sehr schnell ranzig, deshalb, wenn möglich, frisch in einer Mohnmühle/-quetsche quetschen. Er lässt sich aber auch gut einfrieren, deshalb quetschen wir immer mehr und frieren ihn sofort ein.

Varianten: Für **Nussnudeln** statt mit Mohn mit (möglichst frisch) geriebenen Walnüssen und Staubzucker bestreuen. Wer intensiveren Nussgeschmack möchte: Nüsse vor dem Reiben im auf ca. 180 °C Umluft vorgeheizten Ofen auf einem Blech mit Backpapier ein paar Minuten trocken (ohne Fett) hellbraun duftig rösten und nach dem Auskühlen reiben.

Man kann den Teig auch in ca. 1 cm dicke Rollen formen, davon kleinere Stücke (Wuzerl, Baunzerl, Nockerl) abstechen oder schneiden und diese direkt (ohne sie zu spitz zulaufenden Nudeln zu formen) kochen, das geht noch schneller.

Für **Zwetschkenknödel** 12–16 reife Hauszwetschken (eingeschnitten, auf Mitbewohner kontrolliert und Kern entfernt) mit bemehlten Händen wie für Grammelknödel S. 166 umhüllen und den Teig gut verschließen. Zwischen den Handflächen behutsam rund formen. Im Salzwasser ca. 12 Minuten offen leicht wallend kochen. In doppelter Menge Butterbröseln S. 228 wälzen, mit reichlich (! es ist weder Zucker im Erdäpfelteig noch in den Bröseln) Kristallzucker bestreuen und/oder die Brösel schon beim Rösten leicht zuckern.

VII. Kalt & süß

Topfencreme mit Früchten

Klassiker, für den das Obers meist extra geschlagen und dann unter den Topfen gehoben wird. Ich habe mir gedacht: Warum nicht alles gemeinsam aufschlagen? Wir alle waren verblüfft, wie gut das funktioniert – und wir extracremig das Ergebnis ist. Die Creme ist gehaltvoll, eine kleine Menge mit reichlich marinierten Früchten der Saison schmeckt am besten.

Zutaten für 3–4 Portionen

125 g Topfen (20 % Fettgehalt)
125 g Obers
25 g Staubzucker
¼ TL Vanillepulver
1 Prise feines Salz
Abrieb von ½ Zitrone

für die marinierten Erdbeeren

250 g aromatische, reife, aber noch feste Erdbeeren
25 g Staubzucker
1 Spritzer frisch gepresster Zitronensaft

evtl. frische, duftende Hollerblüten

1 Erdbeeren kurz kalt waschen, mit Küchenpapier trocken tupfen. Putzen und in kleinere Stücke schneiden, in einer Schüssel mit dem Zucker behutsam mischen, stehen lassen.

2 Topfen und Obers gemeinsam in einen Mixbecher geben. Zucker, Vanille, Salz und Zitronenabrieb dazugeben, gemeinsam 1–2 Minuten mit den Quirlen des Handmixers auf hoher Stufe mixen, bis die Masse schön cremig wird und etwas an Volumen gewinnt. Die fertige Creme rinnt nicht.

3 Erdbeeren umrühren, mit 1 Spritzer Zitronensaft abschmecken.

4 Topfencreme in Gläser streichen, marinierte Erdbeeren darauftürmen, evtl. mit Hollerblüten bestreuen.

Tipps: Zum Skalieren müssen Sie nur wissen: 1:1 Topfen und Obers, davon 10 % Zucker.

Die Topfencreme allein hält im Kühlschrank problemlos 2–3 Tage. Frisches Obst immer erst kurz vor dem Servieren einzuckern/marinieren.

Varianten: Statt kurz marinierter Erdbeeren schmecken auch „dichte" Kompotte (z.B. Weichsel mit einreduziertem Sirup, Rhabarberkompott, Marillenröster S. 269, Zwetschkenröster), frische Physalis im Herbst oder Blutorangenfilets im Winter.

Statt Hollerblüten schmeckt auch – je nach verwendeter Frucht – in feinste Streifen geschnittene grüne Minze oder Basilikum oder für Mutige ein wenig Dill.

Gefüllte Banane

Wer Bananenschnitten mag, wird diese Nachspeise lieben. Was daran österreichisch ist? Die Verwendung von Ribiselmarmelade, Haselnüssen und Schlagobers – und dass ich damit aufgewachsen bin. Das mit den Grenzen soll man nicht so eng sehen, Marillen und Erdäpfel sind ebenso zugewandert wie Paprika, Kürbis und Paradeiser. Woher meine Mama das Rezept ursprünglich hatte, das auch in oberösterreichischen Gasthäusern schon vor meiner Zeit verbreitet war, wissen wir nicht, aber wir lieben es bis heute.

Zutaten für 2 Portionen

2 feste, kräftig gelbe Bananen (eher zu unreif als zu reif)

2 EL aromatische, säuerliche Marmelade (Ribisel, Josta, Dirndl, Preiselbeer ...)

ca. 20 geröstete Haselnüsse bester Qualität

ca. 150 ml Obers

1 Rippe beste Bitterschokolade (55–70 % Kakaogehalt)

1 Bananen schälen und längs halbieren.

2 Die Marmelade, wenn sie fest geliert ist, zuerst glatt rühren, dann pro Bananenhälfte ca. 1 gehäuften TL gleichmäßig bis zum Rand verstreichen.

3 Haselnüsse mit einem sehr scharfen, aber schlanken Messer in Blättchen schneiden oder grob hacken. Auf der Marmelade verteilen.

4 Erst jetzt das Obers aus dem Kühlschrank nehmen und (ohne Zucker!) steif schlagen, eher eine Spur zu cremig. Mit einem Löfferl kleine Obersgupferl auf den Bananenhälften verteilen. Bis zu den Spitzerln, sonst ist der letzte Bissen später nicht ausgewogen.

5 Mit einer feinen Reibe die Schokolade direkt darüberreiben.

6 Banane mit Löffel und Gabel sofort essen, solange das Obers noch leicht kühl ist. Bissen für Bissen ergibt das ein sensorisches Erlebnis, das interessanterweise selbst mit wesentlich komplexeren Rezepten gar nicht so leicht zu erzielen ist.

Tipps: Die besten Haselnüsse kommen aus dem Piemont. Es gibt sie auch bereits geröstet. Ich habe für alle Fälle immer welche im Tiefkühler, sie sind in Minutenschnelle aufgetaut.

Geriebene Haselnüsse sind indiskutabel, weil nur die Haselnussstückchen den unbedingt nötigen Knack beisteuern.

Es gibt eine Art geriebene Schokolade (für heiße Schokolade) zu kaufen, die funktioniert auch und man hat keine Sauerei beim Reiben. Was nicht funktioniert, ist Kakaopulver, da passen Konsistenz und Geschmack nicht.

Maronireis

Ob Kastanienreis, Bubikopf oder Mont Blanc, gemeinsam ist allen gesüßtes Maronipüree, das durch eine Erdäpfelpresse (oder ein Sieb) gedrückt und mit geschlagenem Obers angerichtet wird. Geht dank moderner Lebensmittelproduktion - vorgegarte, geschälte Maroni im Sackerl - jetzt viel einfacher als früher. Eine Lieblingsspeise, bei der sich mein Mann und ich im Wiener Gasthaus Rebhuhn, von wo die Idee für die Kombi mit den Preiselbeeren stammt, traditionell eine Portion teilen, weil sehr nahrhaft.

Zutaten für 4 Portionen

200 g vorgegarte Maroni
(gibt's in Bio-Qualität im Supermarkt)
50 g Staubzucker + Staubzucker zum Anzuckern
1 TL echter brauner Rum
¼ TL Vanillepulver
1 Prise feines Salz
ca. 125 ml Obers
4 EL Preiselbeeren mit hohem Fruchtanteil
(mind. 60 %)

1 Im Universalzerkleinerer Maroni mit Staubzucker, Rum, Vanille und Salz sehr glatt mixen. Dabei immer wieder mit dem Gummihund vom Rand nach unten streichen.

2 Obers steif schlagen, nicht süßen.

3 Preiselbeeren auf kleinen Tellern verteilen, Schlagobers daraufsetzen.

4 Maronipüree durch die Wiegepresse drücken, von dort mit der Teigkarte abheben und auf das Obers setzen. Alternativ durch ein grobes Sieb direkt auf das Obers drücken und mit dem Gummihund an der Siebunterseite „abschneiden". Anzuckern.

Tipps: Die Maronimasse hält gut verschlossen 1-2 Tage im Kühlschrank. Erst direkt vor dem Essen durch die Presse oder das Sieb drücken.

Wer Baiser zuhause hat (oder machen möchte: besonders gut mit Anis!): Ganz wenig davon auf dem Obers grob verbröseln, sodass man ab und zu auf ein süßknusperndes Stückerl davon beißt.

Wenn es Amarenakirschen (in Sirup eingelegte, meist mit Amaretto, Zitrone und Vanille gewürzte Sauerkirschen) in Bio und ohne Aromen gäbe, wären sie eine perfekte Ergänzung. Alternativ den Saft von Kompottweichseln stark einreduzieren, mit etwas Zitronensaft und Amaretto würzen und die Weichseln in dem dicken Sirup nochmals aufkochen.

Eiskaffee

Wie richtig guter Eiskaffee – aus eiskaltem, aber nicht verwässertem oder alt schmeckendem Kaffee – in wenigen Minuten gelingt, verrate ich Ihnen gern: Es ist eine Kombination aus dem Triestiner Sommerkaffee Shakerato und klugem Einkauf. Wir mögen Eiskaffee nämlich sehr, aber mein Mann ist Kaffeenerd und ich will generell nur beste Zutaten (Stichwort Eis) und mag kein gesüßtes Obers. Außerdem liebe ich die Eiskristalle, die sich aus Obers und Kaffee bilden – und das passiert nur, wenn der Kaffee richtig kalt ist. Kriegt man außer Haus sehr (sehr) selten perfekt, zuhause jedes Mal.

Zutaten für 1 Portion

ca. 2 EL Obers

2 Kugeln vom besten Vanilleeis, das Sie bekommen können

1 großer (doppelter) Espresso (50–60 ml)

mind. 50–60 g Eiswürfel (besser mehr, wenn vorhanden)

evtl. paar Bröserl guter Instant-Kaffee

Eiswafferl

1 Obers steif schlagen, nicht süßen. Ein sauberes, nach nichts riechendes Schraubglas mit gut schließendem Deckel oder einen Cocktailshaker bereitstellen.

2 Vanilleeis in ein hohes, dickwandiges Glas portionieren.

3 Espresso frisch zubereiten. Eiswürfel in das bereitgestellte Schraubglas oder den Shaker geben. Espresso darüberleeren, Glas oder Shaker gut verschließen. Sofort energisch schütteln (das wäre jetzt ein Shakerato amaro, ein ungesüßter, eiskalter, schaumiger, starker Kaffee). Sobald sich das Glas oder der Shaker sehr kalt anfühlt (sollte nur ein paar Sekunden dauern), eiskalten Kaffee durch ein Sieb aufs Vanilleeis leeren. Restliches Eis im Sieb entsorgen.

4 Schlagobersgupf auf den Eiskaffee setzen, evtl. mit etwas Instant-Kaffee bestreuen, mit Eiswafferln servieren.

Tipp: Profis legen die Gläser davor in den Tiefkühler (nicht ins Schnittlauchfach!), wir vergessen immer drauf.

Varianten: Ganz besonders gut und kaffeeig schmeckt der Eiskaffee mit Kaffeeeis – dann aber lieber nicht zu spät am Nachmittag zubereiten …

Wird der Espresso heiß über das Vanilleeis gestürzt, ergibt das einen **Affogato**.

Biskuitroulade

Spontaner Kaffee-Besuch oder einfach nur Gusto auf frischen, flaumigen Kuchen? Die Biskuitrolle geht wirklich schnell. Bei uns wird auf individuelle Marmeladenvorlieben Rücksicht genommen und sie manchmal mit zwei verschiedenen gefüllt. Fotografin Vanessa Maas erinnerte mein auf diese Art bestrichenes, aber noch nicht eingerolltes Biskuit-Rechteck beim Shooting an die Gemälde von Mark Rothko. Ich fühlte mich geehrt. Googeln Sie doch mal – Sie werden Ihre nächste Biskuitroulade vor dem Einrollen anhimmeln!

Zutaten für 1 Roulade

5 Eier (L)
¼ TL feines Salz
100 g Staubzucker
Abrieb von ½–1 Zitrone (je nach Geschmack und Marmelade)
⅛ TL Vanillepulver
80 g Weizenmehl (glatt)
ca. 1 EL Kristallzucker zum Bestreuen
ca. 150 g Marmelade ohne große Fruchtstücke (z.B. Marille und/oder Himbeer)

1 Ofen auf 200 °C Ober-/Unterhitze vorheizen. Ein Blech mit Backpapier belegen. (Wenn man ein paar Tropfen Wasser auf dem Blech verteilt, haftet das Papier genau dort, wo man es haben möchte.)

2 Eier trennen: Eiweiß in eine Rührschüssel/einen Schneekessel, Dotter in eine zweite Schüssel. Eiweiß mit Salz und der Hälfte des Zuckers mit den Quirlen des Handmixers schlagen, bis der Schnee fest ist.

3 Dotter mit restlichem Zucker, Zitronenabrieb und Vanille 3–4 Minuten mit den Quirlen des Handmixers schlagen, bis die Masse hell und voluminöser geworden ist.

4 Mit einem Gummihund gesamten Schnee vorsichtig unter die Dottermasse heben. Sobald nur mehr ein paar kleine Klümpchen Schnee sichtbar sind, Mehl unterheben. Nicht der Versuchung erliegen, die Masse zu rühren, sonst fällt der Schnee zusammen.

5 Masse auf das Blech mit Backpapier streichen (dafür eignet sich eine Teigkarte mit der geraden Seite besser als der Gummihund). Die Masse sollte möglichst gleichmäßig aufgetragen sein, weil sie stark aufgeht und sonst ungleich bäckt.

6 Im vorgeheizten Ofen auf mittlerer Schiene ca. 10 Minuten goldgelb bis hellbraun backen. Auf Fingerdruck soll sich das Biskuit elastisch anfühlen, es darf ganz leicht knirschen. Nicht zu dunkel backen, sonst bricht die Roulade beim Einrollen.

→

7 Während das Biskuit bäckt, ein zweites Blatt Backpapier auf die Arbeitsfläche legen, mit wenig Kristallzucker gleichmäßig bestreuen. Ein mit kaltem Wasser befeuchtetes und nicht zu fest ausgedrücktes neues oder frisch gewaschenes Schwammtuch bereitlegen.

8 Der nächste Schritt muss sehr schnell gehen: Blech aus dem Ofen nehmen. Biskuit an den beiden vorderen Ecken am Papier schnappen, flott auf das bereitgelegte, gezuckerte Papier stürzen (jetzt liegt das Biskuit zwischen 2 Backpapieren) und sofort an einem Eck beginnen, das obere, mitgebackene Papier langsam flach abzuziehen. Wenn das nicht problemlos geht, das Papier mit dem bereitgelegten Schwammtuch von oben befeuchten und kühlen, dann löst es sich leicht ab.

9 Wenn das Papier abgezogen ist, Marmelade glatt rühren und mit einer Teigkarte über die gesamte Fläche bis knapp zum Rand auftragen. Biskuit von der Längsseite her eng einrollen, dabei das Papier abziehen. Roulade mit dem Verschluss nach unten leicht andrücken (damit sie sich nicht wieder entrollt). Ein paar Minuten überkühlen lassen. Ggf. von beiden Seiten schräg in dicke Scheiben schneiden und nicht gleich die ganze Roulade auf einen Sitz aufessen.

Tipp: Vergessen Sie den Versuch, sich nicht sofort vom Papier lösendes Biskuit mit einem Messer lösen zu wollen. Das wird nix. Die Methode mit dem kalten, feuchten Schwammtuch ist viel einfacher und funktioniert immer.

Varianten: Nehmen Sie Ihre Lieblingsmarmelade. Hauptsache, sie ist schön fruchtig-säuerlich als Kontrast zum süß-flaumigen Biskuit. Außer Marille und Himbeer passen z.B. sehr gut: Ribisel, Josta, schwarze Ribisel, Dirndl, Preiselbeeren, Brombeer und falls verfügbar richtig gute Erdbeermarmelade.

Obstkuchen ♡

Dieser Kuchen heißt bei uns „der mit der flüssigen Butter". Das Rezept stammt ursprünglich von meiner Salzburger Freundin Gabriele, die es mir vor über 30 Jahren gegeben hat. Der Kuchen hat mittlerweile eine riesige Fangemeinde, seit ich ihn 2012 auf esskultur.at veröffentlicht habe. Warum? Er geht superschnell, man braucht nur eine Schüssel und einen Stabmixer, die Relation Teig zu Obst ist perfekt, er ist feinporig und flaumig und schmeckt sowohl heiß als auch kühlschrankkalt. Vom ersten Rhabarber bis zu eingefrorenen Marillen im tiefsten Winter macht er stets eine gute Figur (s. Varianten S. 258).

Zutaten für ½ Blech oder 1 Bratrein, s. Tipps (ca. 8 Stück)

100 g Butter
300–400 g Marillen
100–150 g Ribisel
2 Eier (L)
100 g Weizenmehl (glatt)
¼ TL feines Salz
½ TL Weinstein-Backpulver
½ TL Anispulver (oder ¼ TL Vanillepulver)
100 g Staubzucker + Staubzucker zum Anzuckern
Abrieb von ½ Zitrone

1 Ofen auf 160 °C Umluft (alternativ 180 °C Ober-/Unterhitze) vorheizen.

2 Butter in einem Reinderl gerade nur zerlassen, sie soll nicht zu heiß werden. Vom Herd nehmen, sofort in eine Rührschüssel umleeren, damit sie rascher abkühlt.

3 Marillen waschen, trocken tupfen, halbieren, Stein entfernen. Ribisel waschen, trocken tupfen, abrebeln.

4 Eier in ein Schüsserl aufschlagen, nicht verrühren, zur Seite stellen. Mehl mit Salz, Backpulver und Anispulver verrühren.

5 Blech mit Backpapier auslegen, bei der Hälfte einen Steg formen, damit der Teig nicht auseinanderrinnen kann. (Wenn man ein paar Tropfen Wasser auf dem Blech verteilt, haftet das Papier genau dort, wo man es haben möchte.) Falls eine Rein verwendet wird: Das Papier an den Ecken einfalten.

6 Staubzucker zur Butter wiegen, Zitronenabrieb dazugeben. Mit dem Stabmixer mit Schneidwerkzeug auf hoher Stufe mixen. Das wird nicht homogen, macht nichts. Die Hälfte der Mehlmischung einmixen. Eier nach und nach einmixen. Die Masse emulgiert jetzt prächtig. Restliches Mehl kurz einmixen. Der gesamte Mixvorgang dauert keine 2 Minuten.

→

7 Die dünnflüssige Masse in die Rein/das Blech leeren, mit dem Gummihund bis in die Ecken verteilen. Rein oder Blech beherzt auf die Arbeitsfläche klopfen, damit sich die nur wenige mm hohe Masse gut verteilt.

8 Früchte gleichmäßig auf dem Teig verteilen. Zuerst die Marillenhälften, dann die Ribisel dazwischen.

9 Kuchen im vorgeheizten Ofen auf mittlerer Schiene ca. 25 Minuten goldgelb backen (Kerntemperatur soll über 90 °C sein). Ein paar Minuten überkühlen lassen. Noch warm mit einem scharfen Messer anschneiden und das erste Stück im Stehen essen. Dann in Ruhe anzuckern und servieren.

Tipps: Die Menge ist ideal für eine Emaille-Bratrein/-Auflaufform mit Boden-Innenmaßen von ca. 20 x 30 cm oder ein Pizzablech mit ca. 28 cm Ø am Boden. Ich würde keine Porzellan-, Keramik- oder Glasform empfehlen, weil die Backergebnisse nicht so gut sind wie bei Emaille (Backbleche sind meist auch aus Emaille).

Natürlich können Sie ein ganzes Blech voll machen, dafür einfach die Mengen verdoppeln. Für dieses Buch, in dem die meisten Rezepte für 2 Personen gedacht sind, schien mir eine kleinere Menge (bei der auch das Vorbereiten des Obstes etwas kürzer dauert) passend.

Funktioniert auch tadellos mit gefrorenen Früchten, dann ein paar Minuten länger und, wenn möglich, bei Umluft, backen, weil TK-Früchte mehr Wasser lassen.

Die Masse kann man auch mit dem Handmixer zubereiten, sie wird dann aber nicht so feinporig.

Die ganze Geschichte hinter diesem Rezept finden Sie auf esskultur.at.

Varianten: Im Teig: Ceylon-Zimt, Kardamom, (wenig) Piment, (wenig) Macis, fein geriebene, geröstete Haselnüsse, Walnüsse oder Mandeln, Kakaopulver, echter brauner Rum, fein abgeriebene Pomeranzenschale.

Als Belag je nach Schwere/Dichte der Früchte zwischen 400 und 700 g: Entweder pur: Marillenhälften, Rhabarberstücke, Weichseln, Kirschen, gehäutete reife Pfirsichspalten, Apfelspeigerl (saftige, säurereiche Äpfel sind am besten), Birnenspeigerl (nur solche mit schmeckbarer Säure verwenden), Zwetschkenhälften oder Feigenscheiben. Oder Marille und Rhabarber oder Äpfel, Birnen und Zwetschken gemischt (quasi „Obstler" am Blech).

Schneekuchen

Jeder Mensch braucht ein gutes Schokokuchen-Rezept. Meines basiert auf dem Schneekuchen von meiner Oma, hat genau die richtige saftig-flaumige Konsistenz und Süße für mich, ist die beste Eiweißrestlverwertung, leicht skalierbar und geht obendrein schnell. Ich habe immer ein Schraubglas mit Eiweiß im Kühlschrank. Wenn das halbvoll ist, gibt's bald diesen Kuchen.

Zutaten für 1 Springform 20 cm Ø

75 g Butter + Butter für die Form
75 g Bitterschokolade oder -kuvertüre (60–70 %)
200 g Eiweiß (entspricht 5–6 Eiweiß)
max. ¼ TL feines Salz (1–1,5 g)
100 g Kristallzucker
100 g möglichst frisch geriebene Walnüsse
50 g Weizenmehl (glatt) + Mehl für die Form

Tipps: Natürlich können Sie die Masse auch in einer größeren Form, einer Kasten-, Ring- oder einer (großen) Rehrückenform backen – dann die Backzeit anpassen: je flacher, desto kürzer.

Skalierung: Eiweiß wiegen, davon je 37,5 % Schokolade und Butter, 0,5–0,75 % feines Salz, 50 % Zucker, 50 % Walnüsse und 25 % Mehl.

Eiweiß hält in einem sauberen Schraubglas im Kühlschrank wochenlang. Ich beschrifte die Gläser mit Anzahl der Eiweiße (auch, wenn ich sie dann meist wiege), Datum des Aufschlagens und MHD der Eier.

Varianten: Schmeckt auch hervorragend mit geriebenen Haselnüssen oder einem Teil geriebenen Kürbiskernen.

Kann man auch warm mit Schokosauce S. 216 und Schlagobers servieren, verblüffende Ähnlichkeit mit einem früher sehr populären **warmen Schoko-Nuss-Kuchen** nicht ausgeschlossen.

Säuerliche Marmelade und Schlagobers passen gut dazu. Man kann den komplett ausgekühlten Kuchen auch horizontal halbieren und mit Marmelade füllen. Noch mehr Varianten finden Sie auf esskultur.at.

1 Springform gründlich ausbuttern, mehlieren, überschüssiges Mehl ausklopfen. Ofen auf 160 °C Umluft vorheizen (alternativ 180 °C Ober-/Unterhitze).

2 In einer kleinen Schüssel Butter und in Stücke gebrochene Schokolade über Wasserdampf (kleiner Topf mit kochendem Wasser, die Schüssel hängt im Dampf, nicht im Wasser, ggf. einen kleinen Holzkochlöffel dazwischenklemmen) nur gerade eben schmelzen. Vom Herd nehmen, mit dem Gummihund umrühren, abkühlen lassen.

3 In der Schüssel der Küchenmaschine Eiweiß und Salz mit dem Rührbesen steif schlagen. Zucker dazugeben und auf mittlerer bis hoher Stufe weiterschlagen, bis der Zucker komplett aufgelöst ist (geht auch mit den Quirlen des Handmixers, dann aber wirklich lang genug schlagen!).

4 Walnüsse mit dem Mehl mischen.

5 Lippenwarme (überprüfen, nicht vermuten) Schoko-Butter auf einmal mit Hilfe des Gummihundes zum Schnee geben, kurz auf hoher (!) Stufe einmixen. Nuss-Mehl-Mischung mit dem Gummihund vorsichtig unterheben. Masse in die Form füllen, glatt streichen.

6 Im vorgeheizten Ofen auf mittlerer Schiene ca. 25 Minuten backen (die Oberfläche muss sich fest anfühlen, aber es darf ein wenig knirschen, Kerntemperatur sollte ca. 95 °C erreichen). Aus dem Ofen nehmen, 5–10 Minuten überkühlen lassen. Ring lösen und je nach Nervenstärke weitere 10 Minuten warten – oder sofort anschneiden.

Hausfreunderl

Bei den Recherchen für dieses Buch fand ich im handgeschriebenen Kochbuch meiner Oma gleich vier (!) Rezepte für Hausfreunde. Dreimal unter diesem Namen, einmal unter F: Freunderl. Meine Oma hat dieses Gebäck geliebt und immer eine Dose davon in der Nähe der Kaffee-Utensilien gehabt, weil sie problemlos wochenlang halten - und weil Oma eine Süße war. Als ich mich jetzt mit diesem alten und ebenso einfachen wie schnellen Rezept auseinandergesetzt habe, wurde mir gerade noch rechtzeitig, bevor wir die letzten Fotos machten, klar: Die müssen ins Buch, sind ja quasi die oberösterreichischen Cantuccini. Meine sind knusprig, aber locker und zugleich sehr aromatisch. Vielleicht setzen wir ja die Tradition mit der Dose Hausfreunderl gemeinsam fort?

Zutaten für ca. 40 Stück

100 g sehr gute Bitterschokolade (ca. 70 %)
100 g sehr gute Haselnüsse (nicht geröstet)
evtl. 30 g beste Aranzini (kandierte Pomeranzenschalen) oder andere kandierte Zitrusschalen, s. Tipps S. 264
70 g saftige, nicht zu alte Rosinen
120 g Weizenmehl (glatt)
3 Eier (M)
120 g Staubzucker
¼ TL feines Salz
Abrieb von 1 Zitrone
½ TL ganzer Anis

1 Ofen auf 160 °C Umluft (alternativ 180 °C Ober-/Unterhitze) vorheizen.

2 Schokolade mit einem großen scharfen Messer in kleine Stücke – gleich groß wie oder kleiner als die Rosinen – schneiden. Haselnüsse nur grob hacken. Ggf. Aranzini fein würfeln.

3 Ein Blech mit Backpapier belegen, dafür ein paar Tropfen Wasser mit den Fingern auf dem Blech verstreichen, dann erst das Papier darauflegen. So hält es dort, wo man es haben will.

4 Eier mit Zucker, Salz und Zitronenabrieb mit dem Rührbesen in der Küchenmaschine oder mit den Quirlen des Handmixers ein paar Minuten sehr hell und schaumig schlagen. Erst dann den Anis einschlagen. Mehl ganz kurz einmixen. Schokolade, Nüssel evtl. Aranzini und Rosinen vorsichtig mit dem Gummihund unterheben, die Masse soll homogen wirken.

5 Von einer kurzen Seite weg fingerdick (ca. 1 cm) aufs Blech streichen – das ergibt ca. ⅔ der Fläche. So gleichmäßig dick wie möglich zu einem ordentlichen Rechteck glatt streichen (das geht mit einer Teigkarte aus Plastik besser als mit einer Palette), dann tut man sich nachher beim Schneiden der Haufreunderl leichter.

→

6 Im vorgeheizten Ofen auf mittlerer Schiene ca. 20 Minuten hellbraun backen. Hausfreunderl müssen relativ fest sein, ganz trocken werden sie erst nach dem Auskühlen.

7 Herausheben, noch heiß mit einem großen, scharfen Messer mit glatter Klinge in 3 cm breite Streifen schneiden. Diese in 6 cm lange Stücke schneiden. Dabei jeden Schnitt durchgehend bis zum Blechboden ziehen. Fluchen erlaubt, denn es pickt und die unterschiedlichen Konsistenzen der Zutaten machen's nicht leichter.

8 Blech nochmal 3 Minuten in den heißen Ofen stellen, damit auch die Schnittflächen antrocknen.

9 Herausheben, mit einer flachen Palette vom Papier heben und auf einem Gitter auskühlen lassen. Entweder die Hausfreunderl noch lauwarm zum Verlängerten oder Espresso probieren oder vollständig ausgekühlt in einer mit Butterbrotpapier ausgekleideten Blechdose aufbewahren, dann aber ein paar Tage Geduld walten lassen.

Tipps: Ich verwende wenn, dann nur selbst gemachte kandierte Pomeranzenschalen (oder jene von Meyerzitronen oder Yuzu), mein Rezept steht auf esskultur.at.

Die Hausfreunderl sind frisch gebacken zart-knusprig, werden dann in der Dose zuerst weich und zäh und nach ein paar Tagen trocken-knusprig. Ich mag sie am liebsten ganz frisch am Backtag oder ab frühestens 1 Woche nach dem Backen.

Varianten: Statt Haselnüssen Walnüsse verwenden oder beide mischen.

Für die Speis

Selbst gemachte Vorräte von A bis Z

Apfeldicksaft

Unverzichtbar für alle Salatdressings (z.B. S. 59). Gibt fruchtige Süße und Säure gleichermaßen.

Zubereitung: Für 250 ml Apfeldicksaft **1 l besten naturtrüben Apfelsaft** (z.B. von Streuobstwiesen, wir verwenden gern sortenreinen Topaz, aber auch Gravensteiner, Kronprinz Rudolf, Berlepsch o.Ä.) in einem Topf oder einer Sauteuse aufkochen und ca. 30 Minuten auf großer Flamme einkochen lassen. Wenn er zu schäumen beginnt und die Blasen größer werden, Menge mit einem sauberen, feuerfesten Messbecher überprüfen, aber Vorsicht, der Sirup ist sehr heiß! Es sollten ca. 250 ml übrigbleiben. Nicht stärker einkochen, denn durch das Pektin wird der Sirup beim Abkühlen noch dicklicher und kann dann evtl. nicht mehr aus der Flasche rinnen.

Apfeldicksaft heiß in eine schlanke Flasche mit Ausgießer füllen, verschließen, beschriften und, einmal geöffnet, im Kühlschrank aufbewahren. Dort hält er viele Monate.

Apfelkompott

Schmeckt von Spätsommer bis Frühling, solange es gute – säuerliche, sehr aromatische, knackige Äpfel, z.B. Topaz, – gibt. Wir kochen es daher nie auf Vorrat, sondern immer frisch. Ich mag kein zerfallenes Apfelkompott auf halbem Weg zum Apfelmus, sondern schöne, gerade einmal durchgegarte Speigerl mit sehr viel von dem herrlichen Saft (s. Bild S. 235). Obwohl es perfekt zu Semmel-, Kipferl- S. 234 oder Grießschmarrn S. 232 passt, essen wir es auch liebend gern solo als Nachspeise oder zu Porridge zum Frühstück.

Zubereitung: In einem nicht zu kleinen Topf **250 ml trockenen, duftigen Weißwein** (z.B. Riesling, Muskateller, Sauvignon blanc) oder alternativ **Most, säurebetonten Apfelsaft oder Verjus, 250 ml Wasser, ca. 80 g Kristallzucker** (Menge hängt von der Apfelsorte und der verwendeten Flüssigkeit ab), **1 kleine durch Zerbrechen halbierte Ceylon-Zimtstange, 3 Gewürznelken, 2 Pimentkörner, 1 mit dem Sparschäler abgeschälte breite Zitronenzeste und 1-2 EL frisch gepressten Zitronensaft** auf mittlerer Hitze langsam aufkochen.

Währenddessen **750 g bis 1 kg** (je nachdem, ob Sie sehr viel oder etwas weniger Saft mögen) **säuerlicharomatische, knackige und möglichst gleich große Äpfel** waschen, schälen, je nach Größe vierteln, sechsteln oder achteln, dabei vom Kerngehäuse befreien (geht am besten mit einem Kugelausstecher).

Apfelspeigerl in den kochenden Sud geben, behutsam umrühren und bei hoher Hitze einmal ordentlich aufkochen lassen. Vom Herd nehmen. Wer das Kompott bissfester mag (wie ich), füllt es sofort in eine Schüssel um und lässt es dort auskühlen. Wer es weicher mag, im Topf. Nach dem Auskühlen in jedem Fall am besten über Nacht zugedeckt im Kühlschrank durchkühlen lassen. Hält dort locker 1 Woche.

Variante: Für **Birnenkompott** reife, aber feste und sehr aromatische Birnen (ich mag am liebsten Williams Christ) und statt Gewürznelken und Piment 1 eingerissenes (möglichst frisches) Lorbeerblatt verwenden, evtl. zusätzlich ein paar Safranfäden. Statt Apfelsaft Birnensaft oder -most verwenden. Birnen können selbst bei feinstem Duft ein wenig fad-süß schmecken, brauchen daher evtl. sowohl etwas mehr Zitronensaft als auch etwas mehr Zucker im Saft.

Butterschmalz

Gibt es auch in Bio-Qualität zu kaufen, aber selbst gemacht schmeckt es noch besser, außerdem kommt man nur so in den Genuss des fantastischen Geruchs und des Buttersaus („Buttersaures"), jenes karamellisierten, süß-molkig-säuerlichen Bodensatzes, der leicht gesalzen und mit Schwarzbrot direkt aus dem Reinderl getunkt eine begehrte Delikatesse in unserer Familie ist. Ich mache mein Butterschmalz so, wie ich es von meiner Oma gelernt habe – und bewahre es sogar in von ihr geerbten weiten Weckgläsern auf, die sie dafür verwendet hat. Diese (oder Sturzgläser) sind mit ihren geraden bzw. konisch verlaufenden Rändern viel besser zum Entnehmen des kalt sehr festen Butterschmalzes geeignet als Schraubgläser, die einen engeren Hals (bzw. „Schultern") haben.

Zubereitung: Die einzige Zutat für dieses Rezept – **Bio-Butter** – muss nicht superfrisch oder beste Rohmilchbutter, darf aber auch nicht ranzig sein. Ich verwende immer 2 Stück (also in Summe **500 g**), weil diese Menge besser und verlässlicher funktioniert als nur 1 Stück Butter als Ausgangsbasis.

Butter in einem nicht zu kleinen, höheren, möglichst dickwandigen Topf auf kleinster Flamme zustellen (während des gesamten Auslassens nicht höher schalten). Zuerst schmilzt die Butter langsam, dann beginnt sie zu kochen und schäumen. Nicht abschöpfen! Zuerst scheint nicht viel zu passieren. Nach ca. 20 Minuten beginnt sich der Klang des kochenden Fettes von schaumigem Brodeln zu dickem Blubbern zu verändern, die Oberfläche wird klarer. Es beginnen sich die Eiweiß- und Zuckerbestandteile der Butter – das zukünftige Buttersaus – am Boden abzusetzen. Ich rühre jetzt einmal mit einem Gummihund gründlich an Rand und Boden um.

Wenn nach etwa 25–30 Minuten die Oberfläche fast klar und alles Wasser verdampft ist, der Geruch des Butterschmalzes durch alle Räume zieht und sich der Bodensatz hell(!)braun färbt, muss es schnell gehen. Ein Sieb auf das Glas (Fett niemals in Plastik füllen!) legen und darin einen Papierteefilter ausbreiten. Das heiße Butterschmalz vorsichtig durchseihen. Schraubgläser heiß zuschrauben, Weckgläser erst nach dem Auskühlen zudecken. Butterschmalz über Nacht auskühlen und fest werden lassen, erst dann in den Kühlschrank stellen und nach dem Entnehmen stets wieder verschlossen dort lagern. Hält viele Monate.

Estragonessig

Neben Hollerblütenessig (s.u.) unser zweiter „Hausessig": Für Blattsalate beinahe aller Art S. 59 und Vinaigrette S. 97. Estragonessig ist der große, ernstere Bruder des Hollerblütenessigs, weil er wegen des Weinessigs mehr Säure und wegen des Estragons ein intensiv anis-würziges Aroma hat. Für Saure Wurst S. 62, Wurstsalat S. 64 und Linsen S. 179 ist er meine Nummer eins. Das Wichtigste neben gutem Weißweinessig als Basis ist, wirklich nur den viel aromatischeren, feineren, würzigeren, anis-süßlichen französischen Estragon (und nicht den sogenannten deutschen oder russischen) zu verwenden.

Zubereitung: Ein Rexglas mit ca. 1,5 l Volumen heiß auswaschen. Auf 1 l Weißweinessig ca. **150 g französischen Estragon samt Stängeln** mit der Schere klein schneiden und in das Rexglas geben. Mit ca. **1 l Weißweinessig** auffüllen, verschließen und gut schütteln. Die Essigflaschen für den fertigen Essig aufheben (nicht auswaschen). Ca. 8 Wochen dunkel bei Raumtemperatur ziehen lassen, dabei ab und zu schütteln.

Durch ein feines Nylonsieb oder ein Seihtuch in eine Schüssel abseihen, dabei leicht ausdrücken. Estragonessig in die Essigflaschen füllen und beschriften. Der Essig hält dunkel und kühl (muss nicht im Kühlschrank sein) gelagert mind. 1 Jahr.

Hollerblütenessig

Habe ich vor Jahrzehnten vom „Meister der Aromen" Meinrad Neunkirchner kennen- und lieben gelernt. Der süßlich-duftige, umwerfend aromatische Essig ist nicht mehr aus unserer Küche wegzudenken. Wir verwenden ihn für Salatdressings aller Art S. 59, Vinaigrette S. 97, Gemüsegerichte und zum Abschmecken von Saucen.

Zubereitung: Benötigt werden pro **0,5 l Condimento bianco** (aka weißer Balsamico) **10 große, reife, duftende Hollerblütendolden.** Ich setze in einem heiß ausgewaschenen 3-Liter-Rexglas meist 2–2,5 l Essig mit 40–50 Blüten an. Die Essigflaschen für den fertigen Essig aufheben (nicht auswaschen). Hollerblüten nicht waschen, höchstens vorsichtig schütteln, um evtl. darin befindliche Insekten loszuwerden. Hollerblüten vom Großteil der grünen Stängel befreien, dafür die großen Dolden mit einer Schere direkt über einem Rexglas in viele kleine schneiden. Mit Essig auffüllen (s. Bild S. 266), verschließen, gut schütteln. 2–3 Wochen dunkel bei Raumtemperatur ziehen lassen. Alle paar Tage einmal kräftig schütteln.

Durch ein feines Nylonsieb oder ein Seihtuch in eine Schüssel seihen und ausdrücken. Hollerblütenessig in die Balsamico-Flaschen füllen und beschriften. Falls bei der Verwendung trübe Schlieren aufsteigen, ist das unbedenklicher Blütenstaub. Der Essig hält dunkel und kühl (muss nicht im Kühlschrank sein) gelagert mind. bis zur nächsten Saison.

Marillenröster

Wir haben immer reife Marillen eingefroren, weil sich daraus im Handumdrehen frischer Röster machen lässt (s. Bilder S. 270). Und der hat im Winter (solo als Nachspeise oder als Begleiter zu Topfenknöderln S. 228) noch alle verzaubert. Röster ist geschmacklich dichter, weicher, süßer und weniger flüssig als Kompott.

Zubereitung: Ca. 500 g frische gewaschene oder TK-Marillen mit einem Tourniermesser (das kleine mit der gebogenen Klinge) halbieren, entkernen, Hälften je nach Größe nochmal halbieren oder vierteln. In eine Sauteuse oder einen kleinen Topf geben. Je nach Süße der Früchte **ca. 80 g Kristallzucker, 1 EL frisch gepresster Zitronensaft und 1–2 EL Wasser** (nicht mehr!) dazugeben, langsam aufkochen.

Köcheln lassen, bis die Früchte zerfallen und der sich bildende Saft wieder etwas eindickt. Das kann je nach Reife und Sorte der Marillen wenige Minuten oder ein bisschen länger dauern. In eine Schüssel umfüllen und abkühlen lassen. Hält ausgekühlt in einem Schraubglas im Kühlschrank bis zu 1 Woche.

Variante: Zwetschkenröster geht genauso, Zwetschkenhälften je nach Größe ganz lassen oder nochmal halbieren. Dazu passen besonders gut Gewürze wie Zimt, Nelken, Piment, Sternanis, Zitruszesten und/oder 1 eingerissenes (möglichst frisches) Lorbeerblatt oder Gewürzmischungen wie Kletzenbrot- oder Lebkuchengewürz und 1 Zitronenzeste. Zwetschken brauchen meist etwas länger, bis sie zerfallen und der Röster eindickt.

Mayonnaise

Es gibt mittlerweile wirklich gute Bio-Mayonnaise (mit Ei oder rein pflanzlich) zu kaufen. Trotzdem finde ich, dass man für den Fall der Fälle (spontaner Gusto auf Thunfischsalat S. 70 oder Sauce Trara S. 123) ein verlässliches Rezept dafür parat haben sollte. Ich mache sie mit 1 ganzen Ei und dem Stabmixer. Geht superschnell und funktioniert immer.

Zubereitung: für ca. 300 g Mayonnaise **1 frisches Bio-Ei** (eher größer als kleiner) in einen engen, hohen Mixbecher schlagen (sonst funktioniert die Technik nicht). Mit 7 Gewürzen würzen: **gut ¼ TL feines Salz, frisch gemahlenen schwarzen oder weißen Pfeffer, 1 Prise Chilipulver, 1 gute Prise Staubzucker, 1 guten TL Estragonsenf, 1–2 TL frisch gepressten Zitronensaft, 1 TL hellen Essig** (Estragonessig S. 268 oder Weißweinessig, alternativ weißer Balsamico). Darauf ohne Umrühren in einem Schwung **250 ml mildes Pflanzenöl** (z.B. Sonnenblumenöl, keinesfalls Olivenöl, das wird bitter) leeren.

Leistungsstarken Stabmixer (egal ob mit Schneidwerkzeug oder Schlagscheibe) in den Mixbecher hineinstellen. Auf hoher Stufe einschalten, dabei einige Sekunden auf dem Boden des Gefäßes lassen und mixen. Sobald die Zutaten gut zu emulgieren beginnen, Stabmixer langsam am Rand des Gefäßes hochziehen, bis die Mayonnaise homogen ist. Das dauert keine 10 Sekunden.

Nach Geschmack mit **Salz und Zitronensaft** abschmecken und/oder mit **Gurkerlwasser** verlängern. Alternativ auch mit **Paprika- oder Räucherpaprikapulver, Kapern, fein geschnittenem Liebstöckel oder anderen Kräutern, Kapern, Salzzitrone o.Ä.** würzen. Hält gut verschlossen und sauber entnommen mind. 1 Woche im Kühlschrank.

Rumrosinen

Rumrosinen sollten länger ziehen, dann werden sie weich und aromatisch. So konserviert halten sie theoretisch ewig, praktisch bis zum nächsten Schmarrn S. 220, 232 oder 234.

Zubereitung: Schöne große saftige frische (dürfen nicht ranzig riechen, was bei geölten Trockenfrüchten passieren kann) **Rosinen bzw. Sultaninen** in einem Sieb heiß abschwemmen, gut auf Küchenpapier abtropfen lassen bzw. abtupfen. In ein gut schließendes, neutral riechendes Schraubglas transferieren. Knapp nicht mit Inländerrum, sondern mit **echtem gereiftem braunem Rum** (aber nicht zu lang fassgelagertem, sonst dominieren die holzig-röstigen Noten) bedecken.

Das Glas gründlich schütteln (damit sich der Rum überall gut verteilt) und die Rosinen ein paar Tage ziehen lassen. Halten dann monatelang.

Semmelbrösel

Selbst gemachte Brösel haben drei Vorteile: 1. die Verwertung von altem Brot und Gebäck, 2. besten Geschmack und Frische und 3. für jeden Zweck die richtige Konsistenz. Gekaufte Semmelbrösel sind oft zu fein gerieben – und zu wenig frisch.

Zubereitung: Altbackenes Weißbrot und **Gebäck** (ohne Mohn oder andere Saaten), das sicher nicht mehr als solches gegessen wird, in dicke Scheiben schneiden oder in Stücke brechen, die später in den Schacht der Trommelreibe (Aufsatz für die Küchenmaschine oder Handreibe) passen. In dieser Größe komplett trocknen lassen. Ich mache das meist auf einem Tablett für mehrere Tage und sammle diese Stücke dann luftig in einem Papiersackerl.

Wenn ein bisschen was zusammengekommen ist, Brot mit einer Trommelreibe (oder zur Not im Universalzerkleinerer, aber Achtung, es soll kein Mehl werden!) reiben.

Brösel durch ein grobes Sieb seihen. Was im Sieb bleibt, ist ähnlich wie asiatische Panko-Brösel recht grob und supercrunchy, daher besonders gut für Butterbrösel zu Gemüse S. 94, zum Überbacken oder für Antipasti geeignet. Die versiebten feineren Brösel sind immer noch etwas gröber als die gekauften und perfekt zum Panieren S. 123 oder 200, für süße Butterbrösel S. 228, Bröselbutter S. 94 und Bröselknöderl S. 106 oder Topfenknöderl S. 228.

Beide Bröselarten getrennt in mit Datum beschrifteten Schraubgläsern aufbewahren. Dunkel lagern und vor jeder Verwendung riechen. Denn Brösel werden je nach Ausgangsgebäck innerhalb einiger Wochen oder Monate gern ohne Vorwarnung ranzig und müssen dann entsorgt werden.

Zimtzucker

Hält ewig und ist daher immer in der süßen Lade vorrätig. Sie können das Verhältnis Zucker zu Zimt natürlich nach Geschmack verändern, aber das ist meine Standard-Mischung zum Bestreuen von Grießkoch S. 224, Semmel- oder Kipferlschmarrn S. 234 oder zum Wälzen von Pofesen S. 232 oder Apfelradeln S. 237. Wichtig ist guter, frischer Bio-Ceylon-Zimt. Cassia-Zimt schmeckt bei weitem nicht so fein.

Zubereitung: **4 gestrichene EL Kristallzucker mit 1 gehäuftem TL Ceylon-Zimtpulver** gründlich vermischen. In ein gut schließendes, neutral riechendes Schraubglas füllen.

Rezepte zum Erinnern ♡

Register

Enthält alle Rezept- und Teilrezeptnamen alphabetisch gereiht sowie zusätzlich nach Hauptzutaten geordnet. Rezepttitel, die mit einer Zutat beginnen, finden sich unter dieser (z.B. „Apfelkompott" unter „Äpfel"). Wird ein Begriff jedoch sowohl als Zutat (Beilage) als auch als eigenständiges Rezept angeführt, steht das Rezept zuerst, danach die Zutat (z.B. Béchamelsauce).
VA kennzeichnet Rezepte, die sich in Varianten finden, TI solche in Tipps.

A

B

L

M

N

O

S

Österreichisches Küchendeutsch

A

Abwasch a) Küchenspüle, b) abzuwaschendes Geschirr

Angreifen anfassen

Anrösten → rösten

Apfelschlangerl strudelähnlicher, gedeckter Apfelkuchen aus Mürb- oder Quarkteig

Aranzini kandierte Bitterorangenschale

Augsburger feine Brühwürstchen aus Rind- und Schweinefleisch, werden traditionell geschält, halbiert und kreuzweise eingeschnitten gebraten

Ausbacken kurz für → herausbacken

B

Bäckchen Wange

Baunzerl → Nockerl (b)

Beinschinken leicht geräucherter, gekochter Knochenschinken

Beiried flaches Roastbeef ohne Knochen

Beusche(r)l a) Lunge, b) aus Lunge sowie Zunge und Herz zubereitetes Gericht

Bierkäse magerer, würziger Schnittkäse

Blunz(e)n Blutwurst

Brantscherl knusprig angebratene Kruste

Bratl knuspriger Schweinebraten

Braunschweiger herzhafte Brühwurst aus Rind- und Schweinefleisch mit Speck, ähnlich einer Jagdwurst

Brimsen gereifter Quark aus Schafmilch (s. S. 37)

Brösel Semmelbrösel

Bröseltopfen sehr trockener, hochwertiger Quark

Burenwurst grobe Brühwürstchen aus Rind- und Schweinefleisch mit Speck

Buschenschank, **-schenke** → Heuriger

C

Classic (Spargel) Kategorie-Bezeichnung für ca. 1,5–2 cm dicken Spargel (dünner als → Solo-Spargel)

D

Darauf vergessen etwas vergessen

Debreziner mit Paprika mehr oder weniger scharf gewürzte, geräucherte Brühwürstchen aus Schweinefleisch

Dirndln Kornelkirsche

Dürre → Braunschweiger

E

Eierschwammerl Pfifferlinge

Einbrenn dunkle Mehlschwitze

Eingemacht mit Mehl gebunden

Einmach helle Mehlschwitze

Erdäpfel Kartoffeln

Erdäpfel, speckig festkochende Kartoffeln

Essiggurkerl Gewürzgurke, eingelegte Gurke

Estragonsenf in Österreich sehr gängiger mild-scharfer, leicht süßlicher Senf mit Estragon

Etwas gleich schauen (einen guten) Eindruck machen

Extrawurst Aufschnitt-Brühwurst, am ehesten mit Gelbwurst oder Lyoner zu vergleichen

F

Fad langweilig

Faschieren durch den Wolf drehen

Faschiertes Hackfleisch

Fensterbankerl Fensterbrett

Fetzerl a) kleines Tuch, b) Stück

Fisolen grüne Bohnen

Fleckerl österreichische Eierteigwarenspezialität, quadratisch bis rautenförmig und leicht gewellt, am ehesten durch Farfalle zu ersetzen

Frankfurter Wiener Würstchen

Frische frisch hergestellte, noch nicht gebrühte weiße Brühwürstchen aus Kalb-, Rind- und Schweinefleisch

Fülle Füllung

G

Gatsch Matsch

Gelbe Rübe Die in Österreich verwendeten gelben Rüben sind in Deutschland kaum bekannt und nicht zu verwechseln mit den in Teilen Deutschlands als gelbe Rüben bezeichneten → Karotten.

Geldbörsl Portemonnaie

Germ Hefe

Germknödel gedämpfter Hefekloß

Geselchtes Geräuchertes

Gmachtl mit Mehl (und evtl. anderen Zutaten) klümpchenfrei verrührte saure Sahne

Grammeln Grieben

Graukas scharf-würziger Sauermilchkäse

Grazer Krauthäuptel knackiger, bitterstofffreier Salat mit roten bis violetten Blatträndern

Grießelig grisselig, körnig

Griss große Nachfrage, Andrang

Gulaschsaft Gulaschsauce

Gummihund Teigspatel

Gummiringerl Gummiring

Gupf(erl) Hügel, Häufchen

Gurkerl → Essiggurkerl

Gurkerlwasser Einlegeflüssigkeit von → Essiggurkerln

Gusto Geschmack

H

Handsemmerl handwerklich hergestelltes Brötchen

Hangerl Tuch

Häuptel Kopf

Häuptelsalat Kopfsalat

Hendl Huhn

Herausbacken paniertes, mit Backteig oder mit Mehl überzogenes Gargut in Fett frittieren

Heraußen draußen

Heurige Frühkartoffeln

Holler Holunder

Hörnchen Eierteigware in Hörnchenform

J

Jause kleine Mahlzeit, Zwischenmahlzeit

Jausnen etwas als → Jause essen

K

Kalbsschlögel Kalbskeule

Karfiol Blumenkohl

Karotten Möhren

Kas Käse

Käsekrainer grobe, leicht geräucherte Brühwürstchen aus Rind- und Schweinefleisch mit Speck und Käsestücken, Variante der → Krainer

Kasnudel Kärntner Nudelteigtäschchen, vergleichbar eher größeren Ravioli, ihre Quarkfüllung wird mit Kärntner Nudelminze gewürzt

Kernöl Kürbiskernöl

Kipferl Hörnchen

Kletzenbrot Früchtebrot

Knacker, **Knackwurst** feine Brühwürstchen aus Rind- und Schweinefleisch mit Speck

Knödelbrot getrocknete Weißbrot- oder Semmelwürfel mit Rinde

Kohlsprossen Rosenkohl

Körndln Körner, Samen

Kosten probieren

Krainer grobe, leicht geräucherte Brühwürstchen aus Rind- und Schweinefleisch mit Speck

Kranzl Wurstkranz

Kraut Kohl

Krauthäuptel → Grazer Krauthäuptel

Kremser Senf süßer Senf

Kren Meerrettich

Kriecherl Pflaumenart, Renekloden, echte Edelpflaumen

Kristallzucker Haushaltszucker

Kübel Eimer

L

Lade Schublade

Lauch Porree

Leeren gießen

Letschert aufgeweicht, schlapp

M

Marillen Aprikosen

Maroni Esskastanien

Maschinsemmeln maschinell hergestelltes Brötchen

Mehl, glatt in Österreich viel verwendetes Mehl, fein gemahlen (die Ausmahlgrade von Mehl sind in Österreich anders als in Deutschland); geeignet z.B. für Massen und Mehlteige, durch Mehl Type 405 zu ersetzen

Mehl, griffig gröber gemahlenes Mehl, am ehesten mit Dunstmehl vergleichbar; geeignet z.B. für Knödel und Kartoffelteig

Mehl, universal Mischung aus den beiden oben genannten Mehlarten

Melanzani Auberginen

Mohnflesserl geflochtene Mohnbrötchen, in Oberösterreich traditionell neben Mohn auch mit Salz bestreut

Moosbeeren Waldheidelbeeren

Mostschenke einfaches Lokal, in dem Apfel- und/oder Birnenmost ausgeschenkt wird

Mürbe Kipferl Hörnchen aus feinem Hefeteig, traditionelles Frühstücksgebäck

N

Nachziehen nachbräunen, nachgaren

Nock(e) größere → Nockerl (b)

Nockerl a) Spätzle; b) (meist mit einem Löffel) aus einer weichen Masse ausgestochene Form

O

Obers Sahne, Schlagsahne

Obstler Obstschnaps

Ochsenschlepp Ochsenschwanz

Osterkrainer traditionell zu Ostern servierte → Krainer

P

Packerl Päckchen

Paradeiser Tomaten

Pariser hochwertige Brühwurst, ähnlich wie → Extrawurst

Pfefferoni Peperoni

Plastiksackerl Plastiktüte

Powidl Zwetschkenmus

Prinz → Brantscherl

Q

Quargel Sauermilchkäse, ähnlich Harzer Käse

R

Rad(e)l(n) Scheiben

Rahm Sahne

Rasten ruhen

Rein, Reinderl Bräter, Kasserolle

Reißen reiben

Resch dunkel, knusprig

Restl Reste

Rexglas Einweckglas

Ribisel Johannisbeeren

Ringerl Ringe

Rinnen fließen

Römersalat Romana-/Kochsalat

Rostbraten Rumpsteak

Rösten anbraten, mit oder ohne dass das Gargut Farbe bekommt

Rote Rübe Rote Bete

Rotkraut Rotkohl

S

Sackerl Tüte

Saft Sauce

Saft(erl) Sauce

Salzstangerl mit grobem Salz bestreutes Gebäck

Sauerrahm saure Sahne

Schlepp Schwanz

Schlögel Keule

Schneekessel halbkugelförmige Schüssel zum Schlagen von Eischnee

Schopf Nacken

Schöpfer a) Suppenkelle, b) Maßangabe für die in eine Suppenkelle passende Menge an Flüssigkeit

Schulterscherzl Schaufelstück

Schwammerl Pilz

Schwarzbrot Mischbrot aus Roggen- und Weizenmehl oder Roggenbrot

Selchen räuchern

Semmel Brötchen

Sich ausgehen möglich sein, ermöglicht werden

Sich auszahlen sich lohnen

Siebschöpfer Sieblöffel

Soletti (in Österreich gängiger Markenname für) Salzstangen

Solo (Spargel) Kategoriebezeichnung für sehr hochwertigen Spargel, bis zu ca. 3 cm dick

Speckig (Kartoffeln) → Erdäpfel, speckig

Speigerl Spalte

Speis Speisekammer

Spiralen Eierteigware in Spiralenform

Spitzkraut Spitzkohl

Stauben Stäuben

Staubzucker Puderzucker

Stiegenhaus Treppenhaus

Stöckerl Stock

Striezel Zopf

Substandardwohnung Wohnung mit WC im Treppenhaus

Süßrahm Synonym zu → Obers

T

Topfen Quark

U

Überkühlen kurz abkühlen lassen

V

Verwurschtelt unordentlich, durcheinander

Vorgerlsalat Rapunzel, Feldsalat

W

Wachauerlaberl Gebäck aus Weizen- und Roggenmehl, mit Kümmel, Fenchel- und Koriander gewürzt

Waldviertler stark geräucherte Brühwürstchen

Weckerl Brötchen

Weichsel Sauerkirsche

Weißkraut Weißkohl

Wuchteln Ofennudeln

Wurze Wurzel

Wuzerl ca. fingerlanges Stück Teig mit geraden Enden

Z

Zeller Sellerie

Zustellen aufstellen

Literatur

Die folgenden Kochbücher bieten einen guten Überblick über die österreichische Koch- und Backtradition. Die fett markierten finde ich besonders wichtig.

Bäuerinnen kochen. Die besten Rezepte aus Österreich. A&M/Löwenzahn 1999.

Baur, Eva Gesine: Der Reichtum der einfachen Küche: Österreich. DTV 1997.

Das „Kronen Zeitung“-Backbuch. Krone o.J.

Das „Kronen Zeitung“-Kochbuch. Krone o.J.

Döllerer, Andreas: Das Wirtshaus. Rezepte und Geschichten aus dem Salzburger Land. Brandstätter 2021.

Essl, Roland: Geschmackssache. Rezeptsammlung. Anton Pustet 2020.

Essl, Roland: Alpenkulinarik. Geschichten und Rezepte der alpenländischen Küche. Anton Pustet 2021.

Fercher, Dietmar, Karrer, Andrea: Süße Klassiker. Die feinsten Desserts und Mehlspeisen aus Österreich. Residenz 2010.

Fercher, Dietmar: Die feinsten Desserts aus Österreich. Orac 1988.

Fercher, Dietmar: Die feinsten Mehlspeisen aus Österreich. Orac 1988.

Friedl, Georg: Mühlviertler Kochbuch. Altes bewahren, Neues erfahren. Bibliothek der Provinz o.J.

Friedl, Georg: Mühlviertler Küche. Geschmack und Glück der Einfachheit. Bibliothek der Provinz o.J.

Gerer, Reinhard: Feine Küche für zwei. D+R 1995.

Haslinger, Ingrid: Die Wiener Küche. Kulturgeschichte und Rezepte. Mandelbaum 2018.

Herkner, Stefanie: Wiener Küche mit Herz. Meine Klassiker & Lieblingsrezepte aus der Kindheit. Brandstätter 2022.

Hess, Adolf und Olga: Wiener Küche. Deuticke ^{43}1997.

Hornberg, Ulrike: Österreichs Küche. Die klassischen Rezepte. Brandstätter 1984.

Hüpfel, Herbert: Spezialitäten aus Österreichs Regionalküchen. Trauner 1985.

Klinger, Hedi: Klassiker der österreichischen Küche. Brandstätter ^{5}2022.

Korda, Uschi, Rieder, Alexander: Das große Servus Kochbuch. Traditionelle Rezepte aus Österreich. Servus 2013.

Korda, Uschi, Rieder, Alexander: Das große Servus-Kochbuch Band 2. Traditionelle Rezepte aus dem Alpenraum. Servus 2017.

Litschel, Helga: Hupfauf und Rauberbraten. Bürgerliche Küche und ländliche Kost in Oberösterreich einst und jetzt. Oberösterreichischer Landesverlag 1977.

Maier-Bruck, Franz: Das große Sacher Kochbuch. Die österreichische Küche. Seehamer o.J.

Maier-Bruck, Franz: Vom Essen auf dem Lande. Das große Buch der österreichischen Bauernküche und Hausmannskost. Kremayr & Scheriau 1999.

Mayer, Eduard, Schuhmacher, Karl: Wiener Süßspeisen. Trauner ^{7}1986.

Miklau, Lia: Kärntner Kochbüchl. Heyn ^{6}1984.

Nagl, Lukas, Seiser, Katharina: Salzkammergut. Das Kochbuch. Brandstätter 2020.

Obauer, Karl und Rudolf: Das neue österreichische Kochbuch. 250 Klassiker und neue Kreationen. Zabert Sandmann 1996.

Obauer, Rudolf und Karl: Vom Kochen auf dem Lande. Rezepte für den raffinierten Naturgenuss. Zabert Sandmann 2011.

Obermayr, Helmut: Schmankerln aus Oberösterreich. Kulinarische Streifzüge durch die bodenständige Küche. Oberösterreichischer Landesverlag ^{2}1992.

Peter, Peter: Kulturgeschichte der österreichischen Küche. C.H.Beck 2013.

Plachutta, Ewald und Mario: Der goldene Plachutta. Brandstätter 2012.

Plachutta, Ewald, Wagner, Christoph (Hg.): Das kulinarische Erbe Österreichs. Die 100 klassischen Gerichte. Perlen-Reihe Band 1000, Deuticke 2002.

Plachutta, Ewald, Wagner, Christoph: Die gute Küche. Das österreichische Jahrhundert-Kochbuch. Orac 1993.

Prato, Katharina: Die Süddeutsche Küche. Styria ^{26}1897 und ^{47}1911.

Radatz, Franz, Zedrosser, Thomas (Hg.): Der große Radatz. Das Wiener Fleisch- & Wurst-Kochbuch. CSV 2022.

Rauch, Richard, Seiser, Katharina: Die Jahreszeiten-Kochschule. 4 Bände: Frühling, Sommer, Herbst, Winter. Brandstätter 2016–2018.

Rokitansky, Marie von: Die Österreichische Küche. Leykam ^{15}1929.

Ruckser, Elisabeth: Aus Omas Kochbuch. Fast vergessene Rezepte. Servus 2017.

Ruhm, Franz: Kochbuch für Alle. Ruhm-Verlag o.J.

Seiler, Christian (Hg.), Kamolz, Klaus: Das Edle Kochen. Die Böhmische Küche. Molden 1999.

Seiser, Katharina, Neunkirchner, Meinrad: Österreich vegetarisch, Brandstätter 2012.

Seleskowitz, Louise, Wiener Kochbuch. Braumüller 1901.

Sievers, Gerd Wolfgang: Genussland Österreich. Was Küche und Keller zu bieten haben. Stocker 2007.

Wagner, Christoph, Wagner-Wittula, Renate: Das Österreichische Kuchlkastl. 9 Bände: Burgenland, Kärnten, Niederösterreich, Oberösterreich, Salzburg, Steiermark, Tirol, Vorarlberg, Wien. Pichler 2001.

Wagner, Christoph, Wagner-Wittula, Renate: Österreichische Lieblingsspeisen. Über 500 köstliche Rezepte aus allen Bundesländern. Löwenzahn 2009.

Wojta, Andreas: Meine Wiener Küche. D+R ^{4}2008.

Zauner, Josef (Hg.): Backen vom Feinsten. Österreichische Backtradition von der Kaiserzeit bis heute. BLV ^{5}2012.

Zimmel, Susanne: Wiener Küche. Dorling Kindersley 2015.

Danke

... an mein Team

Horst, dieses Buch gibt es wegen dir und dank dir. Du hast jedes einzelne Rezept gekocht, nicht nur für die Fotos. Du hast Geschirr gejagt und mit Nessi Untergründe gecheckt, in Sekunden Blümchen passend zum Set arrangiert und im Morgengrauen auf Märkten die schönsten Zutaten besorgt. Du glaubst immer an mich, bestärkst mich, fegst meine Zweifel vom Tisch (oder äußerst begründete andere, auf die ich nicht gekommen wäre), motivierst mich, gehst Tag und Nacht Kriecherlrunden mit mir, verkostest geduldig mit mir die siebenundzwanzigsten Knödel. Und das schon seit 25 Jahren. Auf die mindestens nächsten!

Vanessa, unser drittes gemeinsames Buch ist genauso speziell wie die ersten beiden, aber noch viel persönlicher. Dein Blick, deine Liebe zum Detail (und zum Österreichischen, sprachlich wie kulinarisch), deine Geduld und Freude am Geschichtenerzählen, dein Humor, das gemeinsame höchst professionelle Spaßhaben an der Arbeit, das ist außergewöhnlich. Wir wollen nicht nur etwas Schönes machen, sondern dabei auch eine gute Zeit (und gutes Licht) haben. Danke für deine Arbeit und deine Freundschaft!

Janine, deine Bildbearbeitung ist immer on point, behutsam und verlässlich. Und du hast auch beim Cover einfach alles geradegerückt.

Else, mit niemandem telefoniere ich so viel wie mit dir. Unser 17. gemeinsames Buch folgte anderen Gesetzen als alle davor – oder wir haben ein Stadium erreicht, das es uns erlaubt, spielerisch unsere eigenen Regeln zu brechen. Deine Geduld mit mir und meinen Tausenden Korrekturen in wortwörtlich letzter Minute, dein Humor, deine Schnelligkeit im Kopf, deine Lösungsorientiertheit und deine Scharfzüngigkeit mag ich ebenso wie dein Mir-stets-den-Rücken-Stärken.

Katharina, ich schätze deinen unbestechlichen Blick und deinen wohlwollenden Willen, etwas noch besser zu machen und dabei keine Kompromisse einzugehen. Johanna, du hast den langen Weg zum prall gefüllten Buch mit stoischer Gelassenheit und feinem Humor ertragen und für all unsere eigenwilligen Ansinnen elegante und praktikable Lösungen gefunden. Du hast ein Buch gestaltet, das souverän zwischen zeitlos und heiter balanciert.

Manuel, dein gesticktes Cover samt Topf, Dampf und Schweinderl passt in seiner Machart viel besser zu meiner Geschichte und diesem Buch, als ich es wahrhaben wollte.

Niki, Stefanie und Alexandra, so einen Verlag kann man sich als Autorin nur wünschen. Dieses Buch, die #17, war unser bisher längstes Projekt: Sieben Jahre seit der ersten Idee! Ihr habt mich meine Stimme finden lassen. Ihr fordert mich heraus, lasst mich zugleich mein Ding machen und schaut immer aufs Ganze. Itti, Petra, Stefi und Leonie, eure Vorfreude ist das beste Zeichen und eure Arbeit so wichtig, damit das Buch und sein Publikum zusammenfinden.

... für Requisiten

Christoph Kobler von der Leinenweberei Vieböck fürs Borgen feinster Leinenstoffe. Schwiegermama Trautlinde für gestickte Tischtücher, schöne Reindln, stapelweise alte Hangerl und Besteck. Helga für Dachbodenfunde und Dauerleihgaben. Lena für wunderbare Flohmarkt-Unikate. Den Carla-Läden für Geschirr, Besteck und die schönsten Eiskaffeegläser. Miriam Eberhard für passende Stücke zum ersten Shooting. Mara fürs Borgen des Stehtischerls. Kati für Terrassenzugang in Wurstsalatmission.

... für Lebensmittel

Obwohl wir alles bezahlt haben: Gela Ochsenherz für feinstes Bio-Gemüse. Ja! Natürlich für ein stets verfügbares, verlässlich gutes Bio-Sortiment – und fürs Wieder-mit-an-Bord-Sein. Sonnberg Biofleisch für geduldige Fleischberatung. Biofisch für feinste Ware. Brandenstein für schönsten Bio-Spargel. Öfferl, Gragger, Joseph Brot und Meinklang für bestes Bio-Brot und -Gebäck. Dragan Nucić am Vorgartenmarkt für Spezialbesorgungen. Und, keine Lebensmittel: Kathi Reckendorfer von Blumenbund für wunderschöne Slow Flowers.

... für Rezepte & Inspiration

Meiner Mama Elfie fürs Unterstützen meiner Leidenschaft für Essen von Klein auf, speziell für die Gefüllte Banane und geduldige Erklärungen unserer Familiengeschichte samt Lieblingsspeisen. Meiner Oma, die eine Freude mit diesem Buch gehabt hätte, besonders für Apfeldicksaft, Butterschmalz und Schneekuchen. Und fürs Schweinderlbrett, das jetzt verewigt ist. Meiner Schwiegermama Trautlinde für Liptauer, Erdäpfelsalat, Sardinenaufstrich, Moosbeernocken und viele mehr. Tante Hilde für den famosen Thunfisch-Sellerie-Salat. Gabriele für den legendären Obstkuchen, Frau Stöger fürs flauschige Schneeomelett. Roland Essl für das Schottnocken-Rezept, Meinrad für Hollerblütenessig, gebackenen Karpfen und die Mithilfe am Bauen meines kulinarischen Fundaments. Wir haben so oft an dich gedacht!

Vivien für Tipps zu Biskuit und Topfencreme, Frau Hammerl für Erdäpfelkas-Kniffe, Claus für Nuri-Pasta, Dieter für sizilianische Fleischlaberl, Elisabeth für Käsebrote zur Gemüsesuppe, Stevan für die Inspiration zum Pfirsich-Paradeiser-Salat, Grypsilon für Semmelschmarrn-Hinweise, Ola für Linsen- und Erdäpfelteig-Konversationen, Christine für Kässpätzle-Nachhilfe.

Allen Kochbuchautorinnen und -autoren, die sorgfältig Rezepte festgehalten haben, damit wir darauf bauen können.

Meinen Freundinnen und Freunden ebenso wie meiner Online-Community auf Instagram, Twitter und Facebook für Erinnerungen, Erklärungen – und eure Vorfreude!

... an Sie

liebe Leserin, lieber Leser, denn würden Sie meine Bücher nicht kaufen, verschenken und freudig daraus kochen, hätte ich dieses nicht schreiben können.

Das Team

Katharina Seiser
Konzept, Text, Rezepte & Foodstyling
Geb. 1974 in Oberösterreich, aufgewachsen in Salzburg, lebt in Wien und schreibt und lehrt übers Essen. Die Autorin von Bestsellern wie *Immer schon vegan* und *Österreich vegetarisch* sowie zahlreichen weiteren erfolgreichen Kochbüchern ist auch Zeitungs- und Magazin-Kolumnistin und Kulinarik-Expertin im TV.
esskultur.at

Horst Lamnek
Souschef & Best Boy
Geb. 1977 in Wien, Bassbariton, in den Genres Oper, Operette, Lied und Oratorium tätig. Wenn er nicht auf der Bühne der Mailänder Scala, des Linzer Landestheaters oder des New National Theatre in Tokio steht, dann gemeinsam mit seiner Frau Katharina Seiser hinter der Küchenbudel.
lamnek.at

v.l.n.r. Vanessa, Horst, Katharina

Vanessa Maas
Fotografie & Setstyling
Geb. 1969 in Hamburg, arbeitete als Schauwerbegestalterin, Journalistin und Presse-Managerin in der Musikbranche, bevor sie ihre Liebe zur Fotografie entdeckte. Mit viel Hingabe zu Licht und Details komponiert sie jedes Bild als kleinen Kosmos, der Speisen und Geschmack in Farben und Formen übersetzt.
vanessamaas.com

Janine Hahn
Bildbearbeitung
Geb. 1988 in Hamburg, holt mit viel Liebe zum Detail und genauer Farbanpassung aus Fotos das ästhetische Maximum heraus. Dabei lässt sie sich gern von ihren zwei Katzen ablenken, die auf ihrem Arbeitsplatz liegen.

Johanna Kurz
Grafische Gestaltung
Geb. 1995 in Wien, liebt pflanzliche Küche, Farben, Muster und das Finden von Lösungen für Probleme. Sie lässt sich für die kleinsten Dinge begeistern und ist immer auf der Suche nach neuen Inspirationen, Ideen und Bands.

Else Rieger
Lektorat
Geb. 1970 in Salzburg, deutsche Wahlwienerin. Schätzt an Kochbüchern die Herausforderung, Wissen und Handlungsanweisungen bestmöglich in Worte und Bilder zu kleiden.

Katharina Wind
Korrektorat
Geb. 1981 am Niederrhein, fand nach dem Studium der Germanistik und Anglistik in Deutschland und England nach Wien. Liebt besonders Kochbücher und genießt es, Rezepte im Kopf nachzukochen und Wörter duften zu lassen.

Manuel Obriejetan
Stickerei Cover
Geb. 1979 in Feldkirch, lebt in Wien, setzt in seinen künstlerischen Arbeiten komplexe, meist digital entstandene Entwürfe in textilen Techniken um. Gibt es Arbeitsmaterialien in verschiedenen Farben, dann: „Bitte alle!".
manuelobriejetan.com

Liebe Leserin, lieber Leser,

wir sagen Danke, dass wir Sie auf Ihrer Lesereise begleiten durften.
Viele weitere Abenteuer, aufregende Geschichten, unverwechselbare
Geschenkideen finden Sie auf unserem Abenteuerspielplatz

www.brandstaetterverlag.com

Bleiben wir in Verbindung!
Wir freuen uns auf Ihre Anregungen, Kritik und Wünsche.

leserbrief@brandstaetterverlag.com

Christian Brandstätter Verlag GmbH & Co KG
Wickenburggasse 26, 1080 Wien
Tel.: +43 1 5121543256

Teilen macht Freude!
#österreichexpress #seisernalkochen
#gutessenistsoeinfach #brandstaetterverlag

Werden Sie Brandstätter-Insider*in!

Wir danken für die freundliche Unterstützung:

Impressum

1. Auflage 2023

Papier: Salzer Touch 130 g, 1,2-fach Vol.
Designed in Austria, printed in the EU

ISBN 978-3-7106-0734-9

Konzept, Text, Rezepte & Foodstyling:
Katharina Seiser unter Mitarbeit von Horst Lamnek
Fotografie & Setstyling: Vanessa Maas
Bild- und Coverbearbeitung: Janine Hahn
Grafische Gestaltung: Johanna Kurz
Lektorat & Küchenösterreichisch: Else Rieger
Korrektorat: Katharina Wind
Covergestaltung (Stickerei): Manuel Obriejetan
Projektleitung Brandstätter Verlag:
Stefanie Neuhart & Alexandra Traxler

Wir tragen Verantwortung

Der Inhalt dieses Buchs wurde auf hochwertigem, PEFC™-zertifiziertem Papier gedruckt. Diese international anerkannten, unabhängigen und regelmäßig überprüften Standards gewährleisten eine umweltgerechte, sozial verträgliche, nachhaltige und ökonomisch tragfähige Nutzung entlang der gesamten Wertschöpfungskette Holz, vom Baum bis zum Buch.

Für die Druckproduktion und Endfertigung wurde auf umweltfreundliche, ressourcenschonende und schadstofffreie Produktionsweisen und Materialien geachtet. Die Druckerei ist FSC©- und PEFC™-zertifiziert, regelmäßige Audits erfolgen im Rahmen der internationalen Umweltmanagementnorm ISO 14001 (Nr. 35025/C/0001/UK/En).